Rudolf Wassermann
Die Zuschauerdemokratie

Rudolf Wassermann

Die Zuschauerdemokratie

ECON Verlag
Düsseldorf · Wien

1. Auflage 1986

Lektorat: Dr. Nina Börnsen
Gesetzt aus der Times der Fa. Linotype GmbH
Satz: ICS Communikations-Service GmbH, Bergisch Gladbach
Papier: Papierfabrik Schleipen GmbH, Bad Dürkheim
Druck und Bindearbeiten: Ebner Ulm
Printed in Germany
ISBN 3-430-19509-8

Inhalt

Vorwort

Der Plan zu dieser Veröffentlichung geht zurück auf die Herbsttagung 1983 des Politischen Clubs der Evangelischen Akademie Tutzing. Dieter Schröder, Chefredakteur der *Süddeutschen Zeitung* und Chairman des Clubs, hatte mich eingeladen, über das Thema »Ist die parlamentarische Parteiendemokratie überholt?« zu sprechen. In der Diskussion, die sich an das Referat anschloß, zeigte es sich, daß die vielen jungen Menschen, die die Tagung angezogen hatte, brennend an politischer Beteiligung interessiert waren, aber glaubten, in der erstarrten und verfilzten Struktur der Parteiendemokratie bliebe ihnen nichts anderes übrig, als sich über die Rechtsordnung hinwegzusetzen und »Widerstand« zu leisten.

Jürgen Habermas, der angereist war, sah im zivilen Ungehorsam sogar einen Fortschritt der politischen Kultur.

Als ich von der Tagung nach Hause fuhr, bedrückte mich zweierlei: einmal der zutage getretene Mangel an Verständnis für die Rolle des Rechts in der pluralitären Gesellschaft im allgemeinen und bei der Austragung von Konflikten im besonderen, zum anderen der Zustand unserer demokratischen Ordnung mit ihren plebiszitären und repräsentativen Defiziten, ihren oligarchischen Tendenzen, ihrer Neigung zum Parteienstaat, in dem der Bürger nur noch der Bezugspunkt für Machtstrategien einer politischen Klasse ist. Ist dies, so fragte ich mich, nicht der Grundwiderspruch unserer Zeit: Auf der einen Seite ermöglicht das Grundgesetz dem Bürger außerhalb der Politik die immer weiter gehende Entfaltung seiner Persönlichkeit, auf der anderen Seite wird aber ebenderselbe Bürger in der Politik als unmündig behandelt und zum Zuschauer des politischen Geschehens degradiert. Kann man erwarten, daß aufgeklärte und politisch interessierte Bürger sich auf Dauer mit diesem Widerspruch abfinden? Wie ein Fluß sein Bett verläßt, wenn man ihn hindert, in der vorgesehenen Richtung zu fließen, so sucht sich auch der Bürger, der in der heutigen Parteiendemokratie keinen Platz findet, außerhalb des Systems Möglichkeiten zur Artikulation seiner Bedürfnisse und Interessen. Die Konsequenz liegt auf der Hand: Will man den Zerfall der politischen Ordnung in zwei Systeme nicht hinnehmen, so muß die Demokratie so umgebaut werden, daß sich der Bürger mit seinen Bedürfnissen und Interessen in ihr wiederfindet.

Mit dieser Problematik beschäftigt sich die vorliegende Veröffentlichung. Als menschlichste aller politischen Ordnungen ist die Demokratie auch die verwundbarste, und die Erkenntnis, daß demokratische Institutionen zerbrechlich sind, kann nach den Erfahrungen der deutschen Geschichte nicht aus dem Gedächtnis gestrichen werden. Noch steht das Fundament fest, aber die Besorgnisse mehren sich, und die Schatten werden länger.

Videant consules: Damit sich die glückhafte Verbindung zwischen Demokratie und Rechtsstaat, auf der die politische Ordnung der Bundesrepublik beruht, nicht auflöst, muß der Sinn für die normativen Halterungen des sozialen und politischen Lebens geschärft werden. Zugleich aber muß die Parteiendemokratie so erneuert werden, daß sich der Bürger in ihr verkörpert fühlt. Wir leben heute in nichts anderem als einer

Zuschauerdemokratie. Will die Demokratie der schleichenden Auszehrung entgehen, der sie gegenwärtig ausgesetzt ist, so muß sie sich zur Teilnehmerdemokratie wandeln. Das ist nicht einfach, aber anders wird sie den Bedrohungen der Zeit nicht standhalten – nicht überleben können.

Persönliche Umstände hätten beinahe die Fertigstellung dieser Schrift vereitelt. Daß sie nunmehr vorliegt, ist Nina Börnsen vom ECON Verlag zu danken: Sie hat sie mir abverlangt.

Im Winter 1985/86 Rudolf Wassermann

I. Die Katastrophe als Chance: Der demokratische Verfassungsstaat als Reaktion auf den nationalsozialistischen Unrechtsstaat

1. Vernichtet und erlöst in einem

Daß der 8. Mai ein problematischer Gedenktag war, ein sperriger, wie es in einer Artikelserie der *Zeit* treffend hieß: wer wußte das nicht? Die Diskussion darüber, ob man zu diesem Tag Feiern veranstalten sollte, war so überflüssig wie ein Kropf. Denn es gab nichts, was die geteilte Nation hätte feiern können. Das historische Verdienst, das NS-Regime beseitigt zu haben, kommt den Alliierten zu und nicht den Deutschen. Diese hatten den schrecklichen Irrtum, sich dem Nazismus zu verschreiben, um Versailles rückgängig zu machen, teuer bezahlen müssen. Für die Menschen, die überlebt hatten, war das, was sie vor jetzt vierzig Jahren erleiden mußten, eine Katastrophe. Die Städte lagen in Trümmern. Ausgebombt oder geflüchtet fristete man sein Leben, ohne Aussicht, aus dem Elend herauszukommen. Für den, der es erlebt hat, widerstehen die Schreckensbilder jener Zeit auch dem hartnäckigsten Versuch, sie aus dem Bewußtsein zu verdrängen.

Um an einige Tatsachen zu erinnern:[1] In Köln besaßen Ende 1945 nur zwölf Prozent der Kinder das altersmäßige

Normalgewicht. Das Durchschnittsgewicht von männlichen Erwachsenen lag Mitte 1946 in der amerikanischen Besatzungszone bei zirka 51 Kilo. In Hamburg litten Ende 1946 über 100 000 Personen an Hungerödemen. Obdachlosigkeit war zur Massenerscheinung geworden. 1946 standen für vierzehn Millionen Haushaltungen nur acht Millionen Wohnungen zur Verfügung, viele von diesen beschädigt. In den Großstädten war mehr als die Hälfte des Wohnraumbestandes zerstört. Die Zahl der Vertriebenen betrug fast zehn Millionen. Zwei Millionen waren in Gefangenschaft, 1,6 Millionen vermißt. Beim Roten Kreuz und ähnlichen Einrichtungen lagen fast zehn Millionen Suchanträge.

Nicht als Befreier, sondern als Eroberer waren die Alliierten gekommen, wie es in der Proklamation des Oberbefehlshabers Dwight D. Eisenhower hieß. Von dem, was sich abspielte, wo die Rote Armee das Land erobert hatte, will ich gar nicht reden. Mit der Aufteilung Deutschlands in Besatzungszonen schufen die sich alsbald gegenseitig mißtrauenden Eroberer auch die Grundlage für die Teilung des Landes, das verurteilt war, Spielball der politischen Interessen der Siegermächte zu werden. Was gab es da zu feiern?

Und doch bestanden zureichende Gründe, das Datum nicht vorübergehen zu lassen, ohne eine Stunde der Besinnung einzulegen. Die geschichtliche Pflicht des Erinnerns ist von den Affekten unabhängig, die ein Ereignis auslöst. Was den 8. Mai 1945 und dessen vierzigste Wiederkehr betraf, so waren wir sogar aus zweifachem Grund zur Erinnerung verpflichtet, einmal wegen der Trauer um die Toten und um die verlorene staatliche Einheit des deutschen Volkes, zum anderen, weil wir uns zu fragen haben, ob die Katastrophe von damals nicht zu einem Wendepunkt unserer Geschichte geworden ist. Welche Chancen enthielt sie, und wie wurden diese genutzt?

Als der Erste Weltkrieg zu Ende gegangen war, kolportierte man ein Wort Walther Rathenaus, wonach die Weltgeschichte an dem Tage ihren Sinn verloren hätte, an dem der Kaiser als Sieger an der Spitze seiner Paladine auf weißen Rossen durch das Brandenburger Tor eingezogen wäre.[2] Um wie vieles mehr hätte man das von Hitler und seinen Schergen sagen können! Theodor Heuss, der erste Präsident der Bundesrepublik, hatte aber recht, wenn er, um das Zwiespältige am Datum des 8. Mai zu kennzeichnen, auf das Paradoxon[3] hinwies, daß das, was einerseits Vernichtung und Unglück war, andererseits Erlösung bedeutete: Erlösung von einem Regime, das im Diktat der Menschenverachtung von Jahr zu Jahr sein wahres Gesicht deutlicher enthüllt hatte. Wir waren in einem vernichtet und erlöst. Die nationale Katastrophe konnte, weil sie das deutsche Volk von einem furchtbaren, die Menschen versklavenden und entwürdigenden Regime befreit hatte, zur Stunde der Wiedergeburt zentraler Werte unseres Daseins werden, der Menschlichkeit wie der Freiheit.

Natürlich setzte diese Entwicklung nicht sofort ein, nachdem Wilhelm Keitel die Kapitulation des Deutschen Reiches in Karlshorst unterzeichnet hatte wie Alfred Jodl in Reims zwei Tage zuvor. Das deutsche Volk wollte zunächst leben und nichts als leben. Als die Besatzungsmächte die Entwicklung politischen Lebens in Deutschland zuließen, waren jedoch die zur Stelle, die sich von Hitler nicht hatten korrumpieren lassen und die demokratischen und liberalen Ideen durch die Jahre der Barbarei gerettet hatten. Nicht zuletzt wurde auch das Vermächtnis des Widerstandes bei den Bemühungen wirksam, dem politischen Leben eine geistige Grundlage zu geben, und der neue demokratische Konsens, den diese politischen Eliten bildeten, die nicht bloß Zuschauer ihres Schicksals sein wollten, besaß die Kraft, sich in den westlichen Zonen auch institutionell zu verwirklichen. Genau vier Jahre nach dem Tag der Kapitulation, am 8. Mai 1949, schloß der Parlamentarische Rat im Museum König seine

Beratungen mit der Annahme des Grundgesetzes ab. In die Wirklichkeit der Geschichte gestellt, wollte dieses kein perfekter Staatsbau sein. Es vermochte aber wenigstens einem Teil des deutschen Volkes ein politisches Leben in Freiheit zu geben.

Heute kann man sagen, daß das Experiment des Möglichen gelang. Der Staat der Bundesrepublik wurde etwas Neues nicht nur gegenüber dem untergegangenen NS-Regime, sondern auch gegenüber der Weimarer Republik. Zum erstenmal entstand auf deutschem Boden eine Staatsordnung mit einer im westlichen Sinne bürgerlichen Lebensform. Waren die Jahre der Weimarer Republik – um mit Richard Löwenthal[4] zu sprechen – eine Zeit formloser Gärung gewesen, so entwickelte sich auf dem Hintergrund des tiefen Umbruchs, den NS-Regime, Krieg und Zusammenbruch darstellten, aber auch auf der Grundlage einer durch ebendiese Ereignisse aufgelockerten Sozialstruktur eine neue Staatlichkeit. Daß diese weit entfernt ist von dem, was vorher in Deutschland gewesen war, muß selbst der anerkennen, der weiß, daß es in der Geschichte nie eine »Stunde Null« gibt und Traditionen in der politischen Kultur eines Volkes auch dann fortwirken, wenn man sie begraben wähnt.

2. Aus dem Maßlosen ins Maßvolle

Will man den Geist kennzeichnen, in dem die neue Staatlichkeit für die drei westlichen Besatzungszonen geboren wurde, so bietet sich die Formel an: *Aus dem Maßlosen in das Maßvolle.* Zweifach entfaltete sich dabei die politisch-sittliche Haltung, die das Volk einigen sollte: 1. in dem Bestreben, nicht wieder – wie in der Weimarer Verfassung – Demokratie als politische Form des Wertrelativismus zu begreifen, sondern als eine an bestimmte *Grundwerte* gebundene wertorientierte politische Ordnung; und 2. in dem Auf- und Ausbau eines *Rechtsstaates,* wie ihn die deutsche Geschichte und – das darf man hinzufügen – auch die anderer Nationen ihn bislang nicht gekannt hatten.

An der Spitze der Aussagen des Grundgesetzes zur Wertgebundenheit des politischen Systems steht das Bekenntnis zur *Würde des Menschen.*[5] Es handelte sich dabei um eine von allgemeiner Zustimmung getragene Reaktion auf den Sturz in die Barbarei während des Jahrzwölfts, in dem Hitler und die Nazis regierten. Die Machthaber des Regimes hatten bei jeder Gelegenheit von der Menschlichkeit abfällig als Humanitätsduselei gesprochen und sich angestrengt, die Deutschen zu Fanatismus, Härte und Herrenmenschentum zu erziehen. Grillparzers düstere Voraussage, wonach der Weg von der Humanität über die Nationalität zur Bestialität geht, war so weit Wirklichkeit geworden, daß man die moralischen Verheerungen, die das NS-Regime angerichtet hatte, als schlimmer als die Trümmer bezeichnen mußte, die es hinterließ.

Nach dem Zusammenbruch des Regimes war denn auch Lessings »Nathan« – also das Hohelied der Menschlichkeit – das erste Theaterstück gewesen, das im zerstörten Berlin aufgeführt wurde, und man war der Auffassung, daß, wenn die Erneuerung Deutschlands nach den moralischen Verwüstungen der Hitlerzeit überhaupt gelingen würde, dieses neue Deutschland nur auf der Grundlage der Humanität würde aufgebaut werden können. Traumatisch war aber auch der Rückblick auf die Weimarer Republik. Da man in deren Permissivität einen der Gründe für ihr Scheitern sah, wollte man nicht wieder eine jeder beliebigen politischen Zielsetzung zur Verfügung stehende Formaldemokratie schaffen, sondern dem neuen Staat ein positives Ziel setzen, und dieses sollte in der Orientierung am Menschen, an der menschlichen Persönlichkeit, an der menschlichen Würde bestehen.

Historisch betrachtet war das ein durchaus kühnes Unterfangen: Es lief auf nichts weniger als auf den Bruch mit der deutschen Rechtstradition hinaus, wie sie Bestandteil der deutschen politischen Kultur war. Denn die deutsche politische Kultur war dadurch gezeichnet, daß ihr der einzelne Mensch wenig bedeutete. Nicht in der Entfaltung seiner Persönlichkeit, wie der Humanismus es will, sondern im Dienst für ein Abstraktum – den Staat – sollte er Erfüllung finden. Demgegenüber ist der Ansatz des Grundgesetzes weder der Staat noch eine andere Obrigkeit, aber auch nicht der Gesetzgeber (wie es klassischem Demokratieverständnis entsprochen hätte), sondern der Bürger. Die in den Grundrechten dargestellten unverletzlichen und unveräußerlichen Menschenrechte setzen dem Staat eine unübersteigbare und unaufhebbare Grenze seiner Gewalt. Die Weimarer Republik kannte eine solche Bindung nicht. In ihr galten die Grundrechte, zugespitzt ausgedrückt, nur im Rahmen der Gesetze, während heute die Gesetze gelten, soweit sie den Grundrechten nicht widersprechen. Über ihren Abwehrcharakter gegen staatliche Eingriffe hinaus schreiben diese Fundamentalnormen allen staatlichen Gewalten zugleich vor, wie sie der Würde des Menschen zu dienen haben. Der parlamentarische Gesetzgeber, auf den die Weimarer Republik abstellte, wurde damit entthront. Er ist nicht mehr allmächtig, sondern selber um des Menschen willen einem höheren Menschenrecht unterworfen. Alle Obrigkeit – sofern dieser Ausdruck überhaupt noch brauchbar ist – wurde auf diese Weise von der herrschenden in eine dienende Funktion versetzt.

Dieser Gebundenheit entsprach die Absage an das, was man in der Weimarer Republik unter der Neutralität des Staates verstand, nämlich seine schon erwähnte Offenheit jeder beliebigen Zielsetzung gegenüber. Das Grundgesetz nimmt jeden Bürger und in besonderer Weise die politischen Kräfte der Gesellschaft in Pflicht. Es sollte in der Bundesrepublik keine Freiheit für die Feinde der Freiheit geben.

Deshalb wurde statuiert, daß verfassungsfeindliche Parteien der Auflösung unterliegen und Bürger, die ein Grundrecht zum Kampf gegen die freiheitlich-demokratische Grundordnung mißbrauchen, dieses Grundrecht verwirken. Die Bundesrepublik sollte also kein System sein, in dem die Verfassung jeweils das und nur das ist, was die Gesellschaft jeweils als Verfassungsinhalt feststellt, sondern eine Ordnung, in der Politik nur in der Bindung an den Werterahmen sollte gemacht werden dürfen, den die Verfassung ein für allemal vorgeschrieben hat.

Kein Gesetz, das Bundestag und Bundesrat beschließen, kein Akt der Verwaltung, kein Urteil eines Gerichts, so haben es die Verfassungsväter in das Grundgesetz hineingeschrieben, darf sich in Widerspruch zu diesem Wertsystem setzen. Wo ein Widerspruch aufkommt, ist die Verfassung verletzt und das Bundesverfassungsgericht zur Korrektur berufen.

Was in diesem kühnen Gedanken aufschimmerte, wurde ergänzt und vervollständigt durch die Etablierung eines *Rechtsstaats,* wie er in der Geschichte ohne Beispiel ist. Die Öffentlichkeit hat es sich angewöhnt, vornehmlich auf das Bundesverfassungsgericht zu schauen, wenn von der Bändigung der staatlichen Gewalt durch das Recht die Rede ist. Man muß aber darauf hinweisen, daß die Verfassungsgerichtsbarkeit nur eine institutionelle Spielart des richterlichen Prüfungsrechts gegenüber den Gesetzen ist und daß es ein nicht minder kühner Gedanke der Verfassungsväter war, den klassischen liberalen Grundsatz der Gesetzmäßigkeit der vollziehenden Gewalt dadurch effizient zu machen, daß mit der Rechtswegklausel des Art. 19 GG ein lückenloser Rechtsschutz gegen die Maßnahme der staatlichen Gewalt gewährleistet wurde. Die damit verbundene Beendigung des Schwebezustandes der Verwaltungsgerichtsbarkeit zwischen Justiz und Verwaltung und die Etablierung einer ausgedehnten Verwaltungsgerichtsbarkeit sind die sichtbaren Merkmale der

Verwirklichung dieser verfassungsstrukturellen Tendenz im Rechtssystem der Bundesrepublik. Auch in der sprachlichen Fassung des Art. 92, wonach die rechtsprechende Gewalt den Richtern anvertraut ist, kommt diese Aufwertung zum Ausdruck; kein anderer den Staatsfunktionen gewidmeter Abschnitt des Grundgesetzes (GG) ist, wie Stern[6] zutreffend hervorgehoben hat, mit einer so inhaltsschweren Aussage eingeleitet worden. Die Rechtsprechung sollte nicht mehr im Schatten von Legislative und Exekutive stehen, sondern beide Gewalten im System der freiheitsverbürgenden *Machthemmungen und -verschränkungen* kontrollieren. Auf diese Weise entstand eine Verfassungslage, in welcher der Richter in jedem Falle das letzte Wort hat und das Prinzip der Gewaltenteilung zu einer besonderen Art der justizförmigen Kontrolle überhöht wurde.[7]

Man hat oft versucht, die in dieser Weise getroffene Verfassungsentscheidung für das Recht als Maß der Macht herunterzuspielen, etwa – mit Werner Weber[8] – darin einen »gefährlichen Anachronismus« zu sehen. Nichts ist indessen falscher als das. Man verkennt die historische Ausgangssituation wie die gesellschaftliche Dimension der grundgesetzlichen Entscheidung, wenn man glaubt, darin einen romantischen Rückfall in die Vorstellungswelt des 19. Jahrhunderts sehen zu können. Tatsächlich handelt es sich um den zukunftsorientierten Versuch, eine angemessene Antwort auf die Herausforderungen zu geben, die sich aus der aktuellen wie aus der prinzipiellen Situation ergaben.

In jenen Jahren gab es kein Wort, das so oft gebraucht wurde, wie das Wort *Recht.* Rechtlosigkeit war die Signatur der Nazizeit gewesen, in der gleichsam die niederen Dämonen in realer, politisch und gesellschaftlich zu erklärender Gestalt Deutschland beherrscht hatten. Nach der Kapitulation setzte sich in nicht wenigem der Triumph der Macht über das Recht fort. Infolgedessen bestand ein elementares Bedürfnis, ein

Hunger nach Gerechtigkeit. Gustav Radbruch schrieb damals:[9] »Demokratie ist ein preisenswertes Gut, Rechtsstaat aber ist wie das tägliche Brot, wie Wasser zum Trinken und wie Luft zum Atmen, und das Beste an der Demokratie gerade dieses, daß nur sie geeignet ist, den Rechtsstaat zu sichern.« Und ein anderer bedeutender Rechtsdenker jener Tage, Adolf Arndt, sprach in bezug auf die Rechtsnot des Volkes unter Hitler davon, daß Rechtlosigkeit unbehauster mache als das Niederbrennen unserer Gebäude, hungriger als der Mangel an Brot, durstiger als ein Entbehren von Wasser.[10]

Ausgangspunkt war die Erkenntnis, daß sich die Staatstätigkeit in allen Industriestaaten in einem früher unvorstellbaren Maß ausgedehnt hatte. Staatsintervention, Bürokratisierung, Mechanisierung und die dadurch bewirkten Abhängigkeiten waren die erkennbaren Trends, denen man sich nicht willenlos fügen wollte. Je mehr die Macht der Apparate wuchs, um so notwendiger erschien es, die Freiheit des Bürgers mit den Mitteln des Rechts zu stärken. Jedes Gesetz ist aber zunächst nur ein Stück Papier. Um Recht zu gewährleisten, ein Gesetz effektiv zu machen, bedarf es des Rechtsschutzes, der Rechtspflege und damit des Richters.

Aus diesem Ansatz her erklärt sich die das herkömmliche deutsche Verfassungsdenken übersteigende Aktivierung des Rechtsstaatsprinzips. Um der Freiheit des Bürgers willen sollte die Macht von Legislative und Exekutive beschränkt werden. Die klassische Lösung der Gewaltenteilung erschien jedoch nicht mehr als zureichend, um den modernen Leviathan zu zähmen. Der altliberale, bürgerliche Rechtsstaat war ein »Gesetzesstaat« gewesen, der sich damit begnügt hatte, für das Handeln der als frei vorgestellten Individuen den Rahmen zu setzen. Auf dem realen Hintergrund der bürgerlichen Gesellschaft jener Zeit glaubte man damals, Staat und Gesellschaft als getrennte Sphären definieren und zur Bändigung der Staatsmacht auf das Prinzip der Gesetzmäßigkeit vertrauen zu können. Seitdem sich der Staat im Interesse des menschenwürdigen Lebens aller, also aus Gründen sozialer Gerechtigkeit, genötigt sieht (manchmal auch nur genötigt glaubt), in die Sozialordnung einzugreifen, hat sich die Lage indessen grundlegend gewandelt. Das Gesetzmäßigkeitsprinzip allein bietet keinen ausreichenden Schutz vor staatlicher Allmacht mehr; es muß vielmehr Vorsorge getroffen werden, daß die ganze Macht des Staates von dem Gedanken des Rechts getragen wird. Aus diesem Grunde wurde der Staat des GG nicht bloß, wie es altliberaler Tradition entsprochen hätte, als »Gesetzgebungsstaat«, sondern ebensosehr auch als »Rechtsprechungsstaat« konzipiert.[11] Der rechtsprechenden Gewalt wurde die Rolle des Garanten oder Hüters des Rechtsstaates zugewiesen, der auch über die Gewaltenteilung selbst wacht.

Eine starke Portion Mißtrauen kam hinzu, die man angesichts der geschichtlichen Erfahrungen nicht ohne Grund der Demokratie entgegenbrachte. Schließlich war Hitler auf formal demokratischem Wege und unter Zustimmung jubelnder Menschenmassen an die Macht gekommen. Recht und Justiz erschienen gegenüber demokratischen Tendenzen als mäßigendes Element – geeignet, Gegengewichte gegen die unberechenbare Volksherrschaft zu bilden.[12]

Freilich steht die Zeit nicht still, und dies schon gar nicht im politischen Prozeß. Es läßt sich, so angestrengt auch das Bemühen des *Verfassungsgesetzgebers* gewesen sein mag, im Fluß geschichtlicher Entwicklungen und politischer Vorgänge nicht ein für allemal festlegen, wie Verfassungen zu interpretieren sind. Das Phänomen des stillen Verfassungswandels[13] gibt es ebenso, wie eine gewisse Dehnbarkeit zu den Merkmalen aller Verfassungen gehört. Ein Verfassungstext besteht nicht aus toten Buchstaben, sondern aus lebendigen Worten, die auf jede neue Bedingung angewendet werden müssen. Was immer die Verfassungsväter in den Text hineingeschrieben haben, jede Verfassung ist im wesentlichen das, was man aus ihr macht.

Wo eine machtvolle Verfassungsgerichtsbarkeit existiert, sind es oft die Verfassungsrichter, die sagen, welchen Inhalt eine Verfassungsnorm hat. Das ist in der Bundesrepublik nicht anders als in den Vereinigten Staaten, in denen das berühmte Bonmot geprägt wurde.[14] Insbesondere findet der Zeitgeist mannigfache Möglichkeiten, sich in der Verfassungsrechtsprechung auszudrücken. Einmal ist die Geschichte der Verfassungsgerichtsbarkeit geprägt von der Sensibilität, die Verfassungsrichter für politische Kräfteverhältnisse, für echte oder auch nur vermeintliche Strömungen der öffentlichen Meinung und für Veränderungen im gesellschaftlichen Bewußtsein haben.[15] Die Arbeit eines Verfassungsgerichtshofs wird nicht so sehr durch die Pläne der Vergangenheit vorwärtsgetrieben als von den Hoffnungen der Zukunft. So kommt es, daß die Verfassung als etwas aus eigenem Recht Bestehendes über die ursprünglichen Hoffnungen oder Absichten hinauswächst.

Daneben wirkt sich die politische Praxis auf die Verfassung aus. Diese trachtet danach, die Bindungen, wenn nicht zu sprengen, so doch zu umgehen, die ihr das Recht auferlegt, und es ist teils reizvoll, teils bedrückend, den Wegen nachzugehen, in denen sich diese Umbildung der Rechts- und Verfassungsordnung vollzieht.

Eine große Rolle spielt auch die ideologisch-begriffliche Auseinandersetzung um Verfassungspositionen und -schlüsselbegriffe. Der Kampf um die Wörter[16] beeinflußt das Verfassungsleben wie das Verfassungsbewußtsein und kann im Verein mit der politischen Praxis eine Lage schaffen, der gegenüber die Positionen der Verfassung Gefahr laufen, zunehmend als anachronistisch empfunden zu werden, als Bestandteil des *dignified part*,[17] des ehrwürdigen Teils der Verfassung, dem ein bestimmender Einfluß auf das politische Geschehen nicht mehr zukommt.

3. Das Fundament steht fest, aber die Besorgnisse mehren sich

Betrachtet man die Entwicklung des bundesrepublikanischen Rechtsstaats unter diesen Gesichtspunkten, so ist festzustellen, daß das Fundament feststeht, auch wenn der Blick in die Zukunft nicht frei von Besorgnissen ist.

Die Wertgebundenheit des politischen Systems gehört nach wie vor zu den Fundamentalsätzen der politischen Ordnung der Bundesrepublik. Das gilt besonders von dem Bekenntnis zur Würde des Menschen und von dem Sinn für persönliche Freiheit und individuelle Rechte. Daß der letztere enorm gewachsen ist, ist um so bemerkenswerter, als es sich um einen revolutionären Bruch mit der deutschen Tradition handelt, wie ihn noch in den sechziger Jahren, als Ralf Dahrendorf[18] von den heiligen Säulen der Beharrung und andere von den verkrusteten, erstarrten Verhältnissen in der Bundesrepublik sprachen, wohl kaum einer für möglich gehalten hatte. Nie hatte Deutschland jenen elementaren Liberalismus erlebt, den andere Völker als prägendes Element erfahren und in ihr Selbstverständnis aufgenommen haben. Aus der Geschichte mißglückter Freiheitskämpfe war den Deutschen kaum mehr als die »Angst vor dem Atem der Freiheit« (Theodor Heuss) geblieben, und die Schärfung des Sinns für persönliche Freiheit war deshalb ein großes Anliegen der Nachkriegspädagogik. Heute nun braucht niemand mehr zur Zivilcourage zu ermutigen. Man kann vielmehr feststellen, daß es in Deutschland noch nie eine Gesellschaft gegeben hat, für die individuelle Freiheit und eigenes Handlungsvermögen so wichtig gewesen sind wie für die gegenwärtige. Gesellschaftlicher Ausdruck dieser Freiheitsbewegung ist vor allem die Emanzipation der Frau, die sexuelle Selbstbestimmung eingeschlossen. Auf dem juristischen Feld werden die Grundrechte weiter denn je interpretiert. So ist heute von einer

Beeinträchtigung der Menschenwürde und Handlungsfreiheit schon in Fällen die Rede, die früher niemand auch nur entfernt damit verbunden hätte. Das vom Bundesverfassungsgericht geschaffene informationelle Selbstbestimmungsrecht[19] und der Ruf nach einem Recht auf Privatheit[20] sind, so gesehen, nur die Spitze eines Eisberges. Wenn es je eine »Gesellschaft der Freiheit« geben kann, so kommt die Gegenwart diesem Ideal recht nahe.

Intellektueller Redlichkeit entspricht es daher, nicht bloß die Defizite aufzuzählen, die uns hindern, den Idealzustand als erreicht anzusehen, sondern auch einzuräumen, in welch hohem Maß das Staatsziel »Freiheit in menschenwürdiger Existenz« verwirklicht werden konnte (und dies nicht nur in Zeiten des Wohlstands, sondern auch unter den Bedingungen hoher Arbeitslosigkeit und einer starken Immigration von Ausländern).

Freilich werden Zwang und Gewalt oft nur geächtet, soweit sie die eigene Person betreffen, weniger, wenn sie anderen auferlegt werden. Auch ist das gesteigerte Freiheitsbedürfnis oft nicht bereit, die mit der Liberalität verknüpfte Folge einer höheren Kriminalitätsbelastung auf sich zu nehmen. Nicht zu verkennen ist auch, daß mit der starken Betonung der individuellen Freiheit vielfach noch keine gesteigerte soziale Verantwortlichkeit korrespondiert. Die Chancen für Selbstverwirklichung werden vornehmlich im privaten Bereich und in der Leistung für das allgemeine Beste gesucht, wobei der zumindest in der Jugend noch immer anzutreffende Mangel an geschichtlichem Bewußtsein die Identitätsfindung erschwert.

4. Zu weit getriebene Verrechtlichung

Ambivalenzen bei der Verwirklichung der Neuansätze nach 1945 machen sich aber nicht nur in der Inanspruchnahme der Grundrechte, sondern ganz allgemein im Rechtsleben bemerkbar. Der Ausbau des Rechtsstaats ist so weit getrieben – um nicht zu sagen: perfektioniert – worden, daß er sich selbst um seine Wirkung zu bringen droht. Die Inanspruchnahme der *Verfassungsgerichtsbarkeit* durch den einzelnen Bürger und engagierte Anwälte wie durch die im Parlament bei Abstimmungen unterlegenen Parteien bedeutet nicht nur für die Arbeitskraft des Gerichtes eine über das Zuträgliche hinausgehende Belastung, sondern setzt auch das politische System und besonders die Gesetzgebung ernsten Lähmungstendenzen aus. Sicher gleicht der Saal, in dem das Bundesverfassungsgericht in Karlsruhe verhandelt, nicht dem Tempel zu Delphi, und die Richterbank, an der die rot berobten Verfassungsinterpreten Platz nehmen, ist kein Dreifuß, von dem die Griechen die Orakel über das Schicksal ihres Volkes erwarteten. Daß dem Betrachter ein solcher Vergleich in den Sinn kommt, ist jedoch kein Zufall, sondern symptomatisch für die abhängige Rolle, in die sich das Parlament begeben hat. Ähnlich steht es um die Verwaltung in ihrem Verhältnis zur *Verwaltungsgerichtsbarkeit.* Das hier auftauchende Problem geht weit über die Klagen hinaus, die die Hypertrophie der Rechtszüge in unserem Justizsystem und die Verknappung der Ressourcen infolge ihrer häufigen Inanspruchnahme und umständlichen Arbeitsweise auslösen, so bedenklich diese Erscheinungen auch sind. Indem das Grundgesetz den politischen Prozeß der rechtlichen Kontrolle unterwarf, wollte es ohne Frage, daß das Bundesverfassungsgericht darin eine Rolle spielt, aber es sollte diese Rolle nicht allein spielen. Man ging davon aus, daß Legislative und Exekutive, Parlament und Verwaltung ihren eigenständigen, durch das

Gewaltenteilungsprinzip gesicherten Bereich hätten. Infolgedessen beschäftigte man sich nicht mit der Frage, wie man diesen Organen helfen sollte, ihrer Aufgabe gerecht zu werden, sondern wurde gerade umgekehrt von der Sorge geleitet, daß diese machtvollen Gewalten ihre Befugnisse mißbrauchen könnten. Ohne Frage bleibt diese Sorge unverändert aktuell. Inzwischen ist aber die Macht der Kontrolleure so groß geworden, daß unabweisbar die Frage auftaucht, wer die Kontrolleure kontrolliert, damit das Prinzip der *wechselseitigen Machthemmung* gewahrt bleibt.

Im Klartext heißt das, daß die Oberhoheit der rechtsprechenden Gewalt über die beiden anderen Gewalten in der Faktizität noch größer ist als in der Normativität. Viele der gesetzgeberischen Regelungen, mit denen der Bundestag seine Erfolgsbilanz schmückt, sind realiter kaum mehr als Nachvollzug und Festschreibung richterlicher Spruchpraxis. Das war sicher auch früher des öfteren so. Neu ist jedoch die Ängstlichkeit, mit der der Gesetzgeber auf die Rechtsprechung schaut. Es handelt sich hier nicht etwa um ein Thema, das allein das Bundesverfassungsgericht und die Gesetzgebung auf dem Gebiet des öffentlichen Rechts betrifft. Auch und gerade im bürgerlichen Recht scheint sich der Gesetzgeber kaum noch die Fähigkeit zur Steuerung von Sozialprozessen zuzutrauen. Bezeichnend dafür ist der aus Anlaß der – ohnehin nur mit sehr begrenzten Zielsetzungen – geplanten Neuregelung des Schuldrechts geäußerte Zweifel, ob das Unternehmen überhaupt sinnvoll sei, »weil sich zumindest die höchstrichterliche Praxis niemals davon abhalten lassen wird, nach ihrer Ansicht offene Fragen so zu entscheiden, wie sie es bei fallbezogener Interessenwertung für richtig hält«.[21] Die Kommentarliteratur spricht denn auch vom »grundlegenden Wandel im Selbstverständnis des Gesetzgebers«,[22] und ein die Lage überblickender Praktiker wie H. Sendler urteilt über diesen lapidar: »Er ist nicht mehr souverän und fühlt sich auch nicht mehr souverän.«[23]

Für die Gegenwart wie für die Zukunft stellt sich daher die Frage, wie man die Effektivität der Arbeit in Regierung und Parlament steigern und deren Eigenständigkeit stärken kann. Das aber ist eine Frage, die zureichend nur beantwortet werden kann, wenn man die konkreten Schwächen des parlamentarischen Regierungssystems in der Bundesrepublik unter die Lupe nimmt. Denn diese Schwächen (und nicht der Drang nach hemmungsloser Machtentfaltung) sind es in erster Linie, die die rechtsprechende Gewalt über ihre Grenzen hinausgreifen lassen.

Hatten die Verfassungsväter in der Verrechtlichung der Beziehungen zwischen Bürger und Staat vor allem das Mittel zur Zähmung des Leviathan gesehen, so besteht heute Anlaß, darauf hinzuweisen, daß eine *zu weit getriebene Verrechtlichung* ihre Schattenseiten hat.

Wenn es auch verfehlt wäre, mit Ernst Forsthoff[24] eine »Rechtsentleerung« bei der Verwaltung als Ausfluß des perfekten Verwaltungsrechtsschutzes zu fürchten, so ist doch die Sorge um negative Auswirkungen auf die Verwaltungsverantwortung nicht von der Hand zu weisen. Anstelle von Kassandrarufen, die aus der Wertung, die Verwaltungsgerichte hätten den Beurteilungsspielraum der Verwaltungsbehörden nahezu zum Erlöschen gebracht, die Konsequenz der Rückkehr zu kontrollfreien Räumen ziehen, muß freilich die nüchterne Analyse treten, die von der Ambivalenz des Verhältnisses zwischen Verwaltungsgerichtsbarkeit und Verwaltungsverantwortung ausgeht: »Der Rechtsschutz steht in der Gefahr, die Verwaltung in der verantwortlichen Wahrnehmung ihrer Obliegenheiten zu hemmen und der Verwaltung Verantwortung abzunehmen in Bereichen, in denen sie die Verantwortung nur allein tragen kann und dem Gericht keine Letztverbindlichkeit der Entscheidung zukommt. Auf der anderen Seite kann die Rechtsfragen klärende und gesellschaftsbefriedende Rechtsprechung mit ihrer auch edukativen

Funktion der Verwaltung die Verantwortung nicht unerheblich erleichtern. Der Effekt der Erleichterung der Verwaltungsverantwortung kann wiederum dazu führen, daß die Verwaltung die Verantwortung auf die Gerichte abwälzt.«[25]

Die Kritik kann daher nicht der Institution der Verwaltungsgerichtsbarkeit als einer solchen gelten, sondern nur der Handhabung der Kontrolle durch die Gerichte, die dazu führt, daß die Verwaltung die Verantwortung flieht und die Verwaltungsgerichtsbarkeit dazu mißbraucht, Verantwortung abzuschieben, »um aufgrund ihrer rechtlich gebotenen Urteile Akte zu vollziehen, für die politische Instanzen sich scheuen, die Verantwortung zu übernehmen, obwohl sie rechtlich dazu verpflichtet sind«.[26] Insbesondere kommt es darauf an, das Kontrollinstrumentarium bereichsspezifisch zu gestalten.

Zu den *sozialen Kosten der Verrechtlichung* gehört auch die Erfahrung des Bürgers, daß der komplizierte Rechtsweg durch die Instanzen der Verwaltung und der Verwaltungsgerichtsbarkeit einen beträchtlichen, sich oft über Jahre erstrekkenden Aufwand von seelischer Kraft, Zeit und Geld erfordert, aber im Ergebnis ihm nur Steine statt Brot gibt, weil die Gerichte bei aller Kontrolldichte Probleme materieller Gerechtigkeit nicht befriedigend lösen können. Als Ergänzung des rechtlichen Kontrollsystems bietet sich für solche Fälle die Einrichtung des Ombudsmannes an; weder Art. 19 Abs. 4 GG noch die Existenz einer funktionierenden Verwaltungsgerichtsbarkeit machen ein solches Hilfsorgan überflüssig.[27] Inwieweit die Bestrebungen zur Vereinheitlichung der Verwaltungsprozeßordnungen Erfolg haben, bleibt abzuwarten; es geht, richtig verstanden, nicht bloß um Entlastung und Beschleunigung der Verwaltungsgerichtsbarkeit, sondern um deren größere Effizienz.

Juristen, für die der Umgang mit Rechtsschutzeinrichtungen eine tägliche Gewohnheit ist, unterschätzen oft das Ausmaß der Unannehmlichkeiten, Widerwärtigkeiten und Nachteile, kurz: der psychischen Belastung, die für den Bürger mit jedem gerichtlichen Verfahren verbunden ist. Insbesondere leidet der ungewandte Bürger, der sich keinen Anwalt leisten kann, darunter. Solche Belastungen sollten daher vermieden werden, wo immer das ohne Einbuße an effektivem Rechtsschutz möglich ist.

Darüber hinaus ist Kritik an der *Gesetzesproduktion* unerläßlich. Verfehlt wäre es allerdings, wenn man sich vor den Karren einer unreflektierten Kritik an der Gesetzesflut[28] spannen lassen wollte. Der moderne Sozialstaat braucht nun einmal mehr Normen als sein altliberaler Vorgänger, der den Rahmen für gesellschaftliche Entwicklungen schaffen, aber diese nicht beeinflussen wollte. Ein bedenkliches, auf eine Fehlentwicklung hindeutendes Zeichen ist es aber, daß sich unter den Gesetzen, die die Gesetzgebungsmaschinerie verlassen, immer wieder überflüssige befinden, während solche Gesetze, die die Gesellschaft dringend benötigt, nicht zustande kommen, weil die politischen Prioritäten anders, nicht zuletzt in Richtung auf überflüssige Gesetze, gesetzt werden. Montesquieu hat eine wichtige Maxime der rechtsstaatlichen Gesetzgebung formuliert, als er schrieb: »Wenn es nicht nötig ist, ein Gesetz zu erlassen, ist es notwendig, es nicht zu erlassen.« Wird diese Mahnung in die Bürokratensprache von heute übersetzt, so heißt das: kein Gesetz ohne Regelungsbedarf. Daß der Bundestag leider immer wieder in die Versuchung gerät, gegen diese Maxime zu verstoßen, ist bekannt.[29]

Macht man sich klar, wie sehr die übertriebene Verrechtlichung Herrschaftswillen artikuliert, so ist es keine Übertreibung, die Gesamtheit dieser Tendenzen unter den Terminus *Rechtsimperialismus* zu fassen. Rechtsimperialismus, die Herrschaft des Rechts über die Menschen, widerspricht aber dem großen Ansatz des Grundgesetzes, wonach das Recht nicht den Menschen beherrschen, sondern ihm dienen soll.

5. Delegitimierung des Verfassungsstaats

Eine weitere Gefährdung des Rechtsstaats, der wir uns jetzt zuwenden wollen, ist noch größer und auch schmerzlicher als die bereits skizzierte. Es handelt sich um eine *Erosion des Verfassungs- und Rechtsbewußtseins,* die sich darin äußert, daß die *Unverbrüchlichkeit* und die *Allgemeingeltung* des Rechts in Frage gestellt werden, wobei die Berufung auf dem Recht überlegene Werte, um Rechtsverletzungen zu rechtfertigen, beabsichtigt oder unbeabsichtigt zur *Delegitimierung* des Rechtsstaats beiträgt. Bedenkt man, daß Unverbrüchlichkeit und Allgemeingeltung des Rechts nach dem Geschehen in der Nazizeit eine essentielle Reaktion auf das nationalsozialistische Terrorregiment gewesen sind, so dürfte offensichtlich sein, weshalb hier von einer deprimierenden Erfahrung gesprochen werden muß.

Als Normenkomplex ist das Recht ein Bewußtseinsinhalt. Realität erlangt dieser, wenn sich Menschen von ihm leiten lassen oder wenn er vom Rechtsapparat gegen Widerstreben durchgesetzt wird. Heute nun kann man jeden Tag die Beobachtung machen, daß das Recht dort, wo es um politische oder um vermeintlich politische Auseinandersetzungen geht, bewußt beiseite geschoben wird.

Die Herausforderung, die sich aus diesem Sachverhalt ergibt, ist so bedeutsam, daß ihr das folgende Kapitel dieser Veröffentlichung gewidmet wird. Schon jetzt muß jedoch von einer politischen Praxis die Rede sein, die kaum weniger bedrückend ist als die Neigung, das für alle geltende Recht zu verletzen. Gemeint ist jene politische Praxis, die man *institutionellen Mißbrauch* oder *Verfassungsmißachtung* nennen kann. Mit dieser Bezeichnung soll jenes Phänomen benannt werden, auf das kürzlich auch der Bundestagsabgeordnete Hermann Scheer aufmerksam gemacht hat. Eine Verfassung sollte für Volk und Land mehr sein als ein Paragraphenwerk, bei dem clevere Advokaten überlegen, wie sie dem Gesetzgeber ein Schnippchen schlagen, die Vorschriften umgehen können. Verfassungen stiften politische Einheit, und dies in dem Maße, in dem Bürger wie politische Kräfte sich an das halten, was der Verfassungswille ist, und sich von dem Geist der Verfassung in ihrem Verhalten determinieren lassen. Für die pluralitäre Gesellschaft – wir haben oben darauf hingewiesen – gilt das besonders, und bei der Kreation des Grundgesetzes wurde der größte Wert darauf gelegt, daß seine Aussagen nicht bloß Worte sein sollten, sondern das politische Leben gestaltende Werte. Insofern kommt dem Grundgesetz eine politisch-moralische Appellfunktion zu. Das, was wir die politische Kultur eines Volkes nennen, sollte von ihm nachhaltig beeinflußt werden.

Macht man sich diese umfassende Bedeutung der Verfassung klar, so kann man nur bedauern, wie leichtfertig vielfach mit dem Sinngehalt des Grundgesetzes umgegangen und wie gern an diesem manipuliert wird. In erster Linie muß man den alternativen Bewegungen diesen Vorwurf machen. Die Grünen zum Beispiel, die sich als antiparlamentarische Bewegung verstehen, haben das Verdienst, die Sonde ihrer Kritik an viele bedenkliche, ja zerstörerische Erscheinungen unseres gesellschaftlichen Lebens angelegt zu haben. Seitdem sie in die Parlamente eingezogen sind, haben sie jedoch manche Gelegenheit genutzt, um dem parlamentarischen System ihre Mißachtung zu bezeugen. Die verlegenen Reaktionen, die solche Provokationen in der angegriffenen Institution selbst und bei den sich zum Parlamentarismus bekennenden Parteien auslösen,[30] wirken eher als Ermutigung, in der Mißachtung der Verfassungsinstitution fortzufahren, denn als Aufforderung, die innere Substanz des Verfassungsstaates zu achten.

Allerdings sind es nicht etwa die Grünen allein, die die Mißachtung des Parlaments betreiben. Auch die großen Parteien lassen es oft an dem politisch-moralischen Verfassungsrespekt fehlen. Allgemein bekannte Fälle der Verfassungsmanipulation, an die erinnert werden muß, waren zum Beispiel die vorgezogenen Neuwahlen des Bundestages, die auf dem Mißbrauch des konstruktiven Mißtrauensvotums beruhten, da weder eine Patt- noch eine Minderheitssituation für die amtierende Regierung gegeben war. In dem Zusammenhang dieser Betrachtung spielt es keine Rolle, daß das Bundesverfassungsgericht mit Mehrheit geglaubt hat, die Bundestagsauflösung für vereinbar mit der Verfassung erklären zu können.[31] Hier geht es um die Frage der politischen Moral. Dafür aber ist relevant, daß Art. 68 GG im Rahmen des Systems der parlamentarisch-repräsentativen Demokratie dazu dienen soll, einen Notbehelf für die Ausnahmesituation zur Verfügung zu stellen, daß der Bundestag seinerseits keine Regierungsmehrheit bilden kann und der Bundeskanzler weder zurücktreten noch über Art. 81 GG ohne den Bundestag regieren will, sondern mit Hilfe der Vertrauensfrage und der Auflösungsdrohung den vergeblichen Versuch unternommen hat, im Parlament eine Mehrheit für seine Politik zu gewinnen. Diesem Normzweck läuft es zuwider, wenn dem Bundeskanzler nicht die Mehrheit fehlt, sondern er sich im Einverständnis seiner politischen Freunde das erbetene Vertrauen verweigern läßt, um auf diese Weise den Weg zu Neuwahlen zu eröffnen. Der Bundestag ist für eine fest bestimmte Zeit gewählt. Bewußt haben die Verfassungsväter dem Parlament das Recht zur Selbstauflösung oder die Herbeiführung der Auflösung durch ein destruktives Mißtrauensvotum verweigert. Hält man etwa die Selbstauflösung für nötig, wofür gute Gründe sprechen, so muß die Verfassung geändert werden. Der Lauterkeit und Sinnhaftigkeit des Umgangs mit der Verfassung widerspricht es jedoch, wenn man gesetztes, nach seinem Sinnganzen in bestimmter Weise ausgestaltetes Verfassungsrecht durch Regeln der Opportunität ersetzt. Mit der Notwendigkeit, für eine Regierung Legitimation zu beschaffen, kann ein solches Vorgehen nicht gerechtfertigt werden. Es gibt für die Regierung keine Legitimation außerhalb, neben oder über der Verfassung.[32]

Praktiken dieser Art, die geeignet sind, die Verfassung zu einem Steinbruch zu machen, aus dem sich jeder nach Belieben Steine heraussucht, um diese so lange zu bearbeiten, bis sie ihm in sein politisches Kalkül passen, gibt es natürlich nicht nur im Bundestag. Ein aktuelles Beispiel, das sich wie ein Flächenbrand ausgebreitet hat, sind die Beschlüsse kommunaler Vertretungen, die ihre Gemeinden oder Kreise zu atomwaffenfreien Zonen erklären. Diese Selbstverwaltungsorgane sind keine Parlamente, und sie haben auch keine Zuständigkeit für Außen- oder Verteidigungspolitik. Gleichwohl haben sie nicht gezögert, ihre Kompetenz auszudehnen, um, wie sie meinten, politische Signale zu setzen. Der damalige Bundesverfassungsrichter Rottmann meinte in seinem abweichenden Votum zu den vorgezogenen Neuwahlen, der Vorgang dokumentiere die Verfassungsfremdheit der Parlamentarier und die Unbefangenheit, mit der versucht werde, die Vorschriften der Verfassung zurechtzubiegen.[33] Was hätte er erst zu der kommunalen Praxis der Erklärung zu atomwaffenfreien Zonen sagen müssen, wenn man ihn damit befaßt hätte! Es handelt sich um die Mißachtung der Verfassungsinstitution kommunale Selbstverwaltung.

6. Die Verfassung ist kein Fiaker

Sind wir bei solchen Praktiken nicht auf dem besten Wege, die Verfassung zu einer Geschäftsordnung degenerieren zu lassen? Wenn man dies nicht will, so muß man darauf dringen, daß Fehlentwicklungen dieser Art wenigstens für die Zukunft verhindert werden. Die Verfassung ist kein Fiaker, der einen hinfährt, wohin man will, und aus dem man aussteigen kann, wo es einem paßt. Ein *strengeres Verfassungsbewußtsein* ist nötig, ein wacheres Bewußtsein für den Sinngehalt der Verfassung. Wir haben im politischen Raum nichts anderes, was Konsens stiftet, als Verfassung und Recht, und dieser Konsens darf nicht verlorengehen.

Man dürfte das Phänomen, um das es sich hier handelt, kaum falsch interpretieren, wenn man darin ein Anzeichen für das Vordringen des *Wertrelativismus* sieht, wie ihn etwa Kelsen als Wesensmerkmal der Demokratie gekennzeichnet hat.[34] Im gesamteuropäischen Maßstab gleicht sich die Bundesrepublik damit einem Verfassungsverständnis an, das in vielen Staaten dominiert. Die Frage ist, ob der Preis für diese Normalisierung – die Preisgabe einer Lehre, die die Verfassungsväter aus Weimar und Hitler gezogen haben – nicht zu hoch ist.

Wie notwendig eine solche Rückbesinnung ist, wird deutlich, wenn man sich klarmacht, daß das geschilderte Phänomen – abnehmende Orientierung am Normativen und zunehmender Subjektivismus – einhergeht mit der Abkehr von rationaler, nüchterner Argumentation wie von der Bereitschaft, Andersdenkenden zuzuhören und den pragmatischen Kompromiß als Mittel friedenstiftenden Interessenausgleichs zu akzeptieren. An die Stelle solcher demokratischen Tugenden treten zunehmend andere Einstellungen und Haltungen: die Hinwendung zur Idee des Absoluten und deren Verwirklichung in der irdischen Politik, die Sehnsucht nach gefühlsmäßiger Harmonie, die Ideologisierung der Auseinandersetzung und – daraus resultierend – eine scharfe Freund-Feind-Polarisierung. Dieses Syndrom ist nicht zuletzt deshalb so bedenklich, weil die »Versuchung des Absoluten« tief in der deutschen Geschichte der letzten beiden Jahrhunderte angelegt ist. Wollte man den Wurzeln dieser Entwicklung nachgehen, so würde das den Rahmen dieser Abhandlung überschreiten. Nur Stichworte seien angeführt: die unglückliche

Geschichte der deutschen Nationalstaatsbildung, der Gegensatz zwischen nationaler Identität und staatlicher Wirklichkeit samt den daraus folgenden Frustrationen und Identitätsschwächen, die Bildung gemeinschaftstiftender Feindbilder und utopischer Daseinsentwürfe, nicht zuletzt die Tatsache, daß die Folgen einer überstürzten Industrialisierung bis in unsere Tage nicht adäquat verarbeitet wurden. Politik als Kampfplatz zwischen Gut und Böse ist im Ergebnis nichts anderes als der Ausstieg aus der Politik, wenn man darunter die Ermöglichung des friedlichen Zusammenlebens in einem Gesellschaftsintegrat versteht. Gerade diese Auffassung ist aber – womit ich Hagen Schulze[35] zitiere – eine Konstante deutscher politischer Kultur, der schwerste Mühlstein am Hals einer demokratischen Ordnung. Sorge und Wachsamkeit aller freiheitsliebenden und verantwortlich denkenden Demokraten ist daher geboten, gleichviel, in welchem parteipolitischen Lager sie stehen.

Die Gegenwart ist zwischen gestern und morgen gestellt. Als am 8. Mai 1945 der Zweite Weltkrieg zu Ende ging, war das deutsche Volk auf Gnade oder Ungnade den Siegermächten ausgeliefert. Die Chance, die sich alsbald zur Neugestaltung seines politischen Lebens bot, wurde genutzt, um in Reaktion auf das nationalsozialistische Terrorregime einen Rechtsstaat aufzubauen, der auch heute noch als kostbarer Besitz anzusehen ist, aber durch perfektionistische Übertreibung und mangelnden Erneuerungswillen auf der einen, durch eine Erosion des Rechtsbewußtseins auf der anderen Seite als gefährdet erscheint. So perfekt das juristische System auch anmuten mag, der Rechtsstaat ist erst gesichert, wenn er Widerhall im Herzen und im Bewußtsein seiner Bürger findet. Montesquieu[36] hat aus diesem Grunde die »Liebe zu den Gesetzen« als Bürgertugend gefordert, ohne die ein Staat der Bürger, also eine Demokratie, nicht bestehen kann. Bürger und Recht gehören also zusammen, und zwar in der Weise, daß es keinen Bürger gibt, wenn der Mensch entrechtet wird, und kein lebendes Recht, wenn die Bürger den Zusammenhang von Freiheit und Recht nicht in ihr Bewußtsein aufgenommen haben.

Man kann das – mit Adolf Arndt[37] auch so ausdrücken: In einem Staat kann es nur so viel Recht geben, wie es rechtlich denkende Menschen gibt. Das aber ist der Grund, weshalb unsere Bemühungen um die Erfüllung des Verfassungs- und Rechtsstaats durch das wache Verfassungs- und Rechtsbewußtsein seiner Bürger nie aufhören dürfen. Daß Verfassung und Recht in ihrem Sinngehalt respektiert werden und das Verhalten der Bürger wie der Gruppen determinieren, ist für die pluralistische Gesellschaft ein politisch-moralisches Problem allerersten Ranges. Anstatt sich an Verfassung und Recht vorbeizumogeln, muß sich die Politik bewußter an die Maximen von Verfassung und Recht halten, wenn nicht die innere Substanz unseres Staates Schaden nehmen soll.

Benjamin Franklin wurde nach dem Verfassungskonvent von Philadelphia von einer Dame gefragt, ob sie nun eine Demokratie hätten. Ja, liebe Dame, antwortete Franklin, wir haben sie, wenn Sie sie halten können.

So steht es auch mit dem demokratischen Verfassungs- und Rechtsstaat. Wir haben ihn, wenn wir ihn halten können.

II. Treiben Demokratie und Rechtsstaat auseinander?

1. Der aktuelle Ausgangspunkt

Jedermann will heute seine Krise haben, und das rät, mit dem Wort vorsichtig umzugehen. Manch einer hat auch noch den extensiven Gebrauch im Ohr, der in der Weimarer Republik vom Krisenbegriff gemacht wurde. Wurde damals nicht so häufig und mit Nachdruck von der Krise der Demokratie gesprochen, bis schließlich kaum noch jemand daran zweifelte, daß das demokratische System der Ablösung durch andere politische Ordnungen bedurfte? Auf das Wort kommt es uns nicht an. Zu schaffen macht allein der Sachverhalt, der dahintersteckt. Dieser aber ist so beschaffen, daß wir uns fragen müssen, ob sich die glückhafte Verbindung aufzulösen droht, die das politische Formprinzip der Demokratie und der Gedanke des Rechtsstaats in der Bundesrepublik miteinander eingegangen sind. Eine der wesentlichen Ursachen dafür ist der Verfall des Rechtsbewußtseins, der allenthalben festzustellen ist. Obwohl die Gefahren, die mit dieser Erscheinung verbunden sind, offen zutage liegen, obwohl sich die verheerenden Folgen, die sie auslöst, bereits deutlich abzeichnen, fehlt es in der Gesellschaft weitgehend an Sensibilität für das, was auf dem Spiel steht. So scheint es, als würde unsere Gesellschaft, mit Wichtigem und Nebensächlichem in bunter Mischung beschäftigt, gar nicht wahrnehmen, was hier geschieht.

Dieses Manko ist natürlich nicht überraschend. Wahrgenommen wird stets und überall, was sich in den Vordergrund drängt. Für den, der weiter blickt, ist es indessen wichtig, zwischen dem zu unterscheiden, was auf der Bühne vor sich geht, und dem, was in den tieferen Schichten der Gesellschaft geschieht. Denn nicht im öffentlichen Schauspiel, sondern in den Tiefen der gesellschaftlichen Entwicklung bereiten sich die Herausforderungen vor, für die wir nach Antworten suchen müssen. Die Krisis des Rechtsstaats in der Gegenwart[1] ist eine solche Herausforderung. Eine Gesellschaft, die ihr Auseinanderfallen verhindern will, tut gut daran, sie ernst zu nehmen und sich auf das Nachdenken darüber einzulassen, ob und wie der Kollaps zu vermeiden und Rettung möglich ist.

Aktueller Ausgangspunkt soll die beinahe alltägliche Erfahrung sein, daß das Recht beiseite geschoben, ja teilweise sogar verachtet wird. Wir müssen dabei zwei Aspekte im Auge haben. Der eine betrifft die Mißachtung des Rechts im gesellschaftlichen Bereich, der andere die Entfremdung des Rechts von der Gesellschaft. Beide Gesichtspunkte gehören zusammen. In dieser Betrachtung werden sie jedoch getrennt, weil jede Seite der Medaille verdient, für sich beleuchtet zu werden.

In den sechziger Jahren und auch noch in der ersten Hälfte der siebziger Jahre stand die Problematik im Vordergrund, die man als Entfremdung von der Gesellschaft bezeichnet. Es handelte sich um ein Teilproblem dessen, was die amerikanische Soziologie als *cultural lag* bezeichnet, als »Nachhinken« der nichtmateriellen Kultur gegenüber dem materiellen Wandel. Da die Entwicklung des Rechts mit den stürmischen

Veränderungen, die sich in der Gesellschaft vollzogen hatten, nicht Schritt gehalten hatte, war es notwendig, in einem »gesellschaftlichen Nachziehverfahren« (Christian Broda) das Rechtssystem den gesellschaftlichen Veränderungen anzupassen. Man sprach von einem Reformstau und war mit Erfolg bemüht, auf den Gebieten, auf denen die Diskrepanz zwischen den gewandelten Anschauungen und dem geltenden Gesetzesrecht am größten war, den Abstand zwischen der gesellschaftlichen und der rechtlichen Entwicklung aufzuheben oder wenigstens zu verkürzen.

In der Gegenwart bedrückt uns diese Sorge weniger, wenngleich sie natürlich nicht aus der Welt geschafft ist. Das Recht ist eine Funktion des Soziallebens. Wenn sich die Gesellschaft wandelt, so muß sich auch das Recht verändern. Das ist eine Selbstverständlichkeit, die jede politische Richtung anerkennen muß, und darüber besteht auch kein Streit. Das Recht hat aber auch die Aufgabe, als stehende Ordnung jenes Maß an Normativität und Stabilität zu garantieren, das für die Handlungsfähigkeit des Menschen und den Bestand einer Gesellschaft unerläßlich ist. Als Normenkomplex ist das Recht ein Bewußtseinsinhalt. Realität erlangt dieser, wenn sich Menschen an ihm orientieren und sich von ihm leiten lassen. Daran aber hapert es heute in der Bundesrepublik in bedenklichem Maße.

Nahe liegt es, die Beispiele dafür der Wirtschaftskriminalität und ähnlichen Kriminalitätsformen zu entnehmen, bei denen unsere Gesellschaft sich noch immer schwertut, Rechtsverletzungen mit dem gebotenen Ernst zu ahnden. Es gibt jedoch weit brisantere aktuelle Beispiele, die eine Krise des Rechtsbewußtseins anzeigen:

1. die bekannten Instituts- und Hausbesetzungen, Kasernenbelagerungen und Straßenblockaden, mit denen bestimmte politische Ziele verfolgt werden, und die häu-

fig damit verbundenen Demonstrationen von Gewalttätigkeit;

2. das Verhalten von Regierungsmitgliedern, die den Akteuren dieser Rechtsverletzungen Straffreiheit in Aussicht stellen – wie dies ein süddeutscher Minister im Mai 1984 tat, als er Fernfahrern, die Straßen blockierten, um ihren Forderungen Nachdruck zu verleihen, erklärte, sie hätten keine Bestrafung zu befürchten – oder die Polizei am Eingreifen hindern;

3. die Parteispendenaffäre in ihrer ganzen Komplexität, angefangen von der Aufforderung, Parteispenden zur Gesetzesumgehung auf die Konten bestimmter Organisationen einzuzahlen, über die Veröffentlichung geheimer Ermittlungsakten der Staatsanwaltschaft in der Presse und die damit verbundenen »Vorverurteilungen« bis zu dem Plan, die weitverästelte Affäre mittels einer Amnestie oder der »Umwidmung« der Spenden zu steuerabzugsfähigen Betriebsausgaben der Justiz zu entziehen;

4. und als besonders ernstes Exempel für die Rolle des Rechts in einer auf Freiheitlichkeit angelegten Gesellschaft: die Neigung, spezifische Sozialbereiche überhaupt der regulierenden Kraft des Rechts zu entziehen, indem sie zu »rechtsfreien Räumen« erklärt werden.

Dieses Beispiel ist komplexer als die anderen, weil es einen sich stufenweise vollziehenden Prozeß erkennen läßt. Wie sich an den Hochschulen gezeigt hat, besteht die erste Stufe darin, daß man im Vertrauen auf die Fähigkeit zur verantwortlichen Selbstgestaltung der im Sozialbereich agierenden Kräfte und Gruppen das Ordnungsrecht abbaut und als Ultima ratio allenfalls noch das für alle Bürger geltende Strafrecht anerkennt, wobei obendrein verkündet wird, daß Polizei und Justiz auf dem autonomen Campus nichts zu suchen hätten. In einer zweiten Phase erweist sich dann, daß das Prinzip der Selbstgestaltung nicht so funktioniert, wie seine Verfechter sich das vorgestellt hatten, und daß Minderheiten, um sich durchzusetzen, auch vor solchen Ausschreitungen nicht zurückschrecken, die selbst die verbliebenen Restbestände des Rechts verletzen. Wenn dann Polizei und Justiz gerufen werden, haben diese wenig Lust, sich auf einem Felde zu betätigen, auf dem sie sich prinzipiell unerwünscht wissen und von dem sie mit Hilfe des Gedankens der Autonomie kurz zuvor gerade verbannt worden waren. Ähnliche Entwicklungen sind aus dem Leben der Kirche bekannt, die ihre Gottesdiensthäuser sowohl als Zuflucht wie auch als Freistatt begreift – dies ebenfalls aus guten, verständlichen Gründen. Auch aus dem Arbeitskampf hat sich das Recht mehr und mehr zurückgezogen, wie sich im Juni 1984 drastisch gezeigt hat, als Arbeitswillige von den Streikenden behindert wurden und zum Beispiel die Auslieferung von Zeitungen mit Gewalt verhindert wurde.

Interessant ist an all diesen Fällen zunächst das fehlende Bewußtsein der Rechtswidrigkeit auf seiten der das Recht Verletzenden. Eine prinzipiell rechtsfeindliche Haltung wie etwa beim Gewohnheitsverbrecher steht nicht dahinter. Das heißt, man stellt nicht etwa die gesamte Rechtsordnung in Frage, sondern setzt das Funktionieren des Rechtsstaates geradezu voraus. Allerdings soll nur der andere sich an das Recht halten. Sich selbst nimmt man davon aus. Man hält es für erlaubt, um bestimmter politischer Ziele willen die rechtlichen Regeln zu mißachten.

Ebenso interessant ist die staatliche Reaktion auf die Rechtsverletzungen, nämlich die Unschlüssigkeit, ob dagegen etwas unternommen werden soll oder nicht. Die Antwort des Rechts ist in jedem Falle klar. Man muß schon zur Rabulistik greifen, wenn man offene, gezielte Rechtsverletzungen rechtfertigen will. Bei den über die staatliche Reaktion Entscheidenden und auch bei der öffentlichen Meinung scheint jedoch eine erhebliche Rolle zu spielen, wie man dem mit der jeweiligen Rechtsverletzung verfolgten Anliegen und den agierenden Personen gegenübersteht: ob positiv oder negativ, ob ablehnend oder mit Sympathie. Darüber hinaus wird die Entscheidung, ob eingeschritten werden soll oder nicht, offensichtlich von der Sorge beeinflußt, mit Machtmitteln nichts Effektives ausrichten, wohl aber zu einer Eskalation beitragen zu können. In jedem Fall wird also die politische Motivation und Zwecksetzung bei Rechtsverletzungen als Grund betrachtet, die Lage anders zu beurteilen als sonst bei Rechtsverletzungen. Legalität sieht sich konfrontiert mit in Anspruch genommener Legitimität. Unter Berufung auf die Demokratie wird die Bindung an das Recht in Frage gestellt, nicht generell, wohl aber partiell. Damit aber fallen zwei Begriffe auseinander, an deren Identität wir uns gewöhnt hatten. Im Rechtsstaat, so hatte man seit 1949 gelehrt, ist die Legalität auch die Legitimität. Jetzt wird diese Identität aufgekündigt. Demokratische Legitimität wird gegen Legalität ausgespielt, ein vermeintlich höherer Wert gegen einen vermeintlich niedrigeren.

Sucht man nach einem Begriff, um diese Situation zu kennzeichnen, so stößt man auf den des *selektiven Rechtsgehorsams*. Das Recht beansprucht, für alle Menschen, die in einem Gemeinwesen leben, verbindlich zu sein. Diese Allgemeinverbindlichkeit aber wird ihm bestritten. Der Bürger wählt aus, wo er dem Recht gehorchen und wo er ihm nicht gehorchen will. Damit aber taucht das Bild von zwei Rechtsordnungen auf, die nebeneinander gelten, die eine für das bürgerliche Leben, die andere für das politische Verhalten. Politische

Motivationen – gleich, welcher Art – sollen ein Grund sein, das bürgerliche und das Strafrecht außer Kraft zu setzen. Daß ein selektiver Rechtsgehorsam aber die Rechtstreue, das heißt den Rechtsgehorsam, ganz allgemein schwächt, wird leichten Herzens gleichsam weggewischt. Wie kann man jedoch erwarten, daß der Bürger das Recht respektiert, wenn er sehen muß, daß diejenigen, die das Recht mißachten, keine Sanktion zu erwarten haben? Muß er nicht zwangsläufig zu dem Schluß kommen, daß das Recht nur für die Dummen da ist?

Ein handgreifliches Beispiel dafür, daß auf einem bestimmten Sektor der Rechtsordnung tatsächlich nur die Dummen die Zeche ihrer Rechtsverletzung zu bezahlen brauchen, liefern die sogenannten Kennzeichenanzeigen beim Straßenverkehr. Der Mißstand ist allgemein bekannt. Es handelt sich um Ordnungswidrigkeiten wie Parkverstöße, automatisch festgestellte Rotlichtmißachtungen und automatisch gemessene Geschwindigkeitsüberschreitungen, bei denen der Fahrer nicht festgestellt werden kann. In solchen Fällen wird der Fahrzeughalter über das Kennzeichen ermittelt. Wenn dieser dann angibt, er sei den Wagen nicht gefahren, und wenn er den Fahrer nicht nennt – etwa weil es ein naher Verwandter ist –, wird das Verfahren auf Kosten der Landeskasse eingestellt. Dem Halter werden dann auch seine Auslagen erstattet.

Die Zahl der Halter, die sich so verhalten, ist Legion. Allein in Hannover hatte die Landeskasse ihnen im Jahr 1984 rund 180000 DM an Kosten zu zahlen. Das Fazit also: Wer sich rechtstreu verhält, wer ehrlich die Rechtsverletzung zugibt, ist der Dumme.

Den gerissenen Rechtsbrecher bestrafen wir dagegen nicht, wir zahlen ihm noch Prämien in Gestalt der Auslagenerstattung.

Die erwähnten Beispiele stehen für viele und markieren eine Tendenz. Wir brauchen nicht auf das oft zitierte *»Right* *or wrong, my country«,* die Maxime des britischen Imperialismus, zurückzugreifen, sondern können im eigenen Lande bleiben. Hieß es einmal – in unseliger Zeit – »Recht ist, was dem Volke nützt«, so scheinen heute viele zu denken: »Recht ist das, was mir paßt.« Rechthaberische Menschen hat es stets gegeben. Heute aber ist die Zahl solcher Bürger besonders groß, die nichts von der Auffassung abbringen kann, von der Justiz werde ihnen ihr Recht vorenthalten. Für sein Recht zu fechten und zu streiten ist an sich eine rechtsstaatliche Tugend. Niemand braucht im Rechtsstaat auf sein Recht zu verzichten. Ein sorgfältig durchkonstruierter Rechtsmittelzug steht in der Bundesrepublik Deutschland jedem, der sein Recht geltend machen will, zur Verfügung. Von den vielfältigen Möglichkeiten des Rechtsschutzes wird auch erfreulich rege Gebrauch gemacht. Man kann andererseits nicht übersehen, daß ein nicht unbeträchtlicher Teil der Rechtsuchenden auch durch noch so eingehend betriebene Verfahren und noch so sorgfältig ausgearbeitete Urteile nicht davon zu überzeugen ist, daß seine subjektiven Ansichten nicht vom objektiven Recht gedeckt werden. Die Diskrepanz zwischen subjektiver Rechtsauffassung und objektivem Recht hat mitunter sogar tragische Aspekte; unter Umständen kann und muß sie Anlaß zur Überprüfung geben, ob das geltende Gesetzes- oder Richterrecht noch mit den Gerechtigkeitsanschauungen der Gesellschaft übereinstimmt. Grundsätzlich gehört aber zum Rechtsstaat auch, daß der Unterlegene sich mit dem Spruch des Gerichts abfindet, wenn der Rechtsmittelweg erschöpft ist.

2. Eine glückhafte, aber zerbrechliche Verbindung

Vom Aktuellen zum Grundsätzlichen: Eingangs sprachen wir von der Gefahr, daß sich die für die Bundesrepublik charakteristische Verbindung von Rechtsstaat und Demokratie auflösen könnte. Wie ernst diese Gefahr zu nehmen ist, wird deutlich, wenn man sich vor Augen führt, daß die Synthese von Demokratie und Rechtsstaatlichkeit alles andere als eine Selbstverständlichkeit ist.

Unter entwicklungsgeschichtlichen Gesichtspunkten ist daran zu erinnern, daß sich beide Institutionen gerade in Deutschland (aber auch in Großbritannien, Österreich und der Schweiz) in zeitlicher Phasenverschiebung entwickelt haben. Es war so, daß wir zuerst den Rechtsstaat hatten und dann die Demokratie bekamen. Die rechtsstaatlichen Institutionen und Verfahren, vom Vorbehalt des Gesetzes bis zu den Verfahrenskontrollen bei Eingriffen des Staates in die private Sphäre des Bürgers, bildeten sich überall in den deutschen Ländern im 19. Jahrhundert unter der konstitutionellen Monarchie heraus. Das demokratische System bekamen wir erst hundert Jahre später in der Weimarer Republik, es entwickelte sich aus den parlamentarischen Bestandteilen des Konstitutionalismus. Geschichtlich gesehen, entstammen also Rechtsstaat und Demokratie verschiedenen Schichten der politischen Entwicklung.

Damit nicht genug: Hinter den beiden Prinzipien – Rechtsstaat und Demokratie – stehen auch unterschiedliche politische Vorstellungen. Vereinfachen wir etwas, so läßt sich sagen, daß es dem Rechtsstaat um die Sicherung der individuellen Freiheit des Bürgers durch Beschränkung der staatlichen Macht geht, während die Demokratie mit der Forderung nach Selbstbestimmung aller Bürger den Gedanken der Gleichheit und der Partizipation des Bürgers an den politischen Prozessen und Entscheidungen zum Ausdruck bringt. Es ist verfehlt, davon zu sprechen, daß das politische Formprinzip Demokratie dem unpolitischen, bürgerlichen Freiheitsgedanken unversöhnlich gegenüberstehe. Von einer Antinomie der Prinzipien kann nicht die Rede sein. Wo das behauptet wird, handelt es sich um den Versuch, das Denken durch Begriffsbildung in eine bestimmte Richtung zu treiben.[2] Festzustellen ist jedoch, daß zwischen der Verwirklichung des rechtsstaatlichen und des demokratischen Prinzips nicht notwendig ein Zusammenhang bestehen muß oder gar Konvergenz. Im Gegenteil, es kann, wie im Deutschen Reich von 1871, auf der einen Seite einen Rechtsstaat ohne Demokratie geben, und auf der anderen Seite kann man sich durchaus eine Demokratie ohne Rechtsstaatlichkeit vorstellen. Die mögliche Verbindung beider Prinzipien ist daher stets labil, stets gefährdet. Die Synthese ist auch dann, wenn sie in der Verfassung vollzogen erscheint, nie fragloser, selbstverständlicher Besitz, sondern in der Praxis immer wieder herzustellen.

Es ist eine der großen geschichtlichen Leistungen der Verfassungsschöpfer von 1949, daß sie den Mut besessen und das Zukunftsvertrauen gehabt haben, Rechtsstaatlichkeit und Demokratieprinzip in der Verfassung zu verschmelzen. Die politische Wirklichkeit hat dieses Vertrauen in die Entwicklung lange Jahre bestätigt. Beide Prinzipien gelangen mit- und nebeneinander zur Geltung und werden durch eine dritte Komponente bundesrepublikanischer Staatlichkeit ergänzt, nämlich durch das Sozialstaatsprinzip, das als Staatszielbestimmung die gleiche Freiheit aller nicht bloß formal proklamieren, sondern real herstellen soll. Wenn Rechtsstaatstheoretiker vom *government by law* sprechen, so unterliegt ihr Ansatz natürlich der Kritik, weil es realiter nicht die Gesetze sind, die herrschen, sondern Menschen aus Fleisch und Blut, die in bestimmten sozialen Beziehungen stehen. An diesem soziologischen Gesetz kann kein Verfassungssatz etwas ändern. Richtig ist jedoch, daß in der Bundesrepublik Politik nur unter dem Recht stattfinden darf. Das Parlament ist nicht allmächtig, sondern an die Verfassung und insbesondere an die Grundrechte gebunden. Auch Gesetzesrecht darf nur unter den in der Verfassung festgelegten Voraussetzungen geändert werden. Insofern ist das Rechtsstaatsprinzip dominant. Die Verfassungsväter wollten bewußt eine Mäßigung der Demokratie durch das Recht,[3] einmal in Reaktion auf die nationalsozialistische Terrorherrschaft, zum anderen aber auch im Hinblick auf totalitäre Entartungen der Demokratie, in denen die Menschenrechte mit Füßen getreten werden. Aus diesem Grunde wurden insbesondere auch die richterliche Überprüfung der Gesetzgebung durch die Verfassungsgerichtsbarkeit eingeführt und dem Bürger durch eine ausgedehnte Rechtsschutzklausel (Art. 19 Abs. 4 GG) die Möglichkeit verschafft, in jedem Fall der Beeinträchtigung seiner Rechte durch die Staatsgewalt die Gerichte anzurufen.

Überblickt man die Entwicklung in den ersten beiden Jahrzehnten nach Gründung der Bundesrepublik, so fällt auf, wie ephemer die Spannungen zwischen Demokratie und Rechtsstaat damals gewesen sind. An Auseinandersetzungen fehlte es allerdings zu keiner Zeit. Selbst wo sie heftig verliefen – etwa im Zusammenhang mit der Bewaffnung der Bundeswehr und der Stationierung von Atomwaffen in der Bundesrepublik, in der Spiegelaffäre und bei der Notstandsgesetzgebung –, stand jedoch die Geltung des Rechtsstaatsprinzips außer Frage. Vielfach ging es sogar darum, den Verfassungsstaat nicht etwa zu schwächen, sondern ihn – wie bei der Notstandsgesetzgebung – stärker auszubauen.[4] Das war auch bei den Auseinandersetzungen um das politische Strafrecht in den sechziger Jahren so, wo die politisch exzessiven Regelungen aus der Zeit des Koreakrieges wieder auf die rechtsstaatliche Normalität zurückgeführt wurden und dem demokratischen Gesetzgeber angesonnen wurde, den Staatsschutz wieder zurückzuverlegen, nachdem er nach der Koreakrise im Zeichen des kalten Krieges ausgeweitet worden war. Auch das Demonstrationsstrafrecht wurde im Geiste rechtsstaatlicher Liberalität reformiert, das Strafprozeßrecht – um ein weiteres Beispiel zu nennen – rechtsstaatlichen Anforderungen angepaßt. Selbst die staatlichen Reaktionen auf die terroristische Bedrohung der Bundesrepublik in den siebziger Jahren konnten so begrenzt werden, daß einerseits die Handlungsfähigkeit der staatlichen Sicherheitsorgane gestärkt wurde, andererseits der prononciert rechtsstaatliche Charakter unserer politischen Ordnung erhalten blieb.[5]

Demokratischer Wille und rechtsstaatliche Machtbeschränkungen gerieten allerdings dort in Konflikt, wo das Bundesverfassungsgericht, im Überschwang verfassungspolitischen Hochgefühls zunächst als »Klinik für Demokratie und Rechtsstaat« gefeiert, in aktuelle politische Auseinandersetzungen dirigierend eingriff.[6] Zu Unrecht wurde (und wird) dem Bundesverfassungsgericht vorgeworfen, daß es politische Entscheidungen trifft, zu Recht, daß es seine Kompetenzen vielfach extensiv auslegte und sich damit auf die abschüssige Bahn des Supergesetzgebers begab. Das Bundesverfassungsgericht nimmt eine politische Funktion als Hüter der Verfassung in Anspruch, und es soll diese nach der Verfassung auch haben. Indem das Gericht bei der Auslegung von Rechtsnormen zwischen verschiedenen Möglichkeiten wählend die gesamtpolitische Ordnung gestaltet, trifft es politische Entscheidungen im Rahmen und in den Grenzen des justizförmigen Verfahrens,[7] und dagegen ist nichts einzuwenden.

Anders freilich ist seine Machtausübung zu beurteilen, wo sie den Befugnissen des Gesetzgebers nicht nur kontrollierend Grenzen setzt, sondern ihm diese aus der Hand nimmt. Der Vorwurf, seine Macht exzessiv auszuspielen, wurde zum Beispiel gegen das Bundesverfassungsgericht erhoben, als es den Grundlagenvertrag vom 21. Dezember 1972 zwischen der Bundesrepublik und der DDR am Grundgesetz zu messen versuchte,[8] anstatt zu erkennen, daß die Justitiabilität derartiger Verträge verneint werden konnte. Noch deutlicher trat der Machtanspruch des Gerichts in solchen Fällen zutage, die heikle innenpolitische Streitfragen betrafen. Die Gestaltung der Sozialordnung ist nicht die spezifische Aufgabe des Verfassungsgerichts, sondern die des Gesetzgebers. Wenn das Verfassungsgericht sich nicht mehr darauf beschränkt, dem Gesetzgeber von der Verfassung her äußerste Grenzen zu ziehen, sondern wenn es fragt, ob der Gesetzgeber Wertentscheidungen der Verfassung auch optimal verwirklicht, wird es unversehens zu einem Übergesetzgeber, nämlich zu einer Instanz, die anstelle von Bundestag und Bundesrat Richtlinien für die Gestaltung der Sozialordnung erläßt. Eine solche Kompetenzverlagerung hat sich nicht etwa lediglich in der Entscheidung zum Paragraph 218[9] vollzogen. Schon vorher, bei der Entscheidung zur Parteienfinanzierung durch Wahlkampfkostenerstattung, hatte das Gericht den Grundsatz der Selbstbescheidung verlassen und die Ermessenskompetenz des Gesetzgebers ausgeübt, so zum Beispiel, als es die Untergrenze für den Anspruch auf Wahlkostenerstattung, den der Bundestag mit 2,5 Prozent fixiert hatte, auf 0,5 Prozent festsetzte,[10] ohne plausibel machen zu können, weshalb gerade dieser Prozentsatz der richtige war. So töricht Urteilsschelte auch oft ist, in solchen Fällen war (und ist) es unerläßlich, das Bundesverfassungsgericht an die Weisheit amerikanischer Richter zu erinnern, wonach Selbstbeschränkung[11] eine verfassungsrichterliche Tugend ist. Die Beseitigung unkluger Gesetze und deren Ersetzung durch bessere Vorschriften ist nicht Sache von Gerichtshöfen, sondern obliegt in der demokratischen Regierungsform den gewählten Parlamenten.

Die Stabilität der nur in dieser Weise vorübergehend gestörten Verbindung von Demokratie und Rechtsstaat war um so bemerkenswerter, als die Weimarer Republik im Zeichen einer schroffen Entgegensetzung von Demokratie und Rechtsstaat gestanden hatte, was in erster Linie eine Folge der damaligen geschichtlichen Vorbelastungen war. Nach 1949 schienen Demokratie und Rechtsstaat versöhnt zu sein, wobei es jedenfalls in den sechziger Jahren nicht nur mir so erschien, als ob das Demokratieelement der Verbindung eher der Zuwendung und Stärkung bedurfte als das rechtsstaatliche. Man sprach davon, daß der Rechtsstaat als älterer Bruder die Szene zu betont beherrschte, und sah in der Durchsetzung des Demokratiegebots wie des Sozialstaatsprinzips – dem Schmitt-Nachfahren wie E. Forsthoff die juristische Qualität bestritten hatten[12] – die Forderung der Stunde. Seit Ende der sechziger Jahre ist jedoch ein Szenenwechsel eingetreten, der mit der Aggressivität zusammenhängt, mit der seinerzeit die Studentenbewegung auftrat. Von Berkeley importiert, griff die in den Vereinigten Staaten im Kampf der Farbigen um die Bürgerrechte erfolgreich angewandte Methode der beschränkten Regelverletzungen – besonders in der Form der Go-ins, Sit-ins und auch Die-ins – auch auf die Bundesrepublik über. Da die öffentliche Meinung sie als belebenden Farbfleck in dem verspießerten Grau der »Altherrendemokratie« begrüßte, machte die Methode schnell Karriere. Sie ist heute das bevorzugte Kampfmittel im Repertoire der Protestbewegungen und wird – siehe Fernfahrer – auch von anderen Gruppen übernommen, wobei Begriffe wie gewaltfreier Widerstand und ziviler Ungehorsam anzeigen, wo die Legitimationsquellen gesucht werden. Die Prostestbewegungen nehmen nicht nur gegenüber dem parteienstaatlichen Repräsentationssystem eine höhere, nämlich basisdemokratische Legitimation in Anspruch. Ihr Bekenntnis zur direkten Aktion greift den Parlamentarismus in der Substanz an. Damit, daß die Protestbewegungen erklärtermaßen Rechtsverletzungen als politisches Kampfmittel anwenden, fordern sie jedoch auch und gerade den Rechtsstaat heraus und konfrontieren die Bundesrepublik mit der Frage, welche Antwort *(response)* der Herausforderung *(challenge)* angemessen ist.

Nun bin ich der letzte, der den Rechtsstaat schon zusammenbrechen sieht, wenn sich junge Menschen mit provokanter Illegalität bemerkbar machen. Etwas anderes ist es jedoch, wenn die Rechtsverletzung in der politischen Auseinandersetzung zur Dauererscheinung wird und ein großer Teil der Bevölkerung das in Ordnung findet. Schon 1980 glaubten soziologische Erhebungen, herausgefunden zu haben, daß 26 Prozent der Bevölkerung illegale Mittel gegen rechtsstaatlich zustande gekommene Entscheidungen des Parlaments für legitim hielten,[13] und heute ist der Anteil vermutlich noch höher. Selbst bei den jungen Juristen verhält es sich ähnlich.

So hat die von Andreas Heldrich und Gerhard Schmidtchen vorgenommene Repräsentativumfrage unter jungen Juristen[14] ermittelt, daß diese trotz des ausgeprägten Respekts vor der Autorität der staatlichen Rechtsordnung, die für den Beruf des Richters charakteristisch ist, eine differenzierte Einstellung zu den illegalen Methoden der politischen Auseinandersetzung haben. Das zeigte sich schon bei der grundsätzlichen Einstellung zum zivilen Ungehorsam, der in der Umfrage als einfache Nichtbefolgung von Gesetzen oder behördlichen Anordnungen definiert und mit Beispielen wie Steuerstreik, Hausbesetzung oder Blockierung des Straßenverkehrs erläutert wurde. Auf einer Skala von 0 (= grundsätzliche Mißbilligung) bis 6 (= grundsätzliche Billigung) wählten 14 Prozent der befragten Richter die Skalenwerte 6 und 5, weitere 26 Prozent den noch zustimmenden Skalenwert 4. 40 Prozent der befragten jungen Richter haben also eine positive grundsätzliche Einstellung zu diesem Instrument der politischen Auseinandersetzung. Dessen Verwendung zur Durchsetzung politischer Anliegen wird auch nicht etwa bloß für notstandsähnliche Situationen gutgeheißen oder auf umstrittene Projekte wie den Bau von Kernkraftwerken beschränkt. Auch bei weniger spektakulären Anlässen wie dem Bau einer Autobahn halten zum Beispiel nach der erwähnten Erhebung 10 Prozent der jungen Richter eine verbotene Demonstration und 14 Prozent zivilen Ungehorsam als politisches Kampfmittel zur Verhinderung des Baues für durchaus akzeptabel. Bei den jungen Rechtsanwälten fällt die Zustimmungsquote mit 23 bzw. 17 Prozent noch höher aus. Das sich in diesen Ergebnissen ausdrückende Empfinden, Wichtiges ohne Regelverletzung nicht durchsetzen zu können, ist eine barsche Kritik an der parlamentarischen Parteiendemokratie, wirft aber auch die Frage auf, ob wir uns die Erosion des Rechtsbewußtseins leisten können, die sich darin ausdrückt.

3. Recht und Rechtsbewußtsein

Nun kommt hier die Warnung, mit dem Recht nicht leichtfertig umzugehen, nicht aus der etatistischen Ecke. Es ist nicht zu bestreiten, daß der Rechtsstaat eine gewisse Dosis direkter Aktion und provokanter Illegalität verträgt. Unorthodoxe Methoden können, unter Umständen, die Etablierten aufrütteln, das gute Gewissen der Privilegierten beunruhigen. Der freiheitliche Rechtsstaat gründet sich jedoch auf die Achtung vor dem Recht, die Duldung von Illegalität erschüttert ihn. Zudem kann die Erinnerung an das Ende der Weimarer Republik nicht aus dem politischen Bewußtsein gestrichen werden. Unter Ausspielung einer höheren Legitimität, die der schlichten Legalität entgegengesetzt wurde,[15] ist damals ein demokratischer Rechtsstaat aus den Angeln gehoben worden.[16] Hinzu kommt, daß das Recht in der modernen Gesellschaft eine spezifische Bedeutung besitzt, die sich alle klarmachen sollten, die versucht sind, es geringzuachten.

Wer offenen Auges durch die Welt geht, kann nicht übersehen, daß unsere Gesellschaft durch eine Pluralität der Einstellungen, Meinungen und Werte gekennzeichnet ist, die es in vielen Fällen schwermacht, einen Konsens über wichtige Probleme des sozialen Lebens herzustellen. Fast könnte man meinen, die Essenz liege darin, daß man übereinstimmt, uneins zu sein. Eine solche Feststellung wäre jedoch wiederum übertrieben. Es gibt nach wie vor einen Wertkonsens über viele soziale Fragen, und das verpositivierte Naturrecht in den Grundrechten unserer Verfassung schlingt um vieles ein verbindendes Band. Wenn man die Entwicklung der Bundesrepublik aufmerksam verfolgt, kommt man jedoch um die Feststellung nicht herum, daß die inhaltliche Übereinstimmung abgenommen hat und von Jahr zu Jahr weiter schwindet. Nicht nur die politischen Auffassungen darüber, was dem Gemeinwohl nützt, treten sich häufig diametral gegenüber; oft steht, wenn es um die Abgrenzung zwischen Erlaubtem und Unerlaubtem geht, Moral gegen Moral. Man kann von einem ethischen Schisma[17] sprechen. Nirgendwo ist der innere Frieden jedoch stärker gefährdet als in einem Gesellschaftsintegrat, in dem ein solcher Konflikt zum sozialen Alltag gehört.

Nicht zu verkennen ist, daß sich immer stärker ein Verlust an Wertorientierungen bemerkbar macht, der gern mit dem Schlagwort *Permissivität* beschrieben wird. Alles ist erlaubt, nichts verboten. Weit entfernt, die Freiheit als Glück zu empfinden, vermissen viele den Halt, den sie brauchen, um nicht in Drogenkonsum unterzugehen oder zweifelhaften Heilsreligionen zu verfallen.

In dieser Lage, in der das Über-Ich und der innere Kompaß die Menschen weit weniger als früher zu steuern vermögen, gewinnt das Recht gesteigerte Bedeutung. Die Normen des Rechts werden einmal zum Kitt, der die auseinanderstrebenden Angehörigen des Gemeinwesens zusammenhält, zum anderen zu Orientierungspunkten, die sagen, welchen Weg man gehen soll.[18] Diese Aufgaben kann die Rechtsordnung freilich nur erfullen, wenn sie Widerhall im Denken und Handeln der Bürger findet. Fehlt es an der Verankerung im gesellschaftlichen Bewußtsein, so entbehrt das Recht seiner Wirkungskraft; es besteht auf dem Papier fort und ist juristisch in Geltung, übt aber keinen bestimmenden Einfluß auf das Denken und Verhalten der Bürger aus.

Der Begriff des *Pluralismus* – das sei hier bemerkt – wird verfassungspolitisch falsch interpretiert, wenn er als Indifferentismus gegenüber der Gültigkeit der in der Verfassung verkörperten Normen und Werte aufgefaßt wird. Der dem Grundgesetz und der von ihm geprägten politischen Kultur gemäße Pluralismus hat nichts mit Permissivität zu tun. Wie der amerikanische Pluralismus, so fußt auch er auf dem in der Verfassung als verbindlich festgelegten Rahmen von Werten, innerhalb dessen der Spielraum für eine Vielfalt von Interessen und Ausdrucksmöglichkeiten von Gruppen und Individuen liegt.

Es wäre auch ein folgenschwerer Fehler, wenn in den Schulen, wie Hartmut von Hentig 1984 auf dem Bundeskongreß der Deutschen Vereinigung für politische Bildung gefordert hat, Blockaden und Demonstrationen als Beispiele für politisches Handeln betrachtet und empfohlen werden sollten. Letztlich würde damit nur ein Charakteristikum des unpolitischen Deutschen wiederbelebt, der anklagt und rebelliert, es aber ablehnt, politische Verantwortung zu übernehmen. Akte des zivilen Ungehorsams sind nur Surrogate politisch wirksamen Handelns, nicht aber dieses selbst, ganz abgesehen von der abträglichen, destabilisierenden Wirkung, die von diesen Akten auf das Rechtsbewußtsein ausgeht.

Rechtsbewußtsein darf dabei nicht mit der Kenntnis bestimmter Rechtsnormen *(legal knowledge)* verwechselt werden. Darüber, daß der Stand der Rechtskenntnis gering ist, wird zutreffend geklagt. Das Defizit ist eine Folge der Verwissenschaftlichung des Rechts, die das Erbe der Rezeption und irreversibel wie diese ist, aber auch des in der modernen Massengesellschaft nur schwer vermeidbaren Anwachsens des Rechtsstoffs. Bemühungen, die Rechtskenntnis unter der Bevölkerung durch Rechtsunterricht und Rechtsinformation zu vergrößern, sind daher zu begrüßen; sie stellen eine Art Lebenshilfe für den Bürger dar, weil sie diesen befähigen, mit dem Recht besser umzugehen und sich seiner wirksamer zu bedienen. Mit dem Wort Rechtsbewußtsein ist jedoch etwas anderes gemeint als die positive Kenntnis des Rechts.

Der Terminus zielt auf die Einstellung der Gesellschaft zum Recht im ganzen, also zur Rechtsordnung. Es handelt sich um eine Grundhaltung, nämlich um die sich im Verhalten äußernde innere Bejahung des Rechts, die man Rechtsgesinnung oder Rechtstreue nennen kann.[19] Die verpflichtende Kraft des Rechts wird empfunden und bejaht. Da das Gefühl der sittlichen Verpflichtung entscheidend ist, kann man auch vom Rechtsethos sprechen. Dieses Ethos setzt eine positive Einstellung zum konkreten Staat voraus, der das Recht setzt, also zum demokratischen und sozialen Rechtsstaat. Der Rechtsphilosoph Hans Ryffel meint:[20]

> Man wird sich letztlich davon Rechenschaft geben müssen, daß eine rechtlich-staatliche Ordnung erforderlich ist und daß ihr Richtigkeit und Wirksamkeit eignen, aber auch, daß sie stets unvollkommen bleiben muß, Unrichtigkeit deshalb in einem gewissen Ausmaß in Kauf zu nehmen ist, und daß aus diesen Gründen die Änderungen auch in der Form des Rechts Platz greifen sollten. Rechtsnormen gelten aufgrund dieser Überlegung nicht deshalb, weil sie als solche vertretbar sind. Vielmehr hängt ihre Vertretbarkeit am Modus des Rechtlichen der Norm; sie werden akzeptiert, weil es Recht geben muß und es Normen sind, die als Rechtsnormen gesetzt wurden und als solche auch in den rechtlich fixierten Verfahren geändert werden können.

Nur wenn es gelingt, ein solches Rechtsbewußtsein zu erzeugen, ist der Rechtsstaat gesichert. Talleyrands Wort, daß man auf Bajonetten nicht sitzen kann, fordert mutatis mutandis auch hier Beachtung. Dieses Rechtsbewußtsein darf und soll kritisch sein, wobei unter kritischem Bewußtsein ein solches zu verstehen ist, das die Gründe der Rechtsnorm einsieht und deshalb das Recht akzeptiert. Es verhält sich somit auf diesem Gebiet nicht anders als sonst auch. Ein naives Bewußtsein ist ausreichend, solange Windstille herrscht. Stellen die Stürme der Zeit es jedoch in Frage, dann erweist es sich als hilflos gegenüber dem Ansturm der Dissidenten, weil es in sich nicht gefestigt ist. Es ist die Hoffnung der Aufklärung, auf der unser Bildungssystem beruht, über die Vermittlung von Erkenntnissen und Einsichten Lernprozesse in Gang zu setzen. Selbst ein dissidentes Rechtsbewußtsein sollte daher aufgrund vernünftiger Erwägungen dahin zu bestimmen sein, daß es zunächst abgelehnte Rechtsnormen wegen ihrer verfassungsmäßigen Satzung schließlich doch akzeptiert.

Daß sich diese Hoffnung erfüllt, ist freilich alles andere als ausgemacht. Die Skepsis ist groß, und sie wächst, wenn man die Szenerie über längere Zeiträume beobachtet, nicht zuletzt deshalb, weil die auf Vernunft setzende Aufklärung in der gesellschaftlichen Wirklichkeit nicht die Voraussetzungen vorfindet, unter denen sie sich modellgemäß entfalten kann. Der politische Meinungskampf spart keinen Bereich aus und nimmt an Intensität zu. Man kann sogar sagen, daß die rechtlichen Schlüsselbegriffe besonders anfällig für sozial und politisch beeinflußte Umdeutungen sind.

Daran ist nichts Überraschendes zu finden. Der Kampf um Macht, Meinung und Legitimität, um politische Vorstellungen und Strategien ist stets auch ein *Kampf um Begriffe und Wörter* gewesen. Um eine der verdienstvollen Untersuchungen, die sich dieses Aspekts angenommen haben, zu zitieren:[21] »Wer die Dinge benennt, beherrscht sie. Definitionen schaffen Realitäten. Wer definiert, greift aus der Fülle der möglichen Aspekte einen heraus, natürlich denjenigen, der ihm wichtig erscheint.« Dem Autor, der hier zitiert wird, kann man nur zustimmen, wenn er auf den Zusammenhang zwischen dem politischen und dem sprachlichen Wandel hinweist.[22] Ist erst einmal der Begriff aus dem Kontext, in dem er sich befand, herausgelöst, so entfernt er sich nicht nur vom Bürger, sondern verliert auch seine Präzision. Statt noch jene Distinktionsleistung zu erbringen, die das Merkmal der Begriffsbildung sein soll, stiftet er Verwirrung und wird zum Werkzeug einer Manipulation, die sich die der Sprache historisch zugewachsenen Bewertungsmöglichkeiten und Appellfähigkeiten zunutze macht und in der Sprache das vorwegnimmt, was in der politischen Praxis durchgesetzt werden soll.[23]

Beispiele für die delegitimierende Wirkung eines so zugestutzten Sprachgebrauchs bietet unser Thema in Fülle. Man denke etwa an den Mißbrauch, der mit dem Begriff Kriminalisierung getrieben worden ist. Eine Handlung kriminalisieren bedeutete bisher, ein erlaubtes Verhalten zu einem strafbaren machen. In diesem Sinne sprach man von Kriminalisierung, wenn der Gesetzgeber ein bisher von den Strafgesetzen nicht erfaßtes Verhalten unter Strafe stellte, von Entkriminalisierung, wenn er Straftatbestände aufhob, um ein bestimmtes Verhalten nur noch als Ordnungswidrigkeit zu ahnden. Aus diesem Kontext herausgelöst, wird der Begriff seit Anfang der siebziger Jahre in der Umgangssprache für alle Fälle benutzt, in denen die Justiz wegen strafbarer Handlungen anklagt und verurteilt. Die Umdeutung ist weithin gelungen: War es bisher so, daß sich der Täter selbst zum Kriminellen machte, indem er gegen die Strafgesetze verstieß, ist es jetzt die böse Justiz, die jemanden zum Kriminellen stempelt, indem sie ihn wegen seiner Taten zur Rechenschaft zieht.[24]

Vielleicht noch verwirrender war die semantische Operation, der der Begriff der Gewalt zum Opfer gefallen ist. Die Abneigung, die eine rechtsstaatlich verfaßte, nichtstaatliche Gewaltausübung verwertende Gesellschaft der offenen Gewalttätigkeit entgegenbringt, wurde von Protestgruppen schon in den sechziger Jahren als ernstes Hindernis für die Durchsetzung von Strategien empfunden, die Gewalt als legitimes Mittel zum politischen Erfolg betrachten. Als geeignetes Instrument, um die Hemmungen abzubauen, bot sich die Theorie von der strukturellen Gewalt an, die Johann Galtung 1969 in die Diskussion gebracht hatte und die alsbald aus der Wissenschaftssprache in den allgemeinen Sprachgebrauch transferiert wurde. Da danach Abhängigkeitsverhältnisse jeder Art – alles, was sich als »Struktur« bezeichnen läßt – als Gewaltverhältnisse aufgefaßt wurden, gelang es, die semantische Trennlinie zwischen legitimer und illegitimer Gewalt aufzuheben, die eine grundlegende Voraussetzung rechtsstaatlichen Denkens ist. Auf diese Weise wurde die Monopolisierung legitimer Gewaltanwendung bei den verfassungsmäßigen Staatsorganen in Frage gestellt und der verfassungsmäßigen Staatsgewalt der Begriff einer Gegengewalt entgegengesetzt, für die ebenfalls – und sogar in höherem Maße – Legitimität beansprucht wurde.

Besonderer Beachtung wert sind natürlich die Versuche, das klassische oder Widerstandsrecht des Art. 19 Abs. 4 GG als Legitimationsquelle für Gegengewalt und politisch motivierte Rechtsverletzungen in Anspruch zu nehmen. Als sich die politischen Terroristen in den siebziger Jahren auf das Widerstandsrecht beriefen, fehlte es nicht an Stimmen, die darauf hinwiesen, daß damit in bewußt irreführender Weise die Bekämpfung des demokratischen Rechtsstaats dem Widerstand gegen totalitäre Unrechtsstaaten gleichgestellt würde. Die Diskussion darüber ist gleichwohl nicht abgeflaut, sie hat lediglich eine andere Qualität erhalten: Ging es damals um die Legitimierung offener Gewalt in Gestalt terroristischer Akte, so handelt es sich heute darum, den sogenannten zivilen Ungehorsam zu rechtfertigen, worunter die gezielte Verletzung des Rechts aus politischen Motiven und/oder zu politischen Zwecken verstanden wird. Es ist daher angezeigt, Begriff und Inhalt des Widerstandsrechts näher zu betrachten.

4. Der Versuch des rechtlich Unmöglichen

Bestimmendes Merkmal des Widerstandes ist die Auflehnung gegen das geltende Recht. Es geht um die Befreiung von dem Zwang, als Bürger die für alle Angehörigen eines Gesellschaftsintegrats verbindlichen Regeln befolgen zu müssen, also um die Entpflichtung vom Rechtsgehorsam, um die Entfesselung aus den Fesseln der Rechtsordnung.

Das Anliegen ist uralt. Bis in den absterbenden Feudalismus hin ist in der Geschichte immer wieder ein Recht zum Widerstand gegen ungerechte Herrschaft gefordert und auch beansprucht worden. Das germanische Widerstandsrecht beruhte auf der Idee eines übernatürlichen Rechts, das der Verfügung durch irdische Gewalten entzogen war. Einem undifferenzierten Rechtsgefühl entstammend, lieferte es Maßstäbe für eine Kritik des jeweils geltenden Rechts aus der Vorstellung eines Goldenen Zeitalters, in dem es gutes und vor allem altes Recht gegeben hätte. Es war eine rückdatierte Utopie.[25]

In der Tyrannislehre des christlichen Mittelalters wurde dem leidenden Gehorsam des Märtyrers gegenüber dem heidnischen Herrscher der zulässige Widerstand gegen den christlichen Herrscher gegenübergestellt, der sich gegen die Kirche auflehnt oder gegen göttliches oder natürliches Recht verstößt. Ständisch elitäre Demokratien wie die englische bieten dem Widerstandsrecht später politische Heimstatt. Nachdem Denker wie Milton und Locke die durch das Widerstandsrecht geschützten Werte mit den Menschenrechten identifiziert hatten, rechnet die Virginia Bill of Rights das Recht, eine Regierung, die ihren Pflichten nicht nachkommt, abzusetzen, zu den natürlichen vor- und überstaatlichen Menschenrechten. Zwiespältig ist jedoch die Haltung der französischen republikanischen Verfassung von 1793. Einerseits heißt es: »Wenn die Regierung die Rechte des Volkes verletzt, so ist die Erhebung des Volkes und jedes einzelnen Teiles desselben das heiligste seiner Rechte und die höchste seiner Pflichten.« Andererseits bestimmt nun das souverän gewordene Volk qua Gesetz, was Recht ist. In der Folge führt der Ausbau des Rechtsstaates dazu, daß für die Ausübung des Widerstandsrechts kein Raum mehr ist, besser: Es wird aufgespalten, legalisiert und in Beschwerde- und Gerichtsverfahren institutionalisiert.

Hier wird manifest, was man einen Umschlag nennen kann: Nach dem Sieg des Bürgertums kommt das Widerstandsrecht in die Rumpelkammer. Hebt der Landesherr die von ihm beschworene Verfassung auf, so wird es – etwa bei der Steuerverweigerung, mit der die Stadt Osnabrück 1831 die einseitige Aufhebung des Staatsgrundgesetzes für das Königreich Hannover durch König Ernst August beantwortete[26] – hervorgeholt. Gegenüber demokratisch legitimierter Parlamentsherrschaft ist es dagegen zum Schweigen verurteilt. Man kann dieser Entwicklung die Konsequenz nicht absprechen. Garantie der Grundrechte, Gewaltenteilung, Bindung der öffentlichen Gewalt an die Verfassung, Gesetzmäßigkeit der Verwaltung, Mißtrauensvotum des Parlaments, Ministeranklage und ein ausgebautes Rechtsschutzsystem sind die Stichworte einer Entwicklung, die das Widerstandsrecht zunächst domestiziert und dann überflüssig macht. Mit der politischen Entfaltung der bürgerlichen Gesellschaft erlischt also das Widerstandsrecht.

Außer Frage dürfte stehen, daß es zur Wiederbelebung des Widerstandsrechts nicht gekommen wäre, wenn es den Hitler-Staat nicht gegeben hätte. Angesichts einer entarteten politischen Gewalt, die keine der überkommenen religiösen und sittlichen Bindungen anerkannte, sondern nach den Gesetzen des Darwinismus dachte und handelte, tauchte die Frage des Tyrannenmordes auf, und dabei griff die Opposition gegen Hitler auf die Vorstellung über- und vorstaatlicher Rechte zur Rechtfertigung der Tyrannentötung zurück.

Da das Phänomen des Widerstandes gegen das NS-Regime die sittliche Grundlage für den Konsens unter den am Aufbau der Bundesrepublik beteiligten politischen Eliten war, konnte es kaum überraschen, daß naturrechtliche Gedankengänge beim Aufbau der neuen staatlichen Ordnung eine beträchtliche Rolle spielten. Hessen, Berlin und Bremen nahmen das Widerstandsrecht in ihre Verfassungen auf.[27] Im Grundgesetz entstammt das Bekenntnis zu vorstaatlichen, überpositiven Werten naturrechtlichen Gedankengängen. Die Inkorporierung des Widerstandsrechts in das Grundgesetz lehnten die Verfassungsväter jedoch strikt ab. Erklärtermaßen war dafür vor allem der Ausbau des Rechtsstaates mit der unbedingten Rechtsschutzgarantie des Art. 19 Abs. 4 GG und mit der Etablierung der Verfassungsgerichtsbarkeit maßgebend. Während die Befürworter den Kapp-Putsch aus dem Jahre 1920 anführten und vor allem die Beamten für die Aufrechterhaltung der verfassungsmäßigen Ordnung in Pflicht nehmen wollten, sahen die sich in der Mehrheit befindenden Gegner darin die Gefahr demagogischen Mißbrauchs und der Aufforderung zum Landfriedensbruch (so wörtlich Carlo Schmid, der damals Justizminister von Württemberg-Hohenzollern war).

Hatte so die Hochkonjunktur naturrechtlichen Denkens es nicht vermocht, das Widerstandsrecht im Grundgesetz zu etablieren, so war es einigermaßen verblüffend, daß es rund zwanzig Jahre später doch noch installiert wurde. Verhaltensleitend war dabei das Motiv, ein Äquivalent zur Notstandsregelung zu schaffen. Juristisch konnte man allerdings nicht übersehen, welchen Sprengsatz man damit in die Verfassung einbaute. Die Lösung war, daß man zwar das Widerstandsrecht in der Verfassung verankerte, es aber so gestaltete, daß es rechtlich unergiebig bleiben mußte.

Das wird evident, wenn man den Inhalt des Widerstandsrechts betrachtet.[28] Das Widerstandsrecht des Grundgesetzes dient der Erhaltung des Status quo. Sein Ziel ist der Schutz der bestehenden Staatsform. Zur Besserung des Rechts, zur Durchsetzung eines anderen politischen Konzepts kann es nicht eingesetzt werden, und dies auch dann nicht, wenn es um die Erfüllung von Staatszielbestimmungen wie etwa der Rechts- und/oder der Sozialstaatlichkeit geht. Die Revolution kann sich selbstverständlich naturrechtlich begründen. Das Widerstandsrecht als Legitimationslieferanten zu benutzen, ist jedoch ein untauglicher Versuch. Die Staatsrechtslehre hat recht, wenn sie von dem konservierenden und defensiven Charakter des Widerstandsrechts spricht, und das Bundesverfassungsgericht verdient Zustimmung, wenn es das Widerstandsrecht als Notrecht zur Bewahrung und Wiederherstellung der Rechtsordnung bezeichnet.

Auslösende Bedingung des Widerstandsrechts ist nicht schon die Verfassungswidrigkeit einzelner Maßnahmen, sondern erst die Tendenz, die Verfassungsordnung zu beseitigen. Wird im Einzelfall die Verfassung verletzt, aber nicht die Geltung des Grundgesetzes an sich in Frage gestellt, so greift das Widerstandsrecht nicht ein.

Eine weitere bedeutsame Erschwerung liegt in dem Evidenzerfordernis.[29] Tritt die Verfassungswidrigkeit nicht offen zutage, sondern ist sie umstritten, etwa wegen Unklarheit der Rechtslage, so kommt das Widerstandsrecht nicht zum Zuge. Auf die Stärke der subjektiven Überzeugung kommt es nicht an. Die Verfassungswidrigkeit muß sich jedem Verständigen aufdrängen. Damit aber fällt ein großer Bereich von verfassungswidrig angesehenen Handlungen aus dem Anwendungsbereich des Widerstandsrechts heraus, Nachrüstung und Raketenstationierung eingeschlossen.

Zudem tritt die Widerstandslage nur ein, wenn »andere Abhilfe« gegen verfassungsfeindliche Unternehmen nicht möglich ist. Diese Subsidiaritätsklausel[30] macht das Widerstandsrecht zur Ultima ratio. Solange nämlich der Staat über ein Rechtsschutzsystem verfügt (auch wenn dieses teuer und langsam und deshalb wenig effektiv ist), solange die Gesetzgebungsorgane tätig sind (mögen sich in ihnen auch die Parteien blockieren), solange der Staatsapparat fähig ist, Angriffe abzuwehren (und sei es auch nur unter Ausnutzung der Vollmachten für den Notstand), fehlt es an der Voraussetzung für die Ausübung des Widerstandsrechts. Im Klartext bedeutet dies, daß das Recht zum Widerstand überhaupt nur in einer Situation ausgeübt werden darf, in der die Gerichte und die anderen staatlichen Konfliktverarbeitungsinstanzen überhaupt nicht oder nicht mehr mit Aussicht auf »Befolgungssicherheit« angerufen werden können. Dies aber ist eine Situation, die als Bürgerkrieg oder als bürgerkriegsähnlich zu bezeichnen ist.

Man kann nicht daran vorbeikommen, daß hier ein Widerspruch erkennbar wird. Die Subsidiaritätsklausel erlaubt Widerstand erst dann, wenn die zu verteidigende Ordnung paralysiert oder ausdrücklich oder im Wege der Umfunktionierung beseitigt ist. Ist eine Ordnung beseitigt, kann es nicht mehr um die Verhinderung ihrer Beseitigung gehen. In der vorausgehenden Phase liegen aber die Voraussetzungen für das Eingreifen des Widerstandsrechts noch nicht vor, weil noch Abhilfe durch die Konfliktverarbeitungsinstanzen möglich ist.

Dieser Widerspruch macht offenbar, daß mit der Etablierung des Widerstandsrechts das im Rechtsstaat Unmögliche versucht wurde. Man kann nicht in einem Atemzug die Gewalt durch positives Recht zähmen und dann wiederum die Gewalt gegen das Recht entfesseln. Steht Recht gegen Recht, so löst sich der Rechtsbegriff auf. Zwei verschiedene Auffassungen über den identischen Sachverhalt können innerhalb derselben Rechtsordnung nicht gleichermaßen Recht sein. So ist die Folgerung unausweichlich: Eine Rechtsordnung, die sich als friedliche Konfliktregelung begreift, würde sich selbst aufheben, wenn sie ihren Bürgern erlaubte, sie unter Berufung auf ein Recht außerhalb ihrer eigenen Normierung – und nichts anderes ist das überpositive Recht – zu bekämpfen.

Nur angemerkt sei, daß es auch nicht möglich ist, Widerstand und Ungehorsam in Gestalt der »direkten Aktion« unter dem Gesichtspunkt der Grundrechtsausübung zu rechtfertigen.[31] Wie der Bundesgerichtshof im sogenannten Pätsch-Urteil[32] entschieden hat, können zwar Situationen eintreten, in denen der Staatsbürger berechtigt ist, dienstrechtliche Vorschriften und Geheimhaltungsbestimmungen zu verletzen, um auf verfassungswidrige Mißstände aufmerksam zu machen. Die Rechtfertigung ergibt sich dabei aus dem Grundrecht der Meinungsfreiheit. Wenn und soweit der Bereich des Grundrechts – also der Meinungs- und Demonstrationsfreiheit – verlassen wird, fehlen indessen die tatbestandlichen Erfordernisse.

5. Konflikte gehören zur Demokratie, aber bedürfen der Regelung

Von den Verfechtern der Regelverletzungen wird oft geltend gemacht, sozialer Defätismus, Duckmäusertum und die Erstarrung des politischen Lebens zum Kirchhofsfrieden wären die Folge, wenn opponierende Gruppen sich im Kampf um die politische Macht nicht des Mittels der Rechtsverletzung bedienen dürften. Die politische Kultur verarme, wenn man nicht wenigstens zivilen Ungehorsam und gewaltfreien Widerstand als sittlich erlaubte Form der Konfliktsaustragung akzeptiere oder doch toleriere. Nichts ist jedoch falscher als diese Auffassung, die ihre philosophischen Weihen dadurch erhalten hat, daß auch ein Denker wie Jürgen Habermas meint, im zivilen Ungehorsam eine Bereicherung der demokratischen Kultur sehen zu können.[33]

Nun ist die Existenz von Konflikten eine Selbstverständlichkeit. Auch die Väter des Grundgesetzes waren nicht so harmonieerfüllt, daß sie bei der Verfassungsschöpfung übersehen hätten, daß und in welchem Maße der Streit zum politischen Leben der Demokratie gehört. Die Sentenz, daß Politik Kampf um die Macht ist, war ihnen ebenso geläufig wie die Erinnerung an die politischen Auseinandersetzungen in der Weimarer Republik. Konflikte sind gerade nach demokratischem Staatsverständnis eine Grundtatsache des sozialen und politischen Lebens, und es ist gerade ein Kennzeichen der pluralitären Demokratie, daß sie Konflikte in ihrer Struktur anerkennt und nicht etwa konfliktlose Gesellschaften für erstrebenswert hält. Eine lebendige Gesellschaft ist eine solche mit Konflikten, und ein Volk, das sich im absoluten Konsens befindet, wäre ein Volk, dem das Grab bereitet wird.

Mit der Bejahung des Konflikts als einer Grundtatsache des gesellschaftlichen und politischen Lebens ist allerdings noch nichts darüber gesagt, wie Konflikte zu behandeln sind. Diktaturen tendieren dahin, Konflikte zu unterdrücken (zum Beispiel mit der Methode des Kriegs- oder Ausnahmezustandes, wie jüngst in Polen vorexerziert). Einem freiheitlichen System ist dagegen nicht die Unterdrückung, sondern die *Regelung* von Konflikten angemessen. Die Regelung bringt Konflikte nicht zum Verschwinden; sie hegt und kanalisiert sie jedoch. Von ihrer Intensität wird den Konflikten durch die Regelung nichts genommen. Sie verlieren jedoch ihren gewaltsamen Charakter und werden kontrollierbar, ja mehr noch: Ihre schöpferische Kraft wird, wie Ralf Dahrendorf einmal bemerkt hat, in den Dienst einer allmählichen Entwicklung gestellt.[34]

Gerade der politische Streit bedarf der Regeln, die das Erlaubte vom Unerlaubten abgrenzen. Dabei war Gewaltsamkeit früher an der Tagesordnung. Man mag meinen, daß der Kampf der Vater aller Dinge ist; doch braucht er weder Krieg noch Bürgerkrieg zu sein, sondern kann und muß sich in friedlichen Formen abspielen. Eine Ordnung für den politischen Kampf ist daher unumgänglich, wenn verhindert werden soll, daß der Kampf um die Macht im Staat reißende Aggressivität entfesselt.

Ideal wäre es sicherlich, wenn sich die Regeln, wie politische Auseinandersetzungen auszutragen sind, mit Fairneß und Anstand aus dem Kampf selbst entwickelten. Der frühere Bundespräsident Gustav Heinemann hat einmal bedauert, daß dies nicht der Fall ist, und das Defizit auf das Fehlen einer lebendigen und reaktionsfreudigen öffentlichen Meinung zurückgeführt, die das Foul schonungslos anzuprangern vermag.[35] Das war 1962. Unsere veröffentlichte Meinung hat inzwischen beträchtlich an Lebendigkeit und Reaktionsbereitschaft gewonnen. Dennoch sind wir weit entfernt von einem Zustand, in dem die öffentliche Meinung als Schiedsrichter Regeln über die Art und Weise des politischen Kampfes entwickeln könnte. Presse, Rundfunk und Fernsehen sind nicht nur Medien, sondern auch Faktoren der öffentlichen Meinungsbildung, sie nehmen im politischen Kampf selbst Partei. Befangenheit aber macht unfähig, den Schiedsrichter zu spielen.

So ist es denn die Rechtsordnung, die man befragen muß, wenn man wissen will, welche Mittel in der politischen Auseinandersetzung erlaubt sind und welche nicht. Das ist auch gut so. Eine gefestigte demokratische Kultur, die für den Bruch von Spielregeln soziale und persönliche Sanktionen verhängt, existiert in Deutschland aus den bekannten historischen Gründen nicht. Bloße Spielregeln können von einer der kämpfenden Parteien einseitig aufgekündigt und risikolos mißachtet werden. Rechtsnormen sind dagegen für alle verbindlich; wer sie verletzt, geht das Risiko ein, deswegen mit rechtlichen Mitteln zur Rechenschaft gezogen zu werden. Die Allgemeinverbindlichkeit wie die Erzwingbarkeit sind Merkmale des Rechts, die in der Regel vor allem dem schwächeren Teil einer Auseinandersetzung zugute kommen, weil sie diesen vor der Macht des Stärkeren schützen, der gegenüber er sonst keine Chance hätte, sich zu behaupten. Es ist also mehr als die »Konfession« des Zeitalters der »Verrechtlichung« und auch etwas anderes als der Ausdruck eines »autoritären Legalismus«, was in der rechtsstaatlichen Ordnung des politischen Konflikts zum Vorschein kommt.

Was die politische Willensbildung angeht, so konzentriert das Bekenntnis der Verfassungsväter zum Repräsentativsystem die politische Auseinandersetzung auf das Parlament und die Wahlen zum Parlament. Das Prinzip des freien, nicht an Aufträge gebundenen Mandats, die klassischen Abgeordnetenprivilegien und eine – an den Möglichkeiten des Staatshaushalts gemessen – großzügige Besoldungsregelung federn den parlamentarischen Kampfplatz ab. Die parlamentarische Geschäftsordnung setzt den Rahmen. Die früher extrakonstitutionellen Parteien sind in den Rang von Verfassungseinrichtungen erhobene und anerkannte Kampfverbände in politischen Sach- und Personalkonflikten sowie im Kampf um die Macht im Staat. Daß es auch innerhalb der Parteien fair und demokratisch zugeht, sucht ein Gesetz über deren innere Ordnung zu sichern.

Darauf, daß die Konzentration der politischen Willensbildung auf das Parlament und die politischen Parteien den außerparlamentarischen politischen Kampf nicht ausschließt, wurde bereits hingewiesen. Verfassungsrechtlich ist dieser Kampf vornehmlich durch die Grundrechte der Meinungs-

und der Versammlungsfreiheit (Art. 5, 8 GG), aus denen das Demonstrationsrecht abgeleitet wird, gesichert. Dazu tritt die ebenfalls grundrechtlich geschützte Koalitionsfreiheit (Art. 9 GG). Gesetze dürfen diese Freiheiten nur unter besonderen Voraussetzungen einschränken. Der spezifische Rang des Grundrechts der freien Meinungsäußerung, das nach der vom Bundesverfassungsgericht übernommenen klassischen Demokratietheorie das Lebenselement der liberalen Demokratie ist, bedingt jedoch, daß die einschränkende Norm wiederum mit dem Sinn des Meinungsäußerungsrechts konfrontiert und in dessen Licht einschränkend ausgelegt wird.[36] Die dahin gehende bundesverfassungsgerichtliche Rechtsprechung ist von den Gerichten der verschiedenen Gerichtsbarkeiten aufgenommen und zum Teil fortgebildet worden. Als Ergebnis ist festzustellen, daß dem politischen Meinungskampf in der Bundesrepublik ein Freiheitsraum gegeben ist, der in der deutschen Geschichte ohne Beispiel ist und – auch in der Zurückdrängung des Ehrenschutzes – über das hinausgeht, was in anderen demokratischen Verfassungsstaaten als tolerabel angesehen wird.

Bei dieser Sachlage können die Bestrebungen, den rechtswidrigen Erscheinungsformen des zivilen Ungehorsams Anerkennung zu verschaffen, keine Plausibilität beanspruchen. Man muß zwischen der Äußerung von Meinungen und der Ausübung von Pression unterscheiden. Handelt es sich um Meinungen, die im geistigen Meinungskampf wirksam werden sollen, so steht dem Protestanten der Schutz des Grundrechtes zur Seite. Aktionen wie die Belagerung von Amtsgebäuden sind jedoch unbeschadet des ihnen beigelegten Demonstrationscharakters keine Meinungsäußerung mehr. Nichts anderes gilt von Ungehorsamsaktionen wie der Steuerverweigerung und dem Vordringen in die Bannmeile. Bei der Steuerverweigerung wird die Erfüllung einer staatsbürgerlichen Pflicht abgelehnt, bei dem Eindringen in die Bannmeile sogar mit Körpergewalt versucht, das Parlament unter Druck zu setzen. Sinn des Rechts der Meinungsäußerung ist es, geistige Wirkung auf die Umwelt ausgehen zu lassen, im Kampf der Meinungen meinungsbildend und überzeugend auf die Gesellschaft zu wirken. Die Reichweite von Art. 5 GG ist dadurch begrenzt, auch und gerade wenn in diesem Grundrecht mit der Rechtsprechung nicht nur ein die individuelle Freiheit schützendes Abwehr- oder ein politisches Bürger- und Aktionsrecht[37] und Aufruf zu tätiger Mitarbeit am Staat gesehen wird. Handlungen jenseits des in Freiheit zu führenden geistigen Meinungskampfes werden durch Art. 5 GG nicht gedeckt.[38]

Wer diesen – großen – Freiheitsraum nicht für ausreichend hält, mag auf eine Besserung durch Veränderung des Rechts – etwa zur Behebung der derzeitigen partizipatorischen und plebiszitären Defizite unserer politischen Ordnung – dringen, zum Beispiel also die Einführung von Volksabstimmungen und Bürgerbegehren fordern; das jedenfalls ist der verfassungsgemäße Weg, den zu beschreiben das gute Recht des Staatsbürgers ist. Die Reform gehört zu einer lebendigen Demokratie, auch die Fähigkeit des Staates, Kritik aufzugreifen und zu verarbeiten. Die westliche freiheitliche Demokratie ist, im Bewußtsein legitimen Pluralität der moralischen Autoritäten, in ihrer daraus fließenden Toleranz, sogar imstande, im System ihrer politischen Willensbildung ihre eigene Infragestellung so zu organisieren, daß sie mit ihrer Regierungsform vereinbar wird.[39] Abwegig, weil mit ihrem Bestand unvereinbar, ist es jedoch, zu verlangen, daß der demokratische Rechtsstaat Rechtsverletzungen vorsätzlich duldet.

Man kann es gar nicht oft genug sagen: Der demokratische Rechtsstaat beruht auf der grundsätzlichen Unverbrüchlichkeit seiner Normen. Wenn man in einer Demokratie aufhört, Gesetze zu vollziehen, so ist der Staat schon verloren, wie Montesquieu[40] gesagt hat.

Von beklagenswerter Verunklarung zeugt es aber auch,

wenn politisch motivierte Rechtsverletzungen zwar nicht juristisch gerechtfertigt, wohl aber als Anzeichen reifer politischer Kultur gefeiert werden. Genau das Gegenteil ist richtig: Wer in der Praktizierung und Duldung von Rechtsverletzungen als legitimen Mitteln der politischen Auseinandersetzung einen Fortschritt der politischen Kultur sieht, verkennt, daß gerade die rechtliche Kanalisierung und Institutionalisierung der Gewalt progressiv ist, während deren Preisgabe den so erreichten Fortschritt aufhebt und regressiv ist, nämlich ein Rückfall in einen geschichtlich überwundenen Zustand. Der Rechtsstaat bändigt das natürliche Recht des Stärkeren und damit auch die Willkür der Machtanwendung durch Gewaltenteilung, Minderheitenschutz und wechselseitige Machtkontrolle. Dadurch erst schafft er den »Raum für Freiheit« (K. D. Bracher)[41] und für das Agieren von Minderheiten mit dem Ziel, Mehrheit zu werden. Wer selektiven Rechtsgehorsam in Gestalt des sogenannten zivilen Ungehorsams übt, setzt daher gerade das System aufs Spiel, dem er es verdankt, daß er nicht zum Schweigen verurteilt ist, er sägt gleichsam den Ast ab, auf dem er sitzt.

Damit wird nicht verkannt, wie wichtig es gerade im Zeitalter bürokratisierter Großorganisationen ist, daß es Bürger gibt, die bereit sind, ihre staatsbürgerlichen Rechte zu behaupten und zu verteidigen. Da die gesellschaftlichen Trends nach wie vor darauf hinauslaufen, die individuellen Verantwortungsbereiche zu vermindern, andererseits aber der Bürgerstaat auf den Gemeinsinn der Bürger angewiesen ist, haben Ermutigungen zur Zivilcourage auch heute durchaus ihre Berechtigung. Engagierte Bürger sind das Salz der Demokratie, und die moderne Massengesellschaft bedarf ihrer heute mehr denn je. Zwischen erlaubter, ja, erwünschter Zivilcourage und rechtswidrigem Widerstand besteht jedoch ein gewichtiger Unterschied, der nicht verwischt werden darf.

6. Politik als Sicherung der Freiheit

Zivilcourage: ja, *Widerstand:* nein – das also ist die Antwort der verfassungsstaatlichen Demokratie auf die Frage, wie sich der Bürger gegenüber der Staatsmacht verhalten soll. So berechtigt der Appell auch ist, der in dem *tua res agitur* steckt, dem Gedanken, daß es in der Politik um die Sache eines jeden einzelnen Bürgers geht, für die Synthese von Demokratie und Rechtsstaatlichkeit, die unsere zugleich liberale und demokratische politische Ordnung kennzeichnet, ist es existenznotwendig, beides – Zivilcourage und Widerstand – auseinanderzuhalten. Das Recht allein ist die politische Alternative zur Gewalt, es gibt in der Realität der pluralitären Gesellschaft keine andere.

Man sollte alle, die es angeht, allerdings auch an Lord Acton-Dahlbergs Einsicht erinnern, daß Freiheit ein unter Bedingungen gegebenes Gut ist. Als eine Fähigkeit, die erworben werden muß, ist sie nicht ein Ausgangspunkt, sondern ein Ergebnis des Regierens, kein Ruhezustand, sondern ein Zustand der Anspannung. Als köstliche Frucht einer entwickelten, gereiften politischen Kultur ist sie eine Sache, die über den Parteien und über dem Lande steht.

Parlamente, Parteien, Medien, Gruppen und Individuen – sie alle sollten erkennen, daß die vornehmste Aufgabe der Politik in der Sicherung der Freiheit besteht. Kants Definition,[42] wonach das Recht der Inbegriff der Bedingungen ist, unter denen die Freiheit des einen mit der des anderen unter einem allgemeinen Gesetz der Freiheit vereinigt werden kann, gilt nach wie vor unverändert. Nach den sozialen Stürmen der letzten hundertfünfzig Jahre besteht jedoch Übereinstimmung darüber, daß es heute nicht mehr darum geht, privilegierten sozialen Schichten – den Happy-few – Freiheitsreservate zu erhalten, sondern darum, Freiheit für möglichst alle in menschenwürdiger Existenz zu schaffen und zu sichern. Spannungen und Konflikte, wie sie bei der Verwirklichung dieser Aufgabe auftreten, beleuchten das ewige Dilemma der Politik, das in der Diskrepanz zwischen Recht und sozialem Wandel besteht. Überwindung und Abbau der inneren Konflikte einer Gesellschaft sind die notwendige Aufgabe der Politik, zumal der Rechtspolitik. Das Recht muß stabil sein, aber es darf nicht stillstehen. Je mehr die Gesetzgebung gegenüber dem sozialen Wandel und gewandelten gesellschaftlichen Auffassungen zurückbleibt, um so mehr verschärfen sich auch die gesellschaftlichen Konflikte. Nicht nur ein gefährlicher Autoritätsverlust für die staatlichen Instanzen ist die Folge, auch das Gefühl der Frustration wächst. Nicht wenige Gesellschaften sind daran zugrundegegangen, daß ihre Träger nicht in der Lage waren, den in der Gesellschaft enthaltenen Konfliktstoff durch rechtzeitigen Abbau zu verarbeiten oder auszuscheiden. Eine Gesellschaft, die immer wieder Fragen stellt, ohne die Kraft zur Antwort zu finden, verliert ihre Glaubwürdigkeit und stellt sich schließlich selbst in Frage. Zu Recht schreibt deshalb ein Rechtsreformer,[43] der in seinem Lande viel zur Verarbeitung und Entschärfung sozialen Konfliktstoffs getan hat: »Die dynamische Gesellschaft benötigt die Rechtsreform, wenn sie ihre Widersprüche auflösen und ihre inneren Gegensätze abbauen will.« Die Rechtsreform gehört zum demokratischen, auf friedliche Austragung der Konflikte bedachten Rechtsstaat.

Ohne Überhebung läßt sich so die Feststellung treffen, daß der Rechtsgemeinschaft dienendes, Freiheit schützendes und Gerechtigkeit suchendes Recht der vielleicht wichtigste Bestandteil der politischen Kultur eines Volkes ist. Nur dann können wir den freiheitlichen Rechtsstaat bewahren, wenn es gelingt, ein Rechtsbewußtsein zu bilden, das Verfassung und Recht nicht als feindliche Macht begreift, der man Mißachtung oder Gleichgültigkeit entgegenbringt, sondern als kostbarsten Besitz, den eine Gesellschaft hat.

Wie dringlich die Aufgabe ist, ein solches dem freiheitlichen Rechtsstaat angemessens Bewußtsein heranzubilden, mag die Erinnerung daran zeigen, daß die Perioden der Liberalität im Verlauf der Geschichte bisher nur halkyonische Augenblicke gewesen sind: Kurz wie jene Tage glücklicher Ruhe, an denen Zeus die Winde still sein hieß, um die Brutzeit des Eisvogels nicht zu stören.

Der Wunsch, der Liberalität, die wir genießen, Dauer zu verleihen, soweit und solange dies möglich ist, sollte uns Verfassung und Recht hochschätzen und dafür sorgen lassen, daß das Rechtssystem funktionsfähig bleibt. Dazu bedarf es einer tatkräftigen Politik, die das geltende Recht – unter Umständen auch das Verfassungsrecht – in immer wieder zu erneuernder Bemühung den gesellschaftlichen Veränderungen anpaßt, insbesondere auch neuen Anschauungen die Chance der Artikulation und Durchsetzung gibt. Gewalttätiger Widerstand wie ziviler Ungehorsam leisten dagegen letzten Endes nur Schützenhilfe für Entwicklungen, die den Zustand der Liberalität wieder zu einem vorübergehenden Moment in einer von Gewalt beherrschten Geschichte machen.

III. Die Zuschauerdemokratie

Die Schwächung des normativen Gedankens ist nicht das einzige Problem, das zu schaffen macht, wenn wir den gegenwärtigen Zustand des Gemeinwesens bedenken. Sofern man seinen Blick nicht bis zur Kurzsichtigkeit schwächt, ist erkennbar, daß man es mit einem Bündel von Problemen zu tun hat, wenn man sich mit den Chancen der verfassungsstaatlichen Demokratie in Gegenwart und Zukunft befaßt. Dazu gehört vor allem die Entwicklung der Institutionen, in denen Politik gemacht wird.

Der Ernst und der Nachdruck, mit dem diese Frage seit einigen Jahren immer wieder formuliert wird, ist unüberhörbar. Gustav Heinemann hat einmal gefordert, daß sich jede Institution in Frage stellen lassen müsse. Das Postulat war im damaligen Zusammenhang auf die Bundeswehr als bewaffnete Macht gemünzt. Es gilt aber auch für die im engeren Sinn politischen, das heißt staatlichen, Institutionen, die die Gesellschaft herausbildet, um die Probleme von Macht und Herrschaft, von Willensbildung und Kontrolle zu lösen. Die Geschichte berichtet vom Werden und Vergehen solcher Institutionen. Erfolge schützen nicht: Les institutions périssent par leurs victoires (Ernest Renan). Beständig ist allein der Wandel.

Wir stellen daher die Frage nach der Lebenskraft der parlamentarischen Parteiendemokratie unter den Bedingungen der Gegenwart wie der vorhersehbaren Zukunft. Unter parlamentarischer Parteiendemokratie soll hier jenes System mittelbarer Demokratie verstanden werden, in dem von den Parteien nominierte, in Volkswahlen gewählte Abgeordnete, die im Namen des Volkes, jedoch ohne dessen bindenden Auftrag handeln, die Brücke bilden zwischen der Teilhabe aller Bürger an der Macht und der Sorge um die Funktionsfähigkeit der Staatsmaschinerie. Lange Zeit hat dieses System eine der schwierigsten politischen Aufgaben erfüllt, nämlich die Versöhnung zwischen der fundamentalsten und komplexesten aller politischen Anforderungen, der demokratischen Anforderung nach Selbstbestimmung des Volkes, und der nüchternen, prosaischen Anforderung an eine aktive, handlungsfähige Regierung. Ist es imstande, weiterhin diese Versöhnung zu leisten, oder müssen wir Abschied nehmen von der in ihm verkörperten Hoffnung, friedlich Konflikte austragen und Veränderungen bewirken zu können?

Die problematische Stellung des Bürgers in der modernen Gesellschaft verlangt dabei unsere Aufmerksamkeit vor allem unter dem Aspekt, ob und in welcher Weise dieses System Raum für die Teilnahme des Bürgers am politischen Geschehen läßt. Angesichts des Anwachsens und der Macht der Organisationen und Apparate und der Erweiterung der Möglichkeiten zur Konditionierung des Bewußtseins liegt hier ein Zentralproblem für eine demokratisch geprägte politische Kultur. Denn das Eintreten für Liberalität und Demokratie bedeutet in unserem Zeitalter nicht nur, die Werte der Freiheit gegen den Staat zu verteidigen, sondern auch, diese Werte in die Struktur der politischen Institutionen einzufügen. Der Bürger muß sich nicht nur *gegen* den, sondern auch *im* Staat behaupten. Wer die Verteidigung des Bürgers übernimmt und sich Gedanken über die Sicherung der Freiheit macht, darf sich daher nicht damit begnügen, für die Festigung der Rolle von Verfassung und Recht einzutreten; er muß auch der Mitwirkung möglichst eines jeden Bürgers im Gemeinwesen hohe Bedeutung beimessen. Hat der Bürger noch seinen Platz im politischen Geschehen, oder ist er nur noch dessen Zuschauer – die Restgröße[1] in einem System, das ihm eine effektive Funktion vorenthält?

1. Vom Honoratioren-Parlamentarismus zum Parteienstaat

Wenn diese Frage hier für die parlamentarische Parteiendemokratie aufgeworfen wird, so bedarf es zunächst der Klarstellung, daß das, was wir heute als parlamentarische Demokratie kennen, das Produkt gesellschaftlich-politischer Prozesse ist. Die demokratietheoretische Grundlegung des Repräsentationsprinzips bereitet keine Schwierigkeiten. Das Prinzip der Volkssouveränität, wonach alle Staatsgewalt vom Volk ausgeht, verlangt, so lautet die Argumentation, keine Selbstregierung des Volkes. Der »Demos«, das heißt die Summe der erwachsenen Vollbürger, kann nicht unmittelbar herrschen. Es ist eine Fiktion, wenn die *volonté générale* der Volksgesamtheit (Rousseau) als zu jeder Zeit gegenwärtige und anrufbare, zu inhaltlichen Einzelentscheidungen fähige politische Kraft angesehen wird. Auch wenn das Volk in Wahlen und Plebisziten zur politischen Entscheidung aufgerufen wird, kann es nur zu bereits vorbereiteten, vorgeschlagenen und formulierten Fragestellungen oder Gesetzentwürfen Stellung nehmen. Um zu konkreten politischen Willensent scheidungen gelangen zu können, bedarf der ungeformte Volkswille einer Gestaltung durch Gruppen, durch die Lenkungsmittel der »öffentlichen Meinung« und gegebenenfalls auch durch die Organe des Staates. Demokratie in der organisierten Großgesellschaft setzt also ein System differenzierter Filter voraus, mit deren Hilfe politische Meinungen von »unten«, beeinflußt durch politische Zielsetzungen und Entscheidungen von »oben«, zu politischen Willensströmen verdichtet werden.

Im Klartext heißt dies, daß die Formung der politischen Willensbildung Minderheiten obliegt, die als Repräsentanten des Volkes auftreten, aus der Äußerung des Volkswillens in Wahlen und Abstimmungen legitimiert werden und ihrerseits auf die Bildung und Lenkung der Volksmeinung einwirken. Die klassische parlamentarische Demokratie war eine Minoritätendemokratie, die im 19. Jahrhundert unter den sozialen Bedingungen der aristokratisch-bürgerlichen Lebensform entstanden war. Diese Ordnung, als deren Prototyp gern die englische Demokratie angesehen wird, beruhte auf der Herstellung eines dynamischen Gleichgewichts der führenden Gesellschaftsklassen, die als soziale Oberschicht zugleich die Funktion einer politischen Elite übernahmen. Bei beschränktem Wahlrecht gelang es mit Hilfe des Mehrheitsprinzips, das auch der unterlegenen Führungsgruppe jederzeit die Chance der Übernahme von Macht und Verantwortung zuerkennt, die Demokratie funktionsfähig zu machen, die alternierende Herrschaft dieser Elitengruppen durch geeignete soziale und rechtliche Institutionen sicherzustellen und gleichzeitig durch ein System von anerkannten Werthaltungen eine positive Resonanz der unteren Klassen der Elitenherrschaft gegenüber zu erzielen. Die Parlamente dieser liberalen Elitendemokratie waren Honoratioren-Parlamente, die eine Diskussionsgemeinschaft bildeten, um die politischen Gegensätze in freier Diskussion mit dem Ziel einer durch Vernunft legitimierten Gesamtlösung auszutragen.

Daß diese Form des Parlamentarismus heute nicht mehr existiert, bedarf keiner Erörterung; ihre Auflösung galt bereits nach dem Ersten Weltkrieg als eine feststehende Tatsache.[2] Nach 1945 hat es in der Bundesrepublik zwar nicht an Versuchen insbesondere liberaler Elitentheoretiker gefehlt, an den klassischen Parlamentarismus unter Hervorhebung der ausgleichenden Stellung der mittleren Bevölkerungsschichten anzuknüpfen. Diese Versuche sind jedoch an den Realitäten der gesellschaftlichen Entwicklung gescheitert, deren Tendenz zur Massendemokratie nicht aufzuhalten war. Das Ergebnis ist die parteienstaatlich-parlamentarische Demokratie unserer Tage. Sie hat sich in Wechselwirkung zu der organisierten Massen- und Verkehrsgesellschaft herausgebildet und stellt in der Bundesrepublik die faktische Herrschaftsform dar. Nicht nur die politische Willensbildung im Bund, in den Ländern und in den Gemeinden ist in der Hand der politischen Parteien; es gibt kaum noch öffentliche Lebensäußerungen, in denen nicht die Parteien und ihre Funktionärseliten ein maßgebliches Wort sprechen.

Sie beanspruchen das Monopol politischer Repräsentanz und politischer Entscheidung, überspringen aber auch die in der Verfassung vorgesehene Systemgrenze zwischen Staat und Gesellschaft und dehnen ihren Einfluß weit in die gesellschaftlichen Bereiche aus. Nichts scheint mehr vor ihnen sicher, sie sind allgegenwärtig.

Nun sind Macht und Einfluß der politischen Parteien nicht bloß ein Thema für die Bundesrepublik Deutschland. Überall, wo es Demokratien gibt, spielen die Parteien eine hervorragende Rolle.[3] In der Bundesrepublik ist ihr Einfluß aber besonders weitgehend. Die Gründe dafür sind bekannt und brauchen hier nicht ausführlich erörtert zu werden. In erster Linie sind sie in der deutschen Nachkriegsentwicklung zu suchen. Die Besatzungsmächte ließen die Parteien zu, bevor die neue Staatlichkeit auch nur in Ansätzen entstand (wobei die Sowjetunion im Sommer 1945 den Vorreiter spielte, der die westlichen Besatzungsmächte zum Mitmachen zwang). Die Parteien füllten daher das nach der Kapitulation des

Reiches und der Beseitigung des NS-Regimes entstandene Vakuum aus. Von den Besatzungsmächten abgesehen, war niemand da, der ihnen ihre Stellung streitig machen konnte. Die Besatzungsmächte aber waren bei ihrem Bemühen, die Eliten des NS-Regimes durch eine demokratische Gegenelite zu ersetzen, auf die NS-unbelasteten Politiker der Weimarer Zeit angewiesen, die an die Spitze der Parteien traten, und übertrugen diesen mehr und mehr politische Steuerungsfunktionen.[4] Die Führungsgruppen der lizenzierten Parteien konnten somit ihre Machtfunktion auf- und ausbauen, bevor andere Funktionseliten – wie etwa die der Ministerialbürokratie – wieder auf den Plan traten. Die strategische Dominanz der Parteiführungen als gesellschaftspolitische Leitungszentren war, wie die Forschung ergeben hat, von Anfang an zweifelsfrei. Eine Konkurrenz zur Staatsbürokratie bestand nicht, da diese aus der NS-Zeit zu sehr diskreditiert war. Den Parteiführungen gelang es vielmehr, nicht zuletzt mittels starker Ämterpatronage, die Verwaltung der Kontrolle durch die politischen Eliten – sprich: Parteiführungsgruppen – zu unterwerfen.

Unter diesen Umständen wurde es keineswegs als revolutionärer Akt empfunden, daß die Verfassungsväter bei der Schaffung des Grundgesetzes die Befugnis der Parteien, an der Willensbildung mitzuwirken, durch Art. 21 Abs. 1 GG in die Verfassung aufnahmen. Die rechtliche Anerkennung der Vermittlungs- und Transformationsfunktion, die diese Verfassungsnorm enthält, blieb schon damals hinter der politischen Realität zurück. Die weitere Entwicklung verlief kontinuierlich nach dem Gesetz, nach dem sie angetreten war. Über vier Jahrzehnte hinweg konnten die Parteien ihre Stellung befestigen und ihre Macht ausdehnen – mit dem Resultat, daß man die machtpolitische Struktur, die sich auf diese Weise herausbildete, als *government by party government* bezeichnet, besser noch als *party government by party elites*[5], also als Regierung durch Parteieliten.

Ihrer Expansion kam zugute, daß das Trauma Weimar die Parteien lange Zeit gegen Kritik immunisierte. Zu den Gründen, die den Untergang der ersten deutschen Republik bewirkt hatten, gehörte nach damals allgemeiner Meinung die Aversion, die vor und nach dem Ersten Weltkrieg Volk und Öffentlichkeit den politischen Parteien entgegengebracht hatten, und man kann dem auch heute nicht widersprechen. Die deutsche Gesellschaft jener Zeit beherrschte im Verein mit den antiwestlichen und antiparlamentarischen Affekten ein tiefer Antiparteienaffekt, gerade in den staatstragenden Schichten. Karl Dietrich Bracher[6] ist vorbehaltlos beizupflichten, wenn er als Erkenntnis der zeitgeschichtlichen Forschung herausstellt, daß dieser Affekt auf einem vordemokratischen Verständnis des Parteiwesens beruhte und die Konfrontation von »Parteipolitik« und »Staatspolitik«, von parlamentarischer und präsidialer Macht, wie sie in der dualistischen Struktur des Weimarer Verfassungs-und-Regierungs-Systems angelegt war, negativ beeinflußte. Letztlich war das gesellschaftliche Bewußtsein jener Zeit bei der Meinung Bismarcks stehengeblieben, der 1884 vor dem Reichstag erklärt hatte: »Die politischen Parteien sind der Verderb unserer Verfassung und der Verderb unserer Zukunft.«

Man mußte auch nach 1945 lange Zeit um Verständnis für die Rolle der Parteien im demokratischen Regierungssystem werben, und zu Recht wurde daher die Überwindung dieser tief verwurzelten Abneigung, die bis in die siebziger Jahre hinein in den alten Bildungsschichten fortwirkte, als Aufgabe der demokratischen Erziehung der Deutschen gesehen.

So war es verständlich, daß kritischen Stimmen, die sich gegen die Systemsteuerung durch Parteiführungsgruppen wandten oder oligarchische Tendenzen in den Parteien anprangerten, entgegengehalten wurde, sie trügen zur Wiederbelebung anti- oder vordemokratischen Bewußtseins bei. Ein scharfsinniger Beobachter der Entwicklung wie Hans

Herbert von Arnim[7] übertreibt natürlich, wenn er meint, die Erinnerung an Weimar habe den Blick für Mißstände und Fehlentwicklungen im Wirken der Parteien verstellt, »fast so, als gelte der Satz Parties can do no wrong«. An Warnungen und Mahnungen an die Adresse der Parteien hat es zu keiner Zeit gefehlt. Richtig ist aber, daß erst seit einigen Jahren die Problematik unbefangen betrachtet wird. Nicht nur, daß die Zahl der Veröffentlichungen, die sich kritisch mit den Defiziten der parlamentarischen Parteiendemokratie befassen, beträchtlich zugenommen hat; es ist auch die Bereitschaft gewachsen, die Kritik an bestimmten Mißständen nicht mehr mit der Kritik an der demokratischen Staatsform und an der Existenz der Parteien gleichzusetzen. Ganz verschwunden ist die Neigung, Kritik in dieser Weise mißzuverstehen, allerdings noch nicht, wie der Verfasser in den letzten Jahren erfahren hat. Überraschend sind solche Reaktionen nicht. Fest etablierte Institutionen verschmähen – das scheint gleichsam ein soziales Gesetz zu sein – gern die Hilfe der Kritik, gleichviel, ob sie von innen oder von außen kommt. Die Institutionen der parlamentarischen Parteiendemokratie machen da keine Ausnahme.

2. Parteiendemokratie ohne innere Demokratisierung

Sicher beruht nicht alles, was heute zu dem etablierten Parteienstaat gehört, auf Plan und Absicht. Man kann jedoch nicht sagen, daß der Weg in den Parteienstaat blindlings gegangen ist. Im Gegenteil, er war gewollt. »Parteienstaat oder was sonst?« fragte Wilhelm Grewe[8] 1951 im *Monat* in einem damals vielbeachteten Artikel, und man stimmte ihm zu, überzeugt davon, daß der Parteienstaat notwendig und eine Alternative nicht vorhanden war. Sein Satz: »Solange man sich von den Parteien distanziert, darf man von ihnen keine

Wandlung erwarten« beeindruckte auch Skeptiker und politisch Desinteressierte, an denen gerade damals kein Mangel war. Der eigentliche Protagonist des Parteienstaates war jedoch Gerhard Leibholz. Der Göttinger Staatsrechtslehrer, wie Hermann Heller vor 1933 eine große Hoffnung der deutschen Staatsrechtslehre, war 1937 von Hitler in die Emigration getrieben worden. Verwandtschaftlich mit Mitgliedern des Widerstandes verbunden und ein unanfechtbarer Demokrat, wurde er nach 1945 eine staatsrechtliche Autorität ersten Ranges und zum Richter am Bundesverfassungsgericht gewählt, dessen Rechtsprechung er rund fünfzehn Jahre lang beeinflußt hat. Leibholz unterschied scharf zwischen zwei Strukturtypen der Demokratie, der *liberal-repräsentativen Demokratie* mit dem freien Abgeordnetenmandat, wie es in Art. 38 GG normiert ist, auf der einen und dem *demokratischen Parteienstaat* im Sinne des Art. 21. Abs. 1 GG auf der anderen Seite. Da er sicher war, daß dem zweiten Typ in der Massengesellschaft Gegenwart und Zukunft gehörten, entwickelte er eine Parteienstaatsdoktrin,[9] die zu den folgenreichsten Lehrmeinungen zu rechnen ist, die die deutsche Staatsrechtslehre je geäußert hat.

Für Leibholz waren die politischen Parteien nicht bloß politische Transformatoren und Vermittler zwischen Volk und Staat. Vom Strukturwandel der Demokratie ausgehend, kam er zu der Auffassung, daß man nicht mehr wie zur Zeit der Bismarckschen Verfassung Staat und Volk im Sinne des Positivismus auseinanderreißen und zwischen der Willensbildung des Volkes und der des Staates unterscheiden kann. Das Volk ist in Parteien verfaßt und findet seine politische Organisationsform in dem von ihm konstituierten Staat. In der modernen Massengesellschaft, so lehrte Leibholz, sind die Parteien »Sprachrohre des Volkes«,[10] notwendige Instrumente, die das politisch handlungsunfähige Volk erst politisch organisieren und aktions- und artikulationsfähig machen. Parteien, Volk und Staat sind infolgedessen in der parteienstaatlichen Demokratie identisch.

Die »Mediatisierung« des Volkes durch die Parteien, die andere beklagten,[11] gehörte für Leibholz geradezu zum Wesen des modernen demokratischen Parteienstaates, und dem Artikel 38 des Grundgesetzes, wonach Abgeordnete Vertreter des ganzen Volkes und an Aufträge und Weisungen nicht gebunden sein sollen, vermochte er nur die Funktion der Abwehr der äußersten Konsequenzen des demokratischen Parteienstaates zuzubilligen,[12] der an sich auf das imperative Mandat mit seiner Abhängigkeit von den Direktiven der Partei zielt.

Es steht außer Frage, daß Leibholz' Lehre starken Tendenzen, die tief in der bundesrepublikanischen Nachkriegsentwicklung angelegt waren, die legitimierende Formel geliefert hat. Zwischen der politischen Entwicklung und seiner Lehre bestand eine Wechselwirkung. Diese gab jener die rechtstheoretische Überhöhung, gleichsam den juristischen Überbau, der dann seinerseits auf die politische Entwicklung zurückwirkte. Man würde Leibholz jedoch unrecht tun, wollte man verschweigen, daß der Göttinger Staatsrechtslehrer den modernen Parteienstaat so, wie er sich in der Bundesrepublik entwickelte, für korrekturbedürftig hielt. Um zu verhindern, daß »die Parteien als die unentbehrlichen Instrumente der neuen Demokratie zugleich ihre potentiellen Zerstörer und damit die Zerstörer der Freiheit« werden, forderte er die »Aktivierung der Aktivbürger«, aber nicht mit den traditionellen Mitteln der parlamentarisch-repräsentativen Demokratie, sondern mit Hilfe einer Demokratisierung der Parteien, die die sich innerhalb des bürokratischen Parteiapparates bildenden autoritären Herrschaftstendenzen beseitigen und sicherstellen sollte, daß sich die Willensbildung innerhalb der Parteien von unten nach oben vollzieht.[13] Auf diese Weise sollte verhindert werden, daß die Parteien in der Demokratie zum Selbstzweck und damit zu Fremdkörpern mit eigenen selbständigen Zielen und Interessen und schließlich zu einem Staat im Staate werden.

Diese Vorstellung traf sich mit den Hoffnungen, die politische Soziologen wie Otto Stammer[14] auf die innere Demokratisierung der Parteien gesetzt hatten, in der sie das Heilmittel gegen die drohende Herrschaft von Einflußgruppen, Cliquen und Apparaten über die Parteimitglieder glaubten sehen zu können. Es ist müßig, darüber zu streiten, ob sich Robert Michels' »ehernes Gesetz der Oligarchie«[15] in der Organisationswirklichkeit der Parteien bestätigt und ob sein »Gesetz der psychologischen Metamorphose«,[16] nach dem jede neue Führung trotz anderer Zusammensetzung ebenso handelt wie die abgelöste, zutreffend ist. Nach langem Hin und Her haben wir zwar 1967 ein Gesetz über die innere Ordnung der Parteien[17] bekommen. Tatsächlich hat sich aber an der schon in den fünfziger Jahren vehement beklagten Verharschung und Verfilzung nichts Wesentliches geändert. Im Gegenteil, mehr denn je begrenzen die Tendenzen der Oligarchisierung, Hierarchisierung und Bürokratisierung die Möglichkeiten innerparteilicher Demokratie.

In den unteren Parteiverbänden geht es dabei nicht anders zu als in den oberen Etagen. Da die unteren Parteieinheiten großen Einfluß zum Beispiel auf die Kandidatennominierung[18] haben, hängt viel davon ab, wie dort die Willensbildung vor sich geht. Theoretisch hat die Demokratie ihre Chance, tatsächlich haben jedoch kleine Zirkel lokaler Funktionäre das Heft in der Hand, indem sie die Entscheidungen vorbereiten und damit auch weitgehend vorbestimmen. Ernüchternd haben auch Beobachtungen gewirkt, die sich mit den praktischen Versuchen zur Demokratisierung der Parteiarbeit und der innerparteilichen Willensbildung befaßt haben. Der agitatorische Aufwand, der mit dem Begriff der Demokratisierung getrieben wurde, stand oft in einem erschreckenden Mißverhältnis zu der Tatsache, daß hinter den laut verkündeten Demokratisierungsforderungen nur kleine Gruppen standen, die mehr an der Elitenablösung als an wirklicher Demokratisierung interessiert waren. So kam es, wie es kommen mußte. Das, was einmal als Aktivierung der Basis ausgegeben wurde, hat sich als taktisches Vehikel enthüllt, mit dem neue Seilschaften die alten Parteieliten abgelöst haben, um es dann keinen Deut anders zu treiben als ihre Vorgänger. Rheinisch ausgedrückt: Ein Klüngel tritt an die Stelle des anderen. Die Besetzung der Führungspositionen wird »ausgemauschelt« (Basilius Streithofen), wobei in der Leitung der Landesvorstände der regionale Proporz eine unübersehbare Rolle spielt, Arbeitskreise, Vereinigungen und Gewerkschaften als Karriereschleuder benutzt werden und sich innerparteiliche Machtkartelle bilden, an die zu rühren eine politische Todsünde ist. Die Skepsis hinsichtlich folgenreicher Partizipation innerhalb der Parteien ist infolgedessen heute nicht geringer, sondern größer selbst als Ende der sechziger Jahre, als die Studentenbewegung mit ihrer Forderung nach Demokratisierung Furore machte und ein Bundeskanzler das – durchaus ernstgemeinte – Versprechen gab, mehr Demokratie wagen zu wollen.[19]

3. Raubritter und Dukatenesel: Parteienwettbewerb und Parteienfinanzierung

Gehen wir indessen systematisch vor: Die mangelnde Demokratisierung ist nur *ein* Defizit der parteienstaatlichen Demokratie unter vielen. Man muß das gesamte Spektrum der Funktionen der politischen Parteien in der parlamentarischen Parteiendemokratie ins Auge fassen, um Einblick in die Schwächen des Systems zu bekommen.

Die im Grundgesetz (Art. 21 Abs. 1 Satz 1) niedergelegte Mitwirkung der Parteien »bei der politischen Willensbildung des Volkes« stellt den Parteien die Aufgabe, die politische

Selbstbestimmung der Bürger zu verwirklichen, bringt diese also in Verbindung mit den Grundwerten der Demokratie. In der repräsentativen Demokratie ist die allgemeine und demokratische Wahl der Volksvertretung die bevorzugte Ausdrucksform der politischen Selbstbestimmung des Volkes. Darin, daß diese Wahl unter den Bedingungen der modernen Massengesellschaft in fast allen Gesellschaftsintegraten nicht ohne Vermittlung der Parteien erfolgen kann, liegt der wichtigste Grund für die Legitimation der Parteien. Indem sie Wahlprogramme und Kandidaten aufstellen, bündeln sie politische Meinungen und Bestrebungen zu Alternativen, unter denen die Bürger auswählen können, wenn sie zur Wahl gehen. An dem Erwerb oder an der Erhaltung der Macht interessiert, konkurrieren die Parteien – anders als im Einparteienstaat – miteinander um die Wähler, die durch ihre Stimmabgabe den Wettkampf nach dem Mehrheitsprinzip entscheiden. Man braucht nicht Joseph A. Schumpeters wertfreie Demokratietheorie[21] als Ganzes zu übernehmen, um mit ihm zu erkennen, daß die demokratische Methode der politischen Willensbildung der Konkurrenzkampf der Parteien um die Stimmen des Volkes mit dem Ziel ist, die Entscheidungsbefugnis im Staat auf Zeit zu erringen.

Der Wettbewerb ist allerdings nicht als Selbstzweck gedacht. Wie der wirtschaftliche Wettbewerb seiner Zielvorstellung nach darauf gerichtet ist, die Wettbewerber zu veranlassen, sich in ihrem Angebot nach den Bedürfnissen und Wünschen der Verbraucher zu richten, so ist auch der politische Wettbewerb seiner Idee nach darauf angelegt, daß die Parteien das Angebot, mit dem sie als Wettbewerber auf den Plan treten, an den Einstellungen, Bedürfnissen und Wünschen der Wähler orientieren. Das Angebot ist dabei zweifach: sowohl personell als auch programmatisch; es umfaßt Kandidaten, die zur Wahl aufgestellt werden, wie auch Sachprogramme, die Auskunft über die inhaltlichen Zielsetzungen der Parteien geben. Wie beim wirtschaftlichen Wettbewerb, so besteht natürlich auch bei der Parteienkonkurrenz in der politischen Arena die Gefahr der Wettbewerbsverfälschung. Die Grundsätze der Parteienfreiheit und der Parteiengleichheit sind dazu gedacht, diese zu verhindern und ein befriedigendes Funktionieren des Wettbewerbs zu garantieren. Auch die Freiheit der Parteigründung gehört hierher. Wenn die etablierten Parteien die Bedürfnisse der Bürger ignorieren, sollen diese wenigstens die Möglichkeit haben, neue Parteien zu schaffen, um der Oligopolisierung des Parteiensystems entgegenzuwirken und für eine angemessenere Bedürfnisbefriedigung zu sorgen.

Unübersehbar ist die Diskrepanz, die zwischen diesen Verfassungsgrundsätzen und der politischen Wirklichkeit besteht. Von einem echten Wettbewerb kann nicht die Rede sein. Man stößt auf Unvollkommenheiten, ja Wettbewerbsverfälschungen,[22] wenn man die Realität betrachtet, und Assoziationen mit dem unbefriedigenden Funktionieren des ökonomischen Wettbewerbs drängen sich auf. Hier wie dort geht es um die Frage des Machtmißbrauchs und des zu geringen Einflusses, den der Bürger auf den Wettbewerb nehmen kann.

Die Versuchung, Macht zu anderen als den bestimmungsgemäßen Zwecken zu gebrauchen, ist zu allen Zeiten groß gewesen. In der parlamentarischen Parteiendemokratie liegt die Versuchung darin, daß die Parteien die Macht, die sie in Regierung und Gesetzgebung ausüben, für eigene Zwecke einspannen. Systematisch lassen sich dabei namentlich drei Wege unterscheiden, die eingeschlagen werden, um die Wettbewerbsbedingungen zu verändern:[23] 1. die Erschwerung der Start- und Entfaltungsbedingungen für neue Parteien, 2. die Benachteiligung der parlamentarischen Opposition und 3. die gemeinsame Ausbeutung des Staates durch die Parteien.

Was die erste der genannten Methoden angeht, so erwies es sich als verhältnismäßig einfach, Newcomern das Leben zu erschweren. Die verhängnisvolle Zersplitterung des politischen Lebens in der Weimarer Republik vor Augen, in der schließlich 36 Parteien um die Gunst des Wählers konkurrierten, bestand in der Bundesrepublik von Anfang an weitgehende Einigkeit darüber, daß eine Sperrklausel das Auftauchen von Splitterparteien in den Parlamenten verhindern sollte. Daß es mit Hilfe der Sperrklauseln auch gelang, den Bundestag und die Landtage von extremistischen Parteien freizuhalten, wurde als ein weiterer Vorzug empfunden. Die vom Bundesverfassungsgericht auf fünf Prozent reduzierte Sperrklausel[24] bei der Bundestagswahl begegnete daher kaum Kritik. Das war um so erstaunlicher, als die vergleichsweise hohe Schwelle die Chancengleichheit der Parteien empfindlich beschränkt, aber in der Verfassungstheorie Einigkeit darüber besteht, daß es dann, wenn in einem pluralistischen Gemeinwesen der politische Prozeß Sache des ganzen Volkes sein soll, nicht nur auf die Mehrheit, sondern auch auf die Minderheiten ankommt.[25] Minderheiten sind in der Demokratie des Grundgesetzes keine Gruppen, die im Irrtum über das Wahre und Richtige sind und im Namen eines fingierten Gemeinwesens ausgeschaltet werden dürfen, sondern anzuerkennende Bestandteile der pluralitären Gesellschaft. Den Minderheiten muß daher die reale Chance garantiert werden, einmal Mehrheit zu werden, und auch diejenigen Minderheiten verdienen Schutz, die keine Aussicht haben, Mehrheit zu werden. Das Bestreben, der zweiten deutschen Demokratie jene Stabilität zu verschaffen, die der ersten gefehlt hat, setzte sich jedoch stets über die demokratietheoretischen Bedenken hinweg. Nach vorherrschender Meinung hat die Fünf-Prozent-Klausel die auf sie gesetzten Erwartungen erfüllt und jenen Konzentrationsprozeß gefördert, der das Parteienspektrum für lange Jahrzehnte auf vier Parteien – CDU, CSU, F.D.P. und SPD – reduzierte. Daß die Fünf-Prozent-Schwelle überwindbar ist, zeigte zudem der Erfolg der Grünen, die sich inzwischen als fünfte Partei etabliert haben.

Nun ist die Parteienzersplitterung in der Weimarer Republik eine Warnung, die bei verantwortungsbewußtem Nachdenken nicht überhört und keineswegs in den Wind geschlagen werden darf. Um so mehr verdient es Aufmerksamkeit, daß in der Wissenschaft zunehmend gefragt wird, ob ohne die Fünf-Prozent-Sperrklausel die Stabilität der Parteiendemokratie tatsächlich in Gefahr geriete,[26] und da gibt zu denken, daß die Wahlforschung die Wirkung der Sperrklausel nicht so hoch einschätzt[27] wie der politische Praktiker, sondern die Konzentration der Parteien eher darauf zurückführt, daß es der bundesrepublikanischen Gesellschaft lange Zeit an Mobilität, Offenheit und Sensibilität für neuartige Probleme gefehlt hat. Da die Parteienkonkurrenz die Parteien beweglicher macht, auch Offenheit und Sensibilität begünstigt, spricht aus dieser Sicht manches dafür, durch Senkung der Sperrklausel der immobilen Parteiendemokratie frische Blutzufuhr zu verschaffen.[28] Minderheitskabinette, wie sie in Hessen längere Zeit bestanden, sind fragwürdig; sie beleben nur die Erinnerung an Weimar, die bei der Sperrklausel Pate gestanden hat. Während Einschränkungen der Gleichheit – in der Staatsrechtslehre wird der Begriff »Modifikation« bevorzugt – kaum die Öffentlichkeit berührt haben, soweit sie das Wahl- und Parlamentsrecht betrafen, hat diese sensibel bei der Benachteiligung der kleinen Parteien bei der Werbung in Rundfunk und Fernsehen reagiert. Hier hat schließlich das Bundesverfassungsgericht[29] eingegriffen und in Anwendung des Gleichheitsgrundsatzes Chancengleichheit durchgesetzt. Unverkennbar hat in den letzten Jahren in der Öffentlichkeit die Sorge um den Minderheitenschutz weiter zugenommen. Eine Bestimmung wie die des Paragraph 5 des Parteiengesetzes, die bei der Förderung durch Träger der öffentlichen Gewalt »Abstufungen nach der Bedeutung der Parteien bis zu dem für die Erreichung ihres Zwecks erforderlichen Mindestmaß« zuläßt, kränkt nicht nur das Gefühl für Fairneß; sie unterliegt wegen der mangelnden Konkretheit des Maßstabes auch juristischen Bedenken.

Nur vordergründig geht es bei alledem um rechtliche Fragen, sosehr diese auch die Literatur und das Verfassungsgericht beschäftigen. Dahinter steckt ein Anliegen der politischen Moral, das auf die Frage hinausläuft, wie man verhindern kann, daß die Großen die Kleinen fressen. Die Macht des Starken über die Schwachen war zu allen Zeiten ein Problem. Heute wird sie jedoch nicht bloß als Schönheitsfehler einer politischen Ordnung, sondern als Skandalon empfunden. Die soziale Gerechtigkeit, die den Schwachen in den Stand setzt, sich gegenüber dem Mächtigen zu behaupten, soll als elementares Postulat auch und gerade in der Politik durchgesetzt werden, wo es um die Verteilung der Macht im Staat geht. Nicht zuletzt zeigt die Anwendung des strengen Gleichheitssatzes, der eine Differenzierung nur ganz ausnahmsweise beim Vorliegen zwingender Gründe zuläßt, durch das Bundesverfassungsgericht bei wahl- und parteienrechtlichen Fragen,[30] wie hoch die Bedeutung der Parteiengleichheit im politischen Prozeß einzuschätzen ist.

Noch eine Etage höher als das Ärgernis der Ungleichbehandlung ist der Vorwurf angesiedelt, die Parteien gingen allesamt darauf aus, den Staat als Beute oder Pfründe zu betrachten, aus der sie sich versorgen können. Dramatisch zugespitzt hat sich die Verdächtigung in der Diskussion um die Parteienfinanzierung. Was lange als Schwelbrand glimmte, ist mit den Parteispendenaffären offen ausgebrochen und erweist sich als beständig fließende Quelle für Staatsverdrossenheit. Die Mißstände, um die es hier geht, werden nicht bestimmten Parteien zugerechnet. Allesamt gelten die Parteien als Sünder, und ihnen wird in der Gesamtheit angekreidet, gleichsam ein Kartell zu bilden, das sich zusammengetan hat, um den Staat auszubeuten.

Früher galt es als selbstverständlich, daß sich die Parteien aus privaten Mitteln finanzierten, das heißt aus Beiträgen der Mitglieder und Zuwendungen privater Geldgeber, die den Parteien nahestanden oder deren Ziele unterstützen wollten. Noch das Grundgesetz ging davon aus; es beschränkte sich darauf, öffentliche Rechenschaft über die Herkunft der Mittel zu verlangen,[31] was bei einer staatlichen Finanzierung unnötig gewesen wäre. Daß es alsbald – seit 1959 – zur Subventionierung der politischen Parteien durch den Staat kam, hatte seinen Grund nicht nur im gestiegenen Geldbedarf; es hing auch wesentlich mit der neuen Einschätzung der Parteien zusammen. Die Anerkennung der politischen Parteien als eines unverzichtbaren Elements der Demokratie ließ sich dahin interpretieren, daß alle durch die Parteiaktivitäten verursachten Aufwendungen »Kosten der Demokratie« seien. Eine volle Subventionierung wurde freilich nicht vorgenommen. Mitgliederbeiträge und Spenden blieben neben den Staatsleistungen Einnahmequellen der Parteien. Das Verhältnis verschob sich allerdings zunehmend stärker auf die Finanzierung aus den staatlichen Haushaltsmitteln, die sich die Parteien großzügig bewilligten. Dieser »unkontrollierten Budgetfinanzierung« (K. H. Naßmacher) setzte das Bundesverfassungsgericht 1966 ein Ende, als es sich in einem aufsehenerregenden Urteil[32] von der Leibholzschen Parteienstaatsdoktrin abwandte und den Gedanken erneuerte, daß Parteien frei gebildete Verbände im gesellschaftlichen Bereich sind. Eine überwiegende Deckung des Geldbedarfs aus öffentlichen Mitteln hielt das Gericht jetzt für unvereinbar mit der Verfassung. Die direkte Parteienfinanzierung durch den Staat wurde infolgedessen vom Gericht verboten, die Erstattung der notwendigen Wahlkampfkosten aber in angemessenem Umfang als zulässig angesehen.

Die Folgerungen, die der Gesetzgeber aus dieser Entscheidung des Bundesverfassungsgerichts zog, haben zu der Neuregelung der Parteienfinanzierung in den Paragraphen 18 ff. des

Parteiengesetzes geführt. Sie besteht in einer Mischfinanzierung. Zunächst wurde die Wahlkampfkostenerstattung erhöht. Als ein warmer Regen erwies sich vor allem die überhöhte Pauschalerstattung bei der Europawahl 1984, die in Kenntnis der Tatsache beschlossen worden war, daß der Staat schon 1979 bei der Europawahl den Parteien weit mehr an Geldern überwiesen hatte, als der Wahlkampf tatsächlich gekostet hatte. Weiteres Kernstück der Neuregelung war der Steuerverzicht des Staates bei Spenden und Beiträgen an Parteien, der beträchtlich vergrößert wurde. Diese Zuwendungen wurden als gemeinnützig behandelt und bis zur Höhe von fünf Prozent des Einkommens des Spenders oder bis zur Höhe von zwei Promille der Summe der Umsätze, der Löhne und Gehälter für einkommensteuerlich abzugsfähig erklärt. Das führte zu einer außerordentlichen Verstärkung des politischen Einflusses finanziell leistungsfähiger Bürger und Körperschaften, die sich durch gleichzeitig erlassene Vorschriften für einen privilegierten Steuerabzug bei Kleinbeträgen, über den Ausgleich von Steuervorteilen unter den Parteien und über die Veröffentlichung von Großspenden in keiner Weise ausgleichen läßt.

Hinzu kommt, daß als Antwort auf das Urteil des Bundesverfassungsgerichts die Zahlungen für die politische Bildung, die die Parteien nicht mehr erhalten durften, als Globalzuschüsse auf deren Stiftungen geleitet wurden und sich, wie ermittelt worden ist, von 1967 bis 1984 fast verzehnfachten. In derselben Zeitspanne erhöhten sich die staatlichen Zuschüsse an die Fraktionen, die den Beschränkungen für die Parteienfinanzierung nicht unterliegen, um das Dreizehnfache.[33] Dazu kommen die Spenden, die ausweislich der dem Bundestagspräsidenten vorgelegten Rechenschaftsberichte nach wie vor reichlich fließen – trotz der parlamentarischen Untersuchung von Spendenaffären in Baden-Württemberg, Rheinland-Pfalz und Bonn (»Flick-Ausschuß«).[33a] Von den Zuwendungen, die darüber hinaus einzelne Abgeordnete als Beitrag zu ihren Wahlkämpfen von Unternehmen – siehe die Flick-Affäre – und von Unternehmensverbänden – etwa dem Gesamtverband der privaten Versicherer – erhalten, soll gar nicht die Rede sein. Zu fragen ist jedoch, ob man sich unter diesen Umständen zu wundern braucht, wenn gesagt wird, daß die Versuche des Bundesverfassungsgerichts, den Parteien Grenzen zu ziehen, wie ein Kampf mit der Hydra anmuten?

Nun wäre es realitätsfremd, die Parteien, die in der Demokratie wichtig, ja unersetzlich sind, bloß auf private Mittel zum Ausgleich ihres Finanzbedarfs zu verweisen. Die Parteitätigkeit liegt im öffentlichen Interesse und ist daher grundsätzlich zuschußwürdig. Ein Vorteil der öffentlichen Parteifinanzierung ist darüber hinaus, daß sie auch der Opposition zugute kommt, die ansonsten gegenüber den staatlichen Einflußkanälen, über die die regierenden Parteien verfügen, womöglich hoffnungslos ins Hintertreffen geraten würde. Die nachteiligen Auswirkungen der staatlichen Parteifinanzierung – auch die indirekten – sind jedoch groß. Man muß sich vergegenwärtigen, daß knappe Finanzmittel eine Ressourcenschranke bilden; sie zwingen, wenn man nicht die Risiken von Skandal und Korruption auf sich nehmen will, zur Beschränkung der Aktivität auf das Wesentliche. Hätte es nicht die bequeme öffentliche Finanzierung gegeben, wäre es deshalb mit Sicherheit nicht zu der atemberaubenden Kostenexplosion bei Wahlkämpfen und auch nicht zum ausgreifenden Ausbau der hauptberuflichen Parteiorganisation und damit zur Professionalisierung der politischen Funktionsträger gekommen, in der eine wesentliche Ursache für die Entfremdung der Parteien vom Bürger zu sehen ist. Unsere Einschätzung deckt sich insoweit mit den Feststellungen, die für Länder getroffen worden sind, die ebenfalls die öffentliche Parteifinanzierung, wenn auch weniger ausgeprägt, kennen:[34] Eine Parteiorganisation, die früher auf viele kleine Zuwendungen

(Mitgliedsbeiträge, Spenden, Eintrittsgelder bei Veranstaltungen) oder freiwillige Mitarbeit ihrer Anhänger angewiesen war und deshalb engen Kontakt mit ihnen halten mußte, kann sich bei sicherer Finanzierung aus öffentlichen Mitteln stärker von den Merkmalen einer freiwilligen politischen Organisation entfernen. Innerhalb der einzelnen Partei stärkt öffentliche Parteienfinanzierung (insbesondere jede Transferzahlung an die Parteizentrale) die jeweilige Mehrheit gegenüber Minderheiten, den zentralen Apparat gegenüber lokalen Funktionären, die Hauptamtlichen gegenüber den Ehrenamtlichen.

Im zwischenparteilichen Wettbewerb begünstigt öffentliche Finanzierung die Apparatparteien gegenüber den Komiteeparteien, die großen Parteien gegenüber kleineren und die etablierten gegenüber neuen Parteien. Gerade die Begünstigung etablierter Parteien ist eine besondere Gefahr für den Parteienwettbewerb als zentrales Mittel politischen Wandels im demokratischen Prozeß: Neue Parteien werden nicht ernsthaft ermutigt; im Gegenteil, ihnen werden zusätzliche Hindernisse in den Weg gelegt.

Fassen wir zusammen: Sowohl die Abhängigkeit von privaten Spendern als auch die vom Staat ist bedenklich. Mehr Geld ist stets auch mehr Macht – auf diese einfache Formel ist das Problem zu bringen. Wer meint, daß die politischen Parteien, so unerläßlich sie für die moderne Demokratie auch sein mögen, mächtig genug oder sogar zu mächtig sind, wird nach Bremsen suchen, um die Tendenz zu weiterem Geldzufluß und zur Ausgabenvermehrung aufzuhalten. Restriktionen sind nötig, Transparenz, Publizität. Besser noch wäre es, wenn die Parteien den Gürtel enger schnallten und den Geldbedarf verringerten. Dazu zwingen schon die Zweifel, ob die hohen Summen, die die Bundesrepublik zur Zeit für ihre politische Apparatur und deren Bedienung ausgibt, auf die Dauer verkraftbar sind. Daran, ob sie zur Effektivitätssteigerung des politischen Betriebes beitragen, muß man ohnehin seine Zweifel haben. Das Gegenteil scheint eher nachweisbar zu sein. So kann es nicht wundernehmen, daß die Zahl der Bürger, die kopfschüttelnd beobachten, was mit gutem Geld im Wahlkampf geschieht, von Wahl zu Wahl zunimmt.

Warum nur hat man sich bei der Neuordnung der Parteifinanzierung nicht zu der Einführung des Bürgerbonus entschlossen, den die seinerzeit auf Vorschlag der Parteien vom Bundespräsidenten ernannte Kommission empfohlen hatte?[35] Danach sollte jeder Wahlbürger bestimmen können, welcher Partei der auf ihn entfallene, aber aus öffentlichen Mitteln zu zahlende Pauschalbetrag zukommen soll. Da dieses Bestimmungsrecht unabhängig von der Wahlentscheidung ausgeübt werden könnte, hätten die Wähler nicht nur die Möglichkeit, ihre Partei zu stärken, sondern auch die Chance, durch Nichtabgabe ihrer »Finanzstimme« die Zahlungen an die Parteien zu beschränken, wenn sie dies für nötig halten.

Die Vorteile des Bürgerbonus liegen auf der Hand: Die Parteien würden mit dem Bürger in eine engere Verbindung gebracht, als sie die bloße Wahl von Abgeordneten herstellt. Sie müßten sich verstärkt um das Vertrauen der Bürger bemühen, und diese hätten Gelegenheit, ihr Urteil über die Erfüllung der staatspolitischen Aufgaben der Parteien zu fällen.

Als 1983 die Neuordnung der Finanzierung der Parteien auf der Agenda stand, schrieben ebenso renommierte wie seriöse Journalisten in einer der namhaftesten Zeitungen der Bundesrepublik, die Abgeordneten führten sich als »Raubritter der Republik« auf und würdigten den Staat zur »Dukatenesel-Demokratie der Parteien« herab.[36] Ungerührt, weil im Besitz der Macht, nahmen die Adressaten diese Vorwürfe hin. Ob sie dies noch lange werden tun können? Die Kritik an dem Mißverhältnis von Aufwand und Leistung nimmt jedenfalls laufend zu. »Die Effizienz der hochbezahlten Parlamentarier-Arbeitszeit ist übrigens gering, der Leerlauf grob«, schreibt

Spiegel-Reporter Jürgen Leinemann, und keiner bezweifelt, daß er damit ins Schwarze getroffen hat.

4. Am Bürger vorbei: Parteiprogramme und Bürgerbedürfnisse

Von der Programmatik der politischen Parteien war die Rede, genauer: von den Angeboten oder Verheißungen, die sie den Bürgern durch das Aufstellen von programmatischen Aussagen machen, wie von der Artikulation und Bündelung gesellschaftlicher Interessen, die sie vornehmen. Die Parteienlehre schätzt diese Aufgaben der Parteien mit Fug und Recht hoch ein. Sie spricht von zwei Funktionen, die die Parteien wahrnehmen, von der Zielfindungsfunktion und von der Funktion der Artikulation und Aggregation gesellschaftlicher Interessen. Um Klaus von Beyme, einem renommierten Politikwissenschaftler, das Wort zu geben:[37]

> Parteien haben Ideologien und Programme. Sie bemühen sich um handlungsrelevante Strategien und klären die Bürger über alternative Handlungsmöglichkeiten auf. Auch Interessengruppen artikulieren solche Interessen, aber nur Parteien bündeln (aggregieren) sie in einer Form, daß sie unmittelbar Einfluß auf die Willensbildung der zentralen Staatsorgane gewinnen.

Wie erfüllen die Parteien diese Funktionen? Es ist richtig beobachtet, wenn man darauf hinweist, daß sich in der Entwicklung der Parteien in der Bundesrepublik Phasen, in denen Programme eine Rolle spielen, mit solchen abwechseln, in denen schlichter Pragmatismus das politische Feld beherrscht. Nachdem eine erste Phase, in der sich die vier großen, etablierten Parteien um die grundsätzliche Klärung ihrer ideologischen Positionen bemüht hatten, vorüber war, folgte eine solche der »Entideologisierung«, in der pragmatische Tagespolitik die Programmatik verdrängte. Auch in dieser Phase fehlte es natürlich nicht an zielorientierten Aussagen und programmatischen Dokumenten. Diese waren jedoch weniger als Grundsatz- denn als Wahl-, Aktions- und Regierungsprogramme zu qualifizieren. Während bei Grundsatzprogrammen im Vordergrund die Aufgabe steht, die Positionen festzulegen und die Mitglieder und die Sympathisanten um diese zu einigen (man spricht hier von der Integrations- und Identifikationsfunktion), sollen Aktions- und Wahlprogramme mehr nach außen wirken (Werbungs-, Agitations- und Stimulationsfunktion). Regierungsprogramme schließlich bezeichnen die Operationsbasis für das konkrete politische Handeln.

Bis Anfang der siebziger Jahre sah es so aus, als würden die Parteien sich immer stärker annähern und eine programmatische Profilierung gar nicht mehr anstreben. Man sprach von Omnibusparteien: Jeder konnte in ihnen ein Stück Weges mitfahren und nach Belieben aussteigen. Das hat sich inzwischen mindestens teilweise geändert. In den siebziger Jahren bemühten sich die F.D.P. wie die Unionsparteien um ideologische Akzentuierung. Dem Freiburger Programm der F.D.P.[38] folgten die Grundsatzprogramme von CDU[39] und CSU, wobei freilich die letztere nur mit halbem Herzen dabei war.[40] Die SPD wurde im Gefolge der Studentenrevolte sogar von einer Welle der Theoretisierung[41] erfaßt, die alle, die sich dem Trend nicht anpaßten, als »Macher« abzuqualifizieren suchte. Eine Wiederholung der Situation vor und nach dem Ersten Weltkrieg, als die Partei eine revolutionäre Theorie besaß, aber eine reformistische, pragmatische Politik trieb, also die Theorie als folgenlose Wortmusik pflegte, schien sich anzubahnen. In der Folge beruhigten sich jedoch die Gemüter. Die Theoriearbeit sorgte zwar dafür, daß auf den Parteitagen grundsätzlicher als früher diskutiert wurde und wird. In der an Machterwerb und Machterhaltung orientierten politischen Praxis setzte sich aber immer wieder in Variationen der einer Volkspartei angemessene Pragmatismus durch, der sich theoretisch gern mit dem Stückweise-Verändern des kritischen Rationalismus drapierte.[42] Später wurden Überlegungen vorherrschend, wie man den mehr wertkonservativ eingestellten technologiefeindlichen Bewegungen der Grünen Stimmen abnehmen könnte.

Das Fazit für das Parteiensystem der Bundesrepublik ist leicht zu ziehen: Der ideologische Befund reduzierte sich im großen und ganzen auf grundsätzliche Haltungen zu Schlüsselfragen, während die aktuellen Nahziele und Programme sich weitgehend angenähert haben, schon weil alle vier Parteien zwar spezifische Randgruppen zu ihrer Klientel zählen, aber wissen, daß der Wahlerfolg von der Stimmabgabe im mittelständischen Wählerpotential abhängt.

Keine Partei ist heute noch Ausdruck eines bestimmten Klasseninteresses, alle bemühen sich, für alle Schichten der Gesellschaft attraktiv zu sein. Das schließt nicht aus, daß starke Interessenverflechtungen vorliegen, bei der historischen Arbeiterpartei SPD mit den Gewerkschaften, bei den historischen »bürgerlichen« Parteien mit den Interessen, die durch die Wirtschaftsverbände artikuliert werden. Die Parteien haben jedoch zunehmend ihr altes Milieu verloren, und immer weniger Bürger »erlernen« ihre parteipolitische Orientierung schon in der Familie, wie das früher sehr häufig der Fall war. Die Problemorientierung nimmt zu, postmaterielle Werte spielen eine Rolle, namentlich der neue Mittelstand des Dienstleistungssektors, der Angestellten und Beamten erweist sich als Wechselwähler.

Niemand kann verkennen, daß darin eine große Chance für die bürgernahe Zielfindung, Zielvermittlung und Zieldurchsetzung für die Parteien liegt. Die Ziele nach den Bedürfnissen der Bürger zu bestimmen und danach langfristig zu operieren, das wäre die Aufgabe. Die Wirklichkeit sieht jedoch anders aus. Was den Parteien in bezug auf die Zielfindung vorgeworfen wird, ist bekannt: Kurzatmigkeit, Denken in Legislaturperioden, Fehlen langfristiger Perspektiven, übermäßige Anpassung an das Bestehende, verwaschene Rhetorik (»sowohl . . . als auch«), Unfähigkeit zu klaren Entscheidungen. Das ist aber nur die Oberfläche, das Defizit liegt tiefer. Man kann, wenn man von Bedürfnissen spricht – also von dem, was Menschen für wichtig halten –, drei Ebenen unterscheiden, die individuelle, die soziale und die der sogenannten Systembedürfnisse.[43] Das Schwergewicht müßte bei einer Politik, die nicht nur verbal, sondern tatsächlich dem Menschen verpflichtet ist, bei der Befriedigung der individuellen und der sozialen Bedürfnisse liegen.

Diese entsprechen den Empfindungen und Erfahrungen der Menschen in den realen Lebenssituationen, während die Systembedürfnisse die Gesellschaft als Ganzes betreffen, um deren Existenz zu ermöglichen oder zu sichern. Tatsächlich neigen die Politiker aller Couleur dazu, sich sehr viel weniger, als sie in ihrem Selbstverständnis meinen, um das zu kümmern, was die Menschen tatsächlich erfüllt und bedrückt, als um mehr oder weniger abstrakte Themen. Vordringlich befassen sie sich, wie die Politikwissenschaft festgestellt hat, mit den Systembedürfnissen, während das, was die »Menschen draußen im Lande« berührt, leicht aus dem Blick gerät. Die Politikwissenschaft sieht das so:

> Allem Anschein nach besteht unter Politikern jedoch die Neigung, insbesondere Systembedürfnisse, bzw. was sie dafür halten, bei zunehmender internationaler Verflechtung zu überhöhen. Dies scheint um so eher der Fall zu sein, je näher ihre Partei der Regierungsverantwortung steht und je höher sie selbst in der Parteihierarchie rangieren.[44]

Einmal mehr sagt die Wortwahl mehr aus, als den Akteuren bewußt ist. Wer von den »Menschen draußen im Lande« spricht und von diesen die Insider in Bonn unterscheidet, macht das Dilemma schon durch die Formulierung sinnfällig. Auch die Bundesbürger empfinden die Kluft: »Die da in Bonn« führen ein Leben für sich, leben in der Innenwelt einer politischen Klasse, in der die Alltagsprobleme solcher Bürger, die keinen Zugang zum politischen Establishment haben (und das sind fast alle), kaum eine Rolle spielen. Parlamentsbesucher spüren die dünne Luft »da oben in Bonn« fast körperlich. Wer mit ihnen zu tun hat oder sich nach den Besuchen mit ihnen unterhält, erlebt es immer wieder: das kopfschüttelnde Erstaunen, mit dem sie davon Kenntnis nehmen, was in Bonn für wichtig gehalten wird – wenn sie nicht überhaupt den Eindruck gewinnen, der politische In-sich-Betrieb in Bonn belege Parkinsons Gesetz, wonach sich jede Organisation von einer bestimmten Größe an ausschließlich mit sich selbst beschäftigt.

Diese Enttäuschung trifft sich mit dem, was die schon zitierten Politikwissenschaftler schreiben:

> In Debatten politischer Spitzengremien herrschen schlußendlich Bedürfnislagen von Polit-Managern – mittleren bis fortgeschrittenen Alters, mit eingeschränktem Privatleben, erfolgreich, gut dotiert, dauernd überlastet – vor. Denn diese Bedürfnislage ist den meisten Politikern aus eigenem Erleben bekannt. Andere Bedürfnisse stehen demgegenüber zwangsläufig zurück, wie sorgfältig und verantwortungsvoll auch immer Politiker sich bei Mitbürgern kundig machen: Bedürfnisse kennt und versteht am besten, wer sie selbst hat.[45]

Die Wissenschaft macht auch darauf aufmerksam, daß die hochgradige Staatsorientiertheit, die das Parteiensystem der

Bundesrepublik kennzeichnet, eine prinzipielle Beschränkung der Bedürfnisse bewirkt, nämlich die Konzentration auf solche, die »parteipolitikfähig« sind.[46] Als parteipolitikfähig gilt tendenziell, was politikfähig und damit gegenwärtig staatlich-bürokratischer Regulierung zugänglich ist. Mit dieser Charakterisierung wird auf die Zuordnung der Parteiaktivität auf staatlich-bürokratische Prozesse angespielt. Das Denken des Parteipolitikers kreist um die Gesellschaftsgestaltung über die Gesetzgebung und orientiert sich an deren Rahmenbedingungen. Die Gesetzgebungsarbeit aber steht in Verbindung mit den Regierungsressorts, wobei diese spezifische Ressortaufteilung ein bestimmtes Grundmuster der Bedürfnisaufgliederung vorgibt. Menschliche Bedürfnisse werden auf diese Weise »zerhackt«, nämlich »auseinanderdividiert und kleingearbeitet«. Für die Berücksichtigung komplexer Bedürfnisse läßt dieses Verfahren keinen Raum, und unerhört schwierig ist es, für neue Bedürfnisse Aufmerksamkeit zu finden. Das große Beispiel dafür liefert der Komplex Umwelt. Selbst ein so aufregendes Thema wie die Umweltzerstörung wurde von den Parteien nicht von sich aus auf die Tagesordnung gesetzt, sondern erst, nachdem entschlossene Minderheiten es verstanden hatten, über außerparteiliche und außerparlamentarische Mobilisierungsstrategien das Interesse der Medien zu entfachen und so Druck auszuüben.

Weit entfernt, wie Seismographen auf die Vorgänge in der Gesellschaft zu reagieren, herrscht in den Apparaturen die Tendenz, Veränderungen zu verschlafen und auch auf neue Situationen, wenn man sie endlich zur Kenntnis genommen hat, mit Einstellungen, Strategien und Methoden zu reagieren, die früher einmal erfolgreich gewesen, aber inzwischen veraltet sind.

Die Spitzenpolitiker und die Mandatsträger gleichen auf diese Weise nicht selten Generalen, die neuen militärischen Herausforderungen mit den Strategien des letzten Krieges begegnen wollen und dann bei Kriegsausbruch überrascht sind, wie wenig sie mit diesen noch anfangen können. Hier wie dort kann man die Gefahr so formulieren: Ideen, die einmal erfolgreich waren, versteinern sich, neue Bedürfnisse werden nicht oder nicht rechtzeitig wahrgenommen. Die Einsicht, daß das, was man für gesellschaftliche Bedürfnisse hält, unter Umständen gar nicht das ist, was für die Bürger wichtig ist, bleibt den Parteien verwehrt, weil die parteiexterne Kommunikation nicht funktioniert und die Medien an der Verbreitung des Eindrucks mithelfen, das für Bonn Wichtige decke sich mit den wirklichen Bedürfnissen der Menschen. Die Techniker der Macht, die ihre Sozialpsychologen und Meinungsforscher von Lippmann bis Noelle-Neumann gelesen haben, nehmen ohnehin die Bedürfnisproblematik nicht so ernst, wie die Theoretiker glauben. Sie gehen davon aus, daß Menschen nicht in der Wirklichkeit leben, sondern in einer Pseudowelt, die durch ihre Annahmen über die Wirklichkeit bestimmt wird, durch ihre Erwartungen, Anstrengungen und Gefühle, durch die vereinfachten Bilder, die sie im Kopf haben. Und sie wissen auch, wie man diese Pseudowirklichkeit, in der wir leben, beeinflussen kann, von Lippmanns Stereotypen[47] bis zu Noelle-Neumanns Schweigespirale.[48] Das »Chorheulen der Wölfe« kennen sie ebenso wie den Vorteil, redebereite Gruppen auf seiner Seite zu haben, und »die pluralistische Ignoranz«, die amerikanische Soziologen entdeckt haben. Da sich die Bevölkerung über die Bevölkerung täuscht und für Politiker nur existiert, worüber berichtet wird, schätzen sie den Einfluß der Massenmedien hoch ein. Denn diese bestimmen, was auf die Tagesordnung kommt, sie verleihen Öffentlichkeit, und da Öffentlichkeit salonfähig macht und den modernen Menschen die Worte fehlen, wenn sie nicht von den Massenmedien kommen, haben sie längst die Nützlichkeit des Kreislaufs zwischen Politik und Medien erkannt. Wozu Bedürfnisse erforschen? Es ist leichter und für machtorientierte Parteien (und das sind alle Parteien) auch einträglicher, das, was sie selbst für wichtig halten, durch entsprechende Informationskampagnen an die Bürger herantragen und mittels der Medienwirkung eine Konformität zwischen oben und unten, zwischen Bonn und denen »da draußen im Lande«, herzustellen, als den umgekehrten, mühseligen Weg der Übermittlung der Bedürfnisse, Erwartungen und Wünsche von unten nach oben, von den Bürgern nach Bonn, zu gehen.

Schade nur, daß nicht alle mitspielen – daß sich Bürger weigern, den Brückenschlag von den in Bonn geformten Stereotypen hin zu ihrer eigenen Situation mitzuvollziehen, und daß die Zahl dieser Bürger sogar zunimmt: so dürften die Machiavellisten der parteienstaatlichen Demokratie sprechen, wenn sie unter sich sind. Aber auch wir sehen keinen Grund zum Frohlocken. So erfreulich es auch ist, daß immer mehr Bürger das Spiel durchschauen, das mit ihnen gespielt wird, so bedenklich ist es, wenn daraus Resignation, Staats- oder Politikverdrossenheit hervorgehen und nicht der Antrieb, auf Remeduren zu bestehen.

5. Politik als Beruf: Funktionseliten als politische Klasse

Selbst eingefleischte Anhänger des Parteienstaates gestehen zu, daß die Parteien sich schwertun, Veränderungen in den gesellschaftlichen Bedürfnissen rechtzeitig zu erkennen und auf neue Herausforderungen und Probleme durchdachte Antworten zu geben. Diese Defizite werden jedoch, so meinen sie, mehr als wettgemacht durch die Wahrnehmung der Elitenbildungsfunktion. Was hat es damit auf sich? Die Rekrutierung von qualifiziertem Führungspersonal gilt seit jeher als eine der wesentlichen Vorzüge der parlamentarischen Parteiendemokratie. Max Weber zum Beispiel sah in der Parlamentarisierung Deutschlands das gegebene Mittel zur Überwindung der politischen Führungskrise im Kaiserreich. Im Kampf um Anhänger und Gefolgschaft, so Webers Hoffnung, würden sich im Parlament – anders als in der geheimrätlichen Verwaltungsbürokratie, die damals die politischen Spitzenpositionen besetzte – die Persönlichkeiten herausbilden können, die zur Führung einer erfolgreichen deutschen Politik befähigt seien. Das große Vorbild dieser und ähnlicher Erwartungen bot England. Max Weber kritisierte scharf die Überheblichkeit, mit welcher der deutsche Spießbürger auf das englische Parlament herabzublicken sich angewöhnt habe, »ohne zu bedenken, daß doch diese Körperschaft die Stätte der Auslese jener Politiker gewesen« sei, die es verstanden hätten, »ein Viertel der Menschheit« zur Unterordnung unter die »Herrschaft einer winzigen staatsklugen Minderheit« zu bringen.[49]

Das wurde gesagt, als sich Deutschland an der Schwelle zum parlamentarischen System befand. Als nach 1945 an den Aufbau der neuen deutschen Demokratie gegangen wurde, lagen die Erfahrungen aus der Weimarer Republik vor. Die Erwartungen waren daher nicht so hoch gespannt. Im Rückblick kann man jedoch sagen, daß die Bundesrepublik eine ganze Reihe hervorragender Politiker erhielt, die die damalige Skepsis widerlegten. Unter den gegenüber Weimar veränderten Bedingungen vermochten sich die Fähigkeiten auch solcher Politiker zu entfalten, die durch ihr Verhalten in und am Ende der Weimarer Republik keineswegs den Ruf besonderer Tatkraft und Weitsicht erworben hatten. Ihnen gelang, was in Weimar nicht einmal versucht worden war, nämlich den Führungsanspruch der parlamentarischen Demokratie gegenüber der Exekutive durchzusetzen. Natürlich gab es und gibt es Minister, die mangels Kompetenz oder aus anderen Gründen ihre Ministerien nicht in den Griff bekamen oder überhaupt auf effektive Führung verzichteten. Insgesamt kann man jedoch sagen, daß Führung in der Gesetzgebung wie in der Exekutive erfolgreich ausgeübt worden ist.

In erster Linie betrifft das positive Urteil allerdings die Vergangenheit. Was die Gegenwart und die Zukunft angeht, so fällt es weit weniger günstig aus. Mit den institutionellen Verkrustungen, die das Parteiensystem erfahren hat, sind Prozesse einhergegangen, die die Fähigkeit der Parteien zur Heranbildung von qualifiziertem Führungspersonal merklich geschwächt haben. Mehr und mehr ist ein Typ des Berufspolitikers in den Vordergrund getreten, der nie die Welt außerhalb seiner Partei kennengelernt hat und danach strebt, sich materielle Ansprüche, die er stellt, mit Hilfe der Parteikarriere zu erfüllen.

Damit soll nicht gegen den schon von Max Weber diagnostizierten Trend polemisiert werden, der vom Honoratioren- zum Berufspolitiker geht.[50] Ich halte ihn für unausweichlich. Die Probleme liegen jedoch woanders, und man kann sie auf einige wenige Komplexe zurückführen.

Das erste Problem wird evident, wenn man sich vor Augen führt, daß Politikerkarrieren heute nahezu ausschließlich Parteikarrieren sind. Außerhalb der Partei gibt es sozusagen kein Heil. Ohne Frage ist der Bildungsgrad des heute vorherrschenden Abgeordnetentyps – um bei diesem Politikertyp zu verweilen – vergleichsweise hoch. Er hat Abitur, meist auch an einer Hoch- oder Fachhochschule studiert. Frühzeitig einer Partei beigetreten, dient er sich hoch, indem er sich ihr nützlich macht, oder er gelangt in eine politische Stabsposition, von der er seinen Weg so sicher macht, wie in der Kirche das Amen nach dem Vaterunser kommt. Ist er nicht im Partei-, Regierungs-, Verbands- oder Gewerkschaftsbereich tätig, dann im öffentlichen Dienst, insbesondere im Bildungswesen, sei es als Angestellter oder als Beamter. Die Herkunft aus der unteren Mittelschicht trägt er wie ein Gütezeichen vor sich her; stammt er aus der oberen Mittelschicht, dann weiß er, daß von ihm noch Proben verlangt werden, ob er ein »Mensch ist wie du und ich«. Sein Hauptproblem ist seine Karriere, und deren wichtigstes Problem wiederum besteht darin, daß er ein Parlamentsmandat erhält. Auf dem Weg dorthin kann er taktisches Geschick beweisen; er lernt, Freunde zu wechseln, Schwächen der Mitbewerber auszunutzen, diese, wie kürzlich der Berliner Senator Kewenig im Oktober 1985 auf einer CDU-Kreisverbandsversammlung in Berlin-Charlottenburg feststellte, madig zu machen und seine Ellenbogen zu gebrauchen. Was dabei leicht verlorengeht, wird von Insidern ohne Zögern ausgesprochen: der menschliche Respekt.

Daß der Kampf um das Mandat so stark im Mittelpunkt der Politikerkarriere steht, ist kein Zufall. Der Grund liegt in der politischen Einflußchance wie in der großzügigen materiellen Ausstattung, die diese Position erfahren hat. Den Anstoß zum letzteren hat das Bundesverfassungsgericht mit seinem Diätenurteil[51] gegeben. Dieses Urteil hat die politische Realität in der Bundesrepublik nachhaltig beeinflußt wie wenige. Hinterher ließ ein Richter allerdings verlauten, es sei nicht alles so gemeint gewesen, wie die Parteien es aufgefaßt hatten. Diese erkannten jedoch schnell die Chance, die die Karlsruher Richter mit den florentinischen Roben ihnen eröffnet hatten. Der Status des Bundestagsabgeordneten wurde beamtenähnlich ausgestattet, und auch der Einkommenshöhe nach wurde das Abgeordnetenmandat zu einem der finanziell am besten situierten unter den beamteten Berufen.[52] Ein ansehnliches Grundgehalt, eine wahrhaft großzügige Aufwandsentschädigung und eine beamtenähnliche Absicherung für den Fall des Mandatsverlustes machen die Position des Bundestagsabgeordneten finanziell attraktiv. Aber auch die Landtagsabgeordneten erklärten sich flugs zu Vollzeitparlamentariern und machten – etwas abgeschwächt –

diese Entwicklung mit. Es gibt heute keinen Staat, der für seine Parlamentarier so viel ausgibt wie die Bundesrepublik. Zwar verlangen die Parteien – rechtswidrigerweise, wie das Bundesverfassungsgericht ausdrücklich gesagt hat[53] – von ihren Abgeordneten Abgaben zur Fraktions- und Parteikasse, und auch sonst sind der Bitten – nicht zuletzt aus dem Wahlkreis – nicht wenige. Der Abgeordnete hat aber auch reichlich Möglichkeiten zu Nebenämtern und Nebentätigkeiten, die ein Zubrot bedeuten.

Für ehrgeizige junge Menschen, die bereit sind, Fleiß und Ärger auf sich nehmen und notfalls auch Kröten zu schlucken, ist der bundesrepublikanische Abgeordnete eine Art Traumberuf. Man verstehe mich richtig. Es besteht keine Veranlassung, den *beati possidentes* ihren Status zu neiden. An Frustrationen ist im Politikerberuf kein Mangel. Nur muß hier, wo es um die Verläufe von Politikerkarrieren geht, festgestellt werden, daß die meisten, die heute Abgeordnete werden, nicht entfernt die Chance gehabt hätten, in anderen Berufen eine vergleichbare Position zu erreichen, insbesondere nicht in jungen Jahren. Früher war es so, daß auch derjenige, der sich der Politik verschrieben hatte und praktisch die Politik als Hauptberuf betrieb, mehr *für* die als *von* der Politik lebte. Heute kann es sich dagegen bezahlt machen, sich der Politik zu widmen. Nur wenige sind angesichts dieser Polsterung durch die Staatskasse bereit, auf das Mandat zu verzichten, um anderen Bewerbern Platz zu machen. Da sie ihr Leben lang nichts anderes getan haben, ist Politik ihr einziger Lebensinhalt, und wer verliert diesen schon gern. Um zu verhindern, daß der Mandatsverlust zu einer einschneidenden Verschlechterung des Lebensstandards führt, hat man Übergangsgelder und eine beamtenähnliche Ruhestandsversorgung geschaffen. Trotz dieser »Vergoldung des Abschieds« (F. K. Fromme) kleben jedoch die meisten am Mandat, und jene Abgeordnete, die den Bundestag verließen, weil sie meinten, sie könnten als hauptberufliche Diplomingenieure, Beamte oder Publizisten Nützlicheres für die Gesellschaft tun und daneben noch ehrenamtlich politisch tätig sein, nehmen sich allmählich wie Gestalten aus parteienstaatlicher Vorzeit aus. Die Erfahrung lehrt: »In dem Maße, in dem das Abgeordnetenmandat finanziell attraktiv wird, wird es für Abgeordnete schwieriger, die Sanktion ihrer Freiheit einzusetzen, die in nichts anderem bestehen kann als in der ernsthaften Bereitschaft zum Verzicht auf die Parlamentarierexistenz« (F. K. Fromme).

Peter Glotz, ein zur Selbstkritik fähiger Politiker, hat den Abstand, der die gestandenen Männer und Frauen der Vätergeneration der Bundesrepublik von den Manager- und Beamtentypen, die für die heutige Angestelltengeneration stehen, wie eine unsichtbare Linie trennt, einmal auf die einprägsame Formel gebracht, es sei der Unterschied zwischen Biographie und Karriere. Die jungen Karrieristen begreifen, wenn sie in die Jahre kommen, meist selbst, was ihnen fehlt: die persönliche Erfahrung im Umgang mit Menschen, vor allen Dingen »jene Erfahrung, die man erwirbt, wenn man mit anderen Menschen zusammen für seinen Broterwerb arbeitet« (Günter Verheugen). Sorgen machen sich auch die Journalisten, die kontinuierlich die Bonner Szene beobachten. So benennt Gunter Hofmann, dem eine fundierte Studie zu diesem Thema zu verdanken ist, ohne Umschweife die Folgen dieser Entwicklung, wenn er schreibt, manche Karrierepolitiker wirkten wie der Abklatsch von Politikern:

> Sie reden, agieren, taktieren wie Politiker, aber man wird den Verdacht nicht los, sie ahmten Politik bloß nach. Oder sie gieren geradezu nach Aufmerksamkeit und Publizität, denn das wäre für sie der Nachweis, daß sie kenntlich sind und eine eigene Identität haben. Aber was ist da noch authentisch, was nicht? Wie sollen die »drau-

ßen« die Person dahinter erkennen und ernst nehmen? Und umgekehrt wächst doch in der Gesellschaft, zumal bei Jüngeren, das Bedürfnis, authentische Personen zu erleben, die nicht nur Repräsentanten irgendeiner Politik oder wandelnde PR-Agenturen sind.[54]

Dieses Zeugnis wiegt um so schwerer, als der Autor es im übrigen keineswegs an Wohlwollen für jüngere Karrierepolitiker fehlen läßt.

Mit den geschilderten Veränderungen in der Struktur der politischen Elite hängt es auch zusammen, daß die politischen Einfluß- und Aufstiegschancen für jeden, der nicht zu der aus den Mandatsträgern bestehenden Parteielite gehört, minimal geworden sind. Die Parteieliten beanspruchen das Monopol zur Regierungsbildung und machen von ihm auch rigoros Gebrauch. Die Regierungsmitglieder sind heute so gut wie ausnahmslos Parteileute. In der Weimarer Republik war das anders, über ein Fünftel der Kabinettsmitglieder war damals parteilos. In der Bundesrepublik kann man dagegen die Parteilosen an den Fingern einer Hand abzählen. Es gibt auch kaum noch Minister, die keine Abgeordnete sind. Ausnahmen wie die 1985 in das Kabinett Kohl als Familienministerin berufene Hochschullehrerin – Rita Süßmuth – sind so selten, daß sie schon als unnatürlich empfunden werden, so sehr hat man sich an die Herrschaft der Berufspolitiker gewöhnt. Diese bilden eine Art Kaste, eine geschlossene Gesellschaft, die sich mehr oder weniger hermetisch abschließt.

Politik – dahin geht das Fazit – ist ein Geschäft von Berufspolitikern geworden, bei dem andere nichts mitzureden haben. Die Profis bleiben unter sich, die Amateure draußen; sie sollen das von den Profis Beschlossene in die Gesellschaft transportieren, dürfen auch in Ausschüssen Politikberatung spielen, aber bitte auf keinen Fall hineinreden und die Profis durcheinanderbringen. Auch diese Folge der Professionalisierung hat Hofmann zutreffend charakterisiert, wenn er schreibt: »Fast ist es ein typisches Verhaltensmerkmal geworden, die Nicht-Berufspolitiker als Dilettanten zu betrachten, die eigentlich von Politik keine Ahnung haben. Eine der Folgen dieser Professionalisierung der Politik ist es, daß Außenseiter auf immer stärkeren Widerstand stoßen.«[55]

Politik als Karriereberuf – weniges hat unsere Parteiendemokratie so verändert wie diese Entwicklung. Man kann verstehen, daß ein Politiker mit Grundsätzen wie der frühere niedersächsische Ministerpräsident Alfred Kubel die Diätenentscheidung des Bundesverfassungsgerichts als Wendepunkt in der Geschichte der parlamentarischen Parteiendemokratie betrachtet und die Rückkehr zu einem Zustand fordert, der wieder mehr Menschen mit eigener Lebenserfahrung in die Parlamente bringt. Ähnlich hat sich jüngst Heinrich Krone, der langjährige CDU-Fraktionsvorsitzende und Bundesminister, geäußert, als er beklagte, daß heute nur noch wenige Politiker außerhalb der Politik etwas waren, bevor sie in der Politik etwas wurden. Eine geschlossene Gesellschaft, in der Politik als Geschäft von gut funktionierenden Professionals betrieben wird, die sich von der Gesellschaft verselbständigt haben und nur den Gesetzen des Machterwerbs und Machtgebrauchs gehorchen, ist aber nicht nur für ihn ein Alptraum. Wer an die Idee der Demokratie glaubt, kann ihn kaum anders als eine Herausforderung betrachten, darüber nachzudenken, ob nicht wieder mehr Platz für den Bürger zu schaffen ist, der nicht zur politischen Klasse gehört. Und müßten Bürger und Parteien, die heute einander entfremdet sind, nicht wieder in eine engere Verbindung gebracht werden?

6. Der überforderte Abgeordnete

Mehr als die Entfremdung vom Bürger bedrückt die meisten Abgeordneten die geringe Selbständigkeit, die sie im Parlament haben. Im Wahlkreis und in den heimischen Parteizirkeln können sie als wohlinformierte Führungskraft ihre Rolle spielen, treten sie als »Herren« auf; in Bonn werden sie vom Fraktionsapparat in »dienender« Abhängigkeit gehalten. Wie wird der Abgeordnete mit dieser Diskrepanz fertig?

Die Notwendigkeit, unterschiedliche Rollenanforderungen zu vereinigen, bedingt eine Ambivalenz des Verhaltensstils; sie kann zu Rollenkonflikten und Rollenstreß führen, zu habitualisierter Schaukelpolitik, wie die Soziologen sagen, zum Kompromißlertum, das schließlich wie eine zweite Haut ist, zur Überforderung. Mancher zerbricht daran. Eine sozialwissenschaftliche Untersuchung, die sich unter dem Titel *Beruf: Abgeordneter* des einfachen Mandatsträgers, also des sogenannten Hinterbänklers, angenommen hat, sieht den Abgeordneten als *Status-Sucher* und beschreibt seinen hohen Lebensstandard als ökonomische Inselposition, die unter dem Gesichtspunkt der Demokratie und der Aufgabe des Abgeordneten, das Volk zu vertreten, mehr Fluch als Segen ist. Das Erlernen der zwiespältigen Abgeordnetenrolle, also die »Sozialisation« des Abgeordneten, erfordert Anpassungsleistungen. »Eigenschaften, die ursprünglich zum öffentlichen Engagement geführt haben, wie Zivilcourage, Offenheit, Rückgrat gegenüber Pressionen gehen dabei verloren.« Die Lage der Hinterbänkler ist dabei nicht nur von besonderem Reiz, sie hat auch Gewicht: Diese »Statisten der Macht« sind »prägend für das Klima der Republik« (Jürgen Leinemann).[56]

Gehen wir jedoch hübsch der Reihe nach vor. Mit dem rechtlichen Aspekt ist zu beginnen, weil die Disparität zwischen dem rechtlichen Status und der Wirklichkeit den Schlüssel zu den meisten Problemen enthält. In Art. 38 Abs. 1 des

Grundgesetzes heißt es: »Die Abgeordneten sind Vertreter des ganzen Volkes, an Aufträge und Weisungen nicht gebunden und nur ihrem Gewissen unterworfen.«

Nur der Theorie und dem (Verfassungs-)Gesetz nach haben die Abgeordneten jedoch das freie repräsentative Mandat, von dem die Verfassung spricht. Die Praxis sieht anders aus. Die Lage ist bekannt: Mit Thomas Dehler sahen im Parlamentarischen Rat viele der »Verfassungsväter« in diesem Gebot, mit dem der Fraktionszwang gleichsam konterkariert und die persönliche Verantwortung des Abgeordneten herausgestellt wird, eine »wesentliche und daher unentbehrliche Grundlage unseres politischen Lebens«.[57] Tatsächlich wird indessen die persönliche Verantwortlichkeit des Abgeordneten kleingeschrieben. In der Parlamentswirklichkeit regieren Parteiinteresse und Fraktionszwang. Nur ganz selten – bei Entscheidungen, die vom Parlament als hochgradig ethisch angesehen werden (wie die über die Verjährung von NS-Gewaltverbrechen und über den Paragraph 218) – geben die Fraktionsführungen die Abstimmung den Abgeordneten »frei« (die Wortwahl ist bezeichnend), sonst gibt es keine »Dispensierungen«, es herrscht Abstimmungszwang. Dieser ist ohnehin nur einer unter vielen Zwängen, denen der Abgeordnete unterliegt, und nicht einmal derjenige, der am drückendsten empfunden wird. Es gibt ein ganzes Netz von Abhängigkeiten, das über den Abgeordneten geworfen ist, große und kleine, sichtbare und unsichtbare Zwänge, die ihn disziplinieren, in Botmäßigkeit halten, seine Eigenwilligkeit strangulieren.

Unter den Abgeordneten selbst fehlt es nicht an Stimmen, die gegen diese »totale Vernetzung« aufbegehren. Einer von ihnen, der Schriftsteller Dieter Lattmann, hat aus seinen Enttäuschungen kein Hehl gemacht und unter dem Titel *Die Einsamkeit des Politikers* ein Buch veröffentlicht,[58] das die Leidensgeschichte dessen bloßlegt, der in das Parlament einzog, um Politik zu machen. Lattmann zog aus dem, was er erlebte, die einzige für ihn mögliche Konsequenz: Er resignierte und verzichtete auf seine Wiederaufstellung als Bundestagskandidat.

Nicht zur Resignation bereitgefunden hat sich Hildegard Hamm-Brücher. Die streitbare Freidemokratin, der in vierzigjähriger Tätigkeit Politik zum Lebensinhalt geworden ist, meldete sich zu Wort, als die Grenzen des für sie Erträglichen überschritten worden waren. Das war der Fall, als nach dem beschlossenen Koalitionswechsel der F.D.P. im September 1982 ihre Fraktionsführung von ihr verlangte, sie sollte beim konstruktiven Mißtrauensvotum am 1. Oktober 1982 gegen den Bundeskanzler Helmut Schmidt, gegen ebendie Koalition, für die sie seinerzeit in den Wahlkampf gezogen war, und gegen ebenden Kanzler stimmen, dem sie mit ihrer Fraktion noch wenige Monate zuvor ausdrücklich das Vertrauen ausgesprochen hatte.

Die Streitschrift,[59] mit der sie anschließend für die Gewissensfreiheit des Abgeordneten focht, ist das Zeugnis einer routinierten Insiderin, der man angesichts ihrer jahrzehntelangen Arbeit in unterschiedlichen politischen Funktionen und Ämtern weiß Gott nicht nachsagen kann, daß sie eine weltfremde politische Idealistin sei.

Die Notwendigkeit einheitlicher Willensbildung in den Fraktionen des Parlaments steht außer Frage. Ebensowenig kann in der modernen Parteiendemokratie bestritten werden, daß der Abgeordnete nicht um seiner Persönlichkeit willen, sondern als Exponent einer Partei in das Parlament gewählt worden ist, also ein parteibezogenes, wenn auch unabhängiges Mandat ausübt. Die Fraktionen sind als Einrichtungen des Parlamentslebens unverzichtbar: Einmal ist der Betrieb im Parlament so kompliziert, das tägliche Geschehen so verwirrend, daß kaum ein Abgeordneter ohne den Rückhalt der Fraktion und der Parlamentsbürokratie zurechtkommt; zum anderen garantieren die Fraktionen, indem sie den Ablauf der

Parlamentsarbeit steuern, jenes Mindestmaß an Stabilität und Geschlossenheit, das sowohl zur Unterstützung der Regierungspolitik als auch zur Ausübung der Funktionen der Opposition unerläßlich ist. Die Bindung der Abgeordneten an formelle Regeln wie Geschäftsordnungen und Verfahrensvorschriften ist daher ebenso zulässig wie die an die Geschäftsordnung des Bundestages selbst. Auch der Nutzen der informellen Regeln oder ungeschriebenen Konventionen, die das Verhalten des Abgeordneten einengen, kann nicht bezweifelt werden. Jede soziale Gruppe braucht soziale Normen, um handlungsfähig zu sein, und die Arbeitsfähigkeit des Parlaments hängt wiederum von der Handlungsfähigkeit der Fraktionen ab. Die Frage ist nur, von wo an Wohltat zur Plage wird. Ein Übermaß an Regulierung und die rigide Handhabung der Regeln können jene Freiheit ersticken, die für das gute Funktionieren des Parlaments ebenso wichtig ist wie die Geschlossenheit des Auftretens einer Fraktion, manchmal sogar noch wichtiger. Es geht also, mit einem Wort, um die richtige Balance zwischen Fraktionsdisziplin und Abgeordnetenfreiheit. Freilich genügt es nicht, sich allein mit dem Abstimmungsverhalten und seiner Vorbereitung in der Fraktion zu befassen, wenn man die Abhängigkeit des einzelnen Abgeordneten erfassen will. Ungezählte kleine Zwänge knüpfen das Netz, in dem der Abgeordnete gefangen ist. Um Hamm-Brücher zu zitieren:[60] Dem großen spektakulären Fraktionszwang kann man sich mit etwas Zivilcourage und etwas Pressewirbel noch entziehen. Die kleinen Zwänge aber machen das »eigentliche Elend« aus.

Alle Fraktionsmitglieder streben nach politischer Partizipation. Sie möchten reden, Anträge und Fragen stellen, Vorschläge machen, in Arbeitskreisen und Ausschüssen so mitarbeiten, daß ihre Meinung Einfluß auf die Erörterungen hat. Neben dem Stimmrecht wird aber für das einzelne Mitglied nur das Fragerecht effektiv. Man hat errechnet, daß das

Rederecht im Parlamentsplenum von einem Fünftel der Abgeordneten überhaupt nicht und von zwei Dritteln nur ausnahmsweise ausgeübt wird. Das Recht, Anträge zu stellen, steht nach der Geschäftsordnung des Bundestages zwar jedem einzelnen Abgeordneten zu. In der Praxis kommen jedoch nur Fraktions- oder Ausschußinitiativen vor.

Dieter Lattmann, MdB von 1972 bis 1980, beschreibt die Parlamentswirklichkeit im Detail:[61]

> Die Fraktionen verwalten die Wortmeldungen bis ins Detail. Zuerst wird im Arbeitskreis festgelegt, wer zu welchem Thema sprechen darf, dann wird das Ergebnis auf der Fraktionssitzung bestätigt. Einzelgängerei ist verpönt. Nur in seltenen Fällen, in denen einer sich im voraus in seiner Parlamentsgruppe freikämpfen muß, wird sie akzeptiert. Ein Bundestagsmitglied, das solches Verhalten zur Regel machte, müßte seine Basis in der eigenen Fraktion verlieren und damit eine der Voraussetzungen zum erneuten Einzug in den Bundestag. Damit aber kann man nur einmal brechen. Der Preis ist hoch, die Wirkung vorhersehbar gering. Dennoch gibt es Augenblicke, in denen es dies und nichts anderes zu überlegen gilt.
>
> Die Hierarchie der Rivalitäten, alte Anrechte der Fünf-Sterne-Parlamentarier, die »Kürschners Volkshandbuch des Bundestags« als Beteiligte an ebensovielen Legislaturperioden ausweist, vor allem aber die Machtmechanismen und gruppendynamischen Prozesse der Parteienkonstellation sorgen dafür, daß mancher, der im Wahlkampf so viel in Bonn zu sagen versprach, während vier Jahren kein einziges Mal dazu Gelegenheit erhält.

In der Klage über mangelnde Beteiligungschancen wird deutlich, was in der sozialen Gruppe »Fraktion« das eigentliche

Dilemma ist. Über jede Art von Beteiligung entscheidet die Fraktion. Ein System formaler und informaler Hierarchien – es gibt »vordere« Abgeordnete, »mittlere« Abgeordnete und »Hinterbänkler« – schränkt die Teilnahme ein. Wer nicht in eine Führungsposition delegiert wird, womit auch die Verfügung über mehr Personal, zusätzliche Büroräume und bessere Informationen verbunden sind, hat kaum eine Machtchance; er kann sich allenfalls als fleißiger Arbeiter Spezialwissen aneignen und hoffen, als Experte begrenzte Anerkennung zu finden. Als geradezu sensationell wurde es deshalb empfunden, als die SPD-Fraktion nach der Berufung Hans-Jochen Vogels zum Vorsitzenden durch Abbau von Ämterhäufung und breite Streuung von Kompetenzen die Beteiligungschancen einzelner Fraktionsmitglieder erhöhte. Eine durchgreifende Veränderung ist allerdings durch die Verbreiterung der Verantwortlichkeiten nicht bewirkt worden. Auch Experten unter den Abgeordneten, so resümiert Maria Mester-Grüner in ihrer zitierten Studie,[62] müssen ihre Beteiligung an aktuellen Neuregelungen auf der gesamtgesellschaftlichen Bühne immer wieder mühsam erkämpfen. Schärfer noch urteilt Hildegard Hamm-Brücher:[63] Sachzwänge, Fraktionsstrukturen, Geschäfts- und Verfahrensordnungen, ungeschriebene, manchmal groteske Hierarchien (»Hackordnungen«) wirken zusammen, um den Abgeordneten zu einer Art gut bezahlten, an Parteiaufträge und Weisungen gebundenen »Parteibeamten« zu machen. Ein anderer Abgeordneter – Rudolf Schöfberger – spricht von einer »Dressur der vielen durch wenige«.

Ein erfreuliches Zeichen wachsender Sensibilität für diese Problematik war es, daß gerade die kleinen Zwänge im Spätsommer 1984 zu einer Gruppeninitiative führten, an der 110 Bundestagsabgeordnete – also ein Fünftel des Bundestags – quer durch alle Fraktionen beteiligt waren. Ein fünfseitiger Katalog von Vorschlägen und Überlegungen, die zu »einer persönlichen Mitverantwortung des Abgeordneten für politische Entscheidungen« und zur »Berücksichtigung des Artikels 38 Abs. 1 Grundgesetz (GG) in der parlamentarischen Arbeit« führen sollten, las sich wie ein Manifest, mit dem das »Fußvolk« gegen die »Betonriege« der Führung, wie es einer der Unterzeichner ausdrückte, den Aufstand probte. Geklagt wurde über Themenfülle, Terminnot, Papierflut, minutenweise berechnete Redezeiten, aber auch über das eingefahrene Zusammenspiel der Führungen mit Bürokratie, Bundesrat, Interessengruppen, Medien.

Selbstkritisch hatte schon Frau Hamm-Brücher in der oben zitierten Veröffentlichung[64] die Informations- und Wissensdefizite der Parlamentarier dargelegt. Mangels spezifischer Berufsqualifikation für den Beruf »Abgeordneter«, so hieß es da, sind die Fraktionen sehr zufällig zusammengewürfelte Arbeitszellen des Parlaments. Da nur in seltenen Fällen Vorwissen den Abgeordneten für die erfolgreiche Ausübung des Berufs qualifiziert, ist er – darauf wurde schon oben aufmerksam gemacht – auf das angewiesen, was ihm qualifizierte Mitarbeiter vermitteln. Oft ist es jedoch mehr zufällig, was wissenschaftliche Mitarbeiter an Materialien heraussuchen und zusammenstellen, und die Selektionsprinzipien werden nicht offengelegt. Gutachten, werden sie eingeholt, fallen oft widersprüchlich aus und vergrößern die Unsicherheit, statt ihr abzuhelfen. So fehlt es den Abgeordneten für vieles, was sie entscheiden sollen, an Sachkompetenz.

Explosiv wachsen jedoch die Probleme: Energieversorgung, Umweltverseuchung, Rüstungsparität, neue Techniken, um nur Stichworte zu nennen. Dieter Lattmann schreibt dazu:[65]

> Die Ratlosigkeit der Volksvertreter wächst mit dem Problemdruck, und immer wieder droht sich die aufgestaute politische Entscheidungsmisere irrational zu entla-

> den . . . Das mindeste, was man von Parlamentariern erwarten sollte, ist, daß sie ihre buchstäblich abgrundtiefe Unsicherheit offen darlegen sollten bei Fragen, in denen sie sich durch den Widerstreit der Experten entmachtet sehen und erfahrungsgemäß auch dem uniformen Votum der Fraktionen nicht trauen können. In dieser Lage gibt es keine glaubhafte Haltung ohne Aufrichtigkeit . . .

So waren die Erwartungen, als die 110 Abgeordneten ihren Vorstoß planten, hoch gespannt. Im *Vorwärts*[66] konnte man Überlegungen darüber lesen, wie es mit dem politischen Ertrag der nun hauptberuflich gewordenen Arbeit des Parlamentariers stünde. Hat sich der überhöhte Aufwand gelohnt? Oder ist es etwa so, daß der Status des Vollzeitberufs zu mehr Verdruß geführt hat: zu mehr Bürokratie in der politischen Kommunikation, zu mehr außenpolitischen Aktivitäten einzelner Abgeordneter zum Nachteil der Innenpolitik, zu mehr parteipolitischem Druck, zu mehr Verrechtlichung und mehr Verwissenschaftlichung politischer Entscheidungen? Die Kritik ging bis ins Detail:

> *Gremienvermehrung:* Gibt es mehr europäische Einigung durch 81 zusätzliche, hauptberufliche Abgeordnete im direkt gewählten Europäischen Parlament? Oder konnte das Experiment nicht auch erst einmal als »Teilzeitjob« gemacht werden? Und: Mußte nicht der Bundestag um 36 Kapazitäten, die den »Job« des Europaabgeordneten vorher als Doppelmandat versahen, entsprechend verkleinert werden?
>
> *Arbeitsteilung:* Hat das Parlament der hauptberuflichen Abgeordneten die »Schicksalsfragen« auf nationaler Ebene besser bewältigt? Eine Liste »unerledigter Haus-

aufgaben« innenpolitischer Art wäre vermutlich lang, würde sie nach Kriterien professioneller Planung und Vorausschau aufgestellt.

Wahlkreis: Erfüllt die gewerbsmäßige politische Kommunikation durch hauptberufliche Abgeordnete und Parteifunktionäre ihren Zweck genügend, den Wissensstand der Wähler zu heben, über Handlungszwänge aufzuklären, »Massenloyalität« zu sichern?

Ausschußarbeit: In welchem Verhältnis stehen die Beratungskreisläufe in den Ausschüssen zu dem Ausmaß an Mitentscheidung, zum Beispiel bei Landwirtschaft und Wirtschaft angesichts zunehmender Kompetenzen der Brüsseler EG?

Leerlauf: Wie werden höhere »Bildung« der Abgeordneten und auswärtige Erfahrungen durch die zahlreichen Auslandsreisen in konkrete Politik umgesetzt? Müssen Mitglieder des Haushaltsausschusses nach Kanada reisen, um Ausgaben für einen Truppenübungsplatz zu prüfen?

Parteien: Was macht es für einen Sinn, hochbezahlte Angestellte parteinaher Stiftungen in alle Gegenden der Erde zu schicken, um dort neben der Staatsdiplomatie die Standpunkte einer Partei zu verbreiten, die in deutschen Landen um die Zustimmung von fünf Prozent der Wähler ringen muß?

Diese Fragen gehen in die richtige Richtung. Als das Fähnlein der 110 Aufrechten, die den Aufstand probten, es durchsetzte, daß nach der Sommerpause anläßlich der ersten Lesung des Einzelplans 02 (Deutscher Bundestag) im Haushalt 1985 über das Selbstverständnis der Abgeordneten und die Verbesserung der Parlamentsarbeit im Bundestag diskutiert wurde, schien es, als würde der berühmte Silberstreifen am Horizont auftauchen. Die Hoffnung war jedoch verfrüht. Was bei der groß angekündigten Reformdebatte im Bundestag am 20. September 1984, die ein Abgeordneter als eine Art von Betriebsversammlung charakterisierte, herauskam,[67] war eher dürftig. Die Vorschläge reichten von kürzeren Redezeiten zur Verbesserung des Debattenstils bis zur Anregung, einen Zigaretten- und Zeitschriftenladen in der Nähe des Plenarsaals zu eröffnen. Die Frage der Anwesenheit der Abgeordneten spielte eine Rolle, auch die einem Vortragssaal ähnelnde schlichte Architektur des Plenarsaals, die Fernsehberichterstattung, die nach den Worten der Abgeordneten Michaela Geiger »exhibitionistisch veranlagte Abgeordnete« dazu verführe, sich zu produzieren. Eine andere grüne Abgeordnete, Christa Nickels, stellte die Frage: »Warum sind die Debatten so langweilig?« und beantwortete sie so: »Weil die meisten Abgeordneten nichts zu sagen haben.« Den Grund dafür erblickte sie darin, daß sich das Parlament in den »Überlebensfragen der Nation« nicht zu Wort meldet und dem Rat »weniger Mächtiger« folgt – ein Beispiel auch dafür, wie stark sich die Grünen, die aufgestanden waren, eine Alternative zu den etablierten parlamentarischen Parteien zu bilden, den herrschenden Gepflogenheiten bereits angepaßt haben. Am System der Wortmeldungen und der Verteilung von Redezeit wurde die Abhängigkeit des einzelnen Abgeordneten von der Fraktionsführung verdeutlicht, wobei der CDU-Abgeordnete Manfred Langer es einen »Rest von Feudalismus« nannte, daß zehn Prozent der Abgeordneten über sechzig Prozent der Redezeit verfügten, und Hans-Jochen Vogel, der Fraktionsvorsitzende der SPD, »selbstkritisch« an die Rechte des einzelnen Abgeordneten gegenüber der eigenen Fraktionsführung erinnerte.

So belebend sich manche Beiträge in der Debatte auch ausnahmen, der Gesamteindruck ging mehr dahin, daß der Unzufriedenheit der Hinterbänkler ein Ventil geöffnet werden sollte, als daß der ernsthafte Wille zur Erneuerung vorlag. Glatte Worte, mediengerecht geformt, überwogen, an den tieferen Problemen ging man vorbei. Es entstand das Bild eines Parlaments, das sich mehr darin sorgt, wie man durch technische Kunstgriffe das Ansehen des »hohen Hauses« heben könne, als darum, wie man die Entfremdung des Berufspolitikers vom Bürger überwinden kann. Oft schien es, als ob die Dringlichkeit dieses Problems den so sehr mit sich selbst beschäftigten Parlamentariern noch immer nicht zum Bewußtsein gekommen ist.

Auch die Erprobung einer »Kabinettsberichterstattung«, auf die die Reformkommission des Bundestages große Hoffnungen gesetzt hatte, erfüllte nicht die Erwartungen. Das nur spärlich besetzte Plenum vermochte, als es im September 1985 soweit war, nicht viel damit anzufangen. Statt den Regierungsvertreter mit gezielten Fragen zu löchern, um ihn zu erläuternden Informationen zu zwingen, gerieten die Fragesteller unversehens in eine Allgemeindebatte üblichen Zuschnitts, für die die Journalisten nur Ironie übrig hatten. Vom Bundestagspräsidenten, der die Befragung leitete, wurde gesagt, er habe Fragen nach allen Themen der Kabinettssitzung »niedergepeitscht und weggedrückt«. So scheint es, als würden die groß angelegten ebenso wie die kleinen Reformvorstöße im Sande verlaufen, und erneut breitet sich Resignation aus.

Um so nachdrücklicher ist hier auf die Fakten hinzuweisen, die eigentlich die Gemüter beunruhigen müßten. Da wir sie schon oben dargelegt haben, brauchen wir hier nur das dort Gesagte zu wiederholen: Der Abgeordnete lebt heute nicht mehr bloß *für* die Politik, sondern auch und oft sogar in erster Linie *von* der Politik. War die hauptberufliche Beanspruchung früher auf die Partei- und Fraktionsspitzen sowie die ministrablen Politiker begrenzt, so hat sich dieses Privileg heute demokratisiert. Damit aber haben sich im politischen

Leben der Bundesrepublik andere Karrieremuster durchgesetzt. Die Folge ist jenes Defizit, das Heinrich Oberreuter[68] den Verlust an Kommunikations- und Dialogfähigkeit nennt. Die Parteien und ihre Fraktionen haben sich »im Getriebe politischer Routine verkrallt, vergraben und verausgabt«; sie kommunizieren auch dann, wenn sie Wahlkreisarbeit leisten, ganz überwiegend nur noch in und mit der jeweiligen Partei, aber nicht mehr mit den Bürgern, die sie doch repräsentieren sollen. Die Kommunikationsfähigkeit der Parteien ist aber die »Voraussetzung für ihre Politikfähigkeit schlechthin«.[69]

Bedrückend ist auch – und das muß an dieser Stelle hervorgehoben werden –, wie wenig die Notwendigkeit gesehen wird, ein angemessenes Verhältnis zwischen der Aufgabenfülle und der Leistungsfähigkeit des Parlaments herzustellen. Es hat etwas Rührendes, wenn Abgeordnete immer wieder hervorheben, wie fleißig sie sind, und wenn sie sich beklagen, wie wenig Anerkennung ihnen deshalb zuteil wird. Um der Ministerialbürokratie,[70] der unerfahrene Minister sich bereitwillig fügen, Macht zu entwinden, hat der Bundestag sich in einer Weise spezialisiert und verfachlicht, die sich die Väter des Grundgesetzes in ihren kühnsten Träumen nicht vorgestellt hatten. Der Ehrgeiz geht dahin, ein Expertenparlament zu sein. Die Kehrseite dieser Entwicklung sind Defizite an Führungs- und Steuerungsfähigkeit, die bei den großen Problemen des gesellschaftlichen Wandels offenkundig werden. Es geht den Parlamentariern wie Goethes Zauberlehrling; sie werden die Geister, die sie riefen, nicht mehr los. Auf der einen Seite bemühen sie sich um immer spezialisiertere Informationen, auf der anderen Seite fragen sie sich, wie sie die Fülle der ihnen zufließenden Informationen bewältigen können. Die aktuellen Vorschläge zielen dahin, den ausgedehnten Beratungsdienst, über den der Bundestag bereits verfügt, weiter zu vergrößern, insbesondere noch mehr Assistenten einzustellen. Vor der Realisierung solcher Vorschläge kann indessen nur gewarnt werden, sie zielen genau in die falsche Richtung.

Schon jetzt kann der Abgeordnete monatlich 7000 DM – diese Summe war im Bundeshaushalt 1985 ausgewiesen – für Hilfskräfte in Anspruch nehmen. Wenn man diesen Betrag – und damit die Zahl der Hilfskräfte – noch weiter steigert, wie es viele Abgeordnete wollen, so gibt sich der gewählte Parlamentarier noch mehr in die Hand junger Assistenten, die die Informationen auswählen, die Vorlagen vorbereiten und die abzugebenden Stellungnahmen beeinflussen, ohne dafür ein Mandat des Wählers zu haben. Was wird dann aus der Verantwortung, die allein dem Abgeordneten zukommt? Die Medien haben recht, wenn sie ihre Bedenken äußern. Je mehr Verantwortung an besoldete Mitarbeiter abgegeben wird, um so mehr verliert die Demokratie.

Ohnehin sollte man die Bemühungen des Parlaments, mit der Regierung an Expertenwissen zu wetteifern, nicht länger unterstützen, sondern besser mit einem Fragezeichen versehen. Irrtumsanfällig sind nicht nur das Kabinett und die vielgescholtene Ministerialbürokratie, sondern auch der Bundestag und seine Ausschüsse. Wer zum Beispiel erwartet hatte, daß in den Hearings objektiver Sachverstand zu Wort kommt, kann durch Teilnahme leicht eines Besseren belehrt werden. Wissenschaftler sind oft selbst Partei, und die Fraktionen erwarten von den zu den Hearings eingeladenen Experten auch nicht etwa, daß die von ihnen bereits eingenommenen Positionen in Frage gestellt werden, sondern deren Bestätigung. Täte das Parlament da nicht besser daran, sich auf lohnende Fragen zu beschränken, als sich immer wieder in einen Wettlauf einzulassen, der dem zwischen Hase und Igel gleicht? Ein regierendes Parlament, das das hochkomplexe gesellschaftliche System heute mehr oder weniger umfassend steuern wollte, würde seine Möglichkeiten überschätzen. Nur das gelegentliche Mitregieren in wichtigen Fragen unter Beschränkung und Konzentration auf Wesentliches[71] ist zu leisten und zu verantworten. Das Geheimnis des Erfolges ist auch hier die Deckungsgleichheit zwischen Aufgabe und Befähigung. Statt der Vorstellung eines allumfassenden Parlamentarismus anzuhängen, sollte man besser darüber nachdenken, wie man Selbstblockierungen des Parlaments (wie sie in Hessen über ein Jahr andauerten und anderswo mit Mühe vermieden wurden) vorbeugen und die Rolle der Opposition als des Widerparts zur regierenden Mehrheit stärken kann.

7. Informelle Stellenvermittlung und Zugriff auf die Ämter

Das Stichwort Ämterpatronage wird hier nicht aus der Sicht dessen behandelt, der an die Mär vom unpolitischen Berufsbeamtentum glaubt. Wie bei der Vorstellung vom Staat, der über den Parteien steht, handelt es sich hier gleichsam um eine Lebenslüge herkömmlich sozialisierter Staatsfunktionäre, die weder mit der geschichtlichen Erfahrung noch mit der gegenwärtigen Realität übereinstimmt. Weder Beamte noch Richter sind freischwebende Intelligenzen; ihr Wertverständnis und ihr Verhalten werden durch die gesellschaftlich-kulturellen Traditionen und das soziale Umfeld, aus dem sie stammen und in dem sie leben, beeinflußt, nicht zuletzt durch den jeweiligen Zeitgeist. Die innere Abhängigkeit der Beamten und Richter von dem ihnen durch ihre Sozialisation vermittelten autoritären Weltbild führte nach dem politischen Umsturz von 1918/19 zu einer Krise des Beamtentums und der Justiz. Richter zum Beispiel benutzten den Verfassungsgrundsatz der richterlichen Unabhängigkeit als Schutzschild, hinter dem sich soziale und politische Parteilichkeit entfalten konnte, wobei die Lehre vom Gesetzespositivismus den

Beamten und Richtern die Tatsache verschleierte, daß sich die Ermessens- und Interpretationsräume, die ihnen die kraft Verfassungsrechts bestehende Gesetzesbindung sozusagen als legitime Subjektivität läßt, dazu eignen, die eigenen politischen Präferenzen ins Spiel zu bringen, auch wenn dies häufig unbewußt geschieht. Seither hat die rechtssoziologische und -psychologische Aufklärung viele Nebel weggeblasen, die um das persönliche Moment bei der Rechtsanwendung und dessen Determinanten gelegt waren, aber das Problem besteht fort.

Ich will nicht wiederholen, was ich darüber anderswo gesagt und geschrieben habe.[72] An dieser Stelle geht es allein um den Zugriff der politischen Parteien auf Positionen in Staat und Gesellschaft, die außerhalb des Bereiches liegen, der den Parteien von Gesetzes wegen offensteht. Die parteipolitische Ämterpatronage, die sich in diesem Bereich bemerkbar macht, bedeutet Schutz, Förderung und Begünstigung von Personal der öffentlichen Hand; die Begünstigung bestimmter Bewerber im parteipolitischen Interesse bewirkt dabei zugleich die Benachteiligung anderer bei der Personalrekrutierung und -beförderung. Solche Patronage ist uralt. Es wäre auch verfehlt, sie allein den Parteien anzulasten. Man sollte nicht vergessen, daß manche Patronatsformen so selbstverständlich geworden sind, daß sie gar nicht mehr auffallen.

Persönliche Bekanntschaft spielt oft eine ausschlaggebende Rolle. Gemeinsame soziale oder religiöse Überzeugungen oder Aktivitäten, zum Beispiel in Kirchen- oder Verbandsgremien, wirken stellenvermittelnd, sie förderten in der Vergangenheit und fördern auch heute Karrieren im öffentlichen Dienst. Studentische Verbindungen werben – auch daran sei erinnert – unverblümt für den Eintritt mit dem Hinweis, daß diese für die berufliche Karriere des Kommilitonen hilfreich sein kann. Ebenso berühmt wie berüchtigt ist das feine Sieb der Personalpolitik, mit dem die Staatsbürokratie die herausgefiltert hat, die sich dem Gruppengeist anpassen, Ruhe und Stetigkeit in der Amtsführung versprechen und sich der Erhaltung des Bestehenden verpflichtet wissen, was auf die Diskriminierung zu Neuerungen befähigter, dynamischer Mitarbeiter hinausläuft und für die oft beklagte geistige Immobilität der Bürokratien mit verantwortlich ist. Es ist eine Verkürzung der Problematik, wenn hier lediglich von der *parteipolitischen* Ämterpatronage[73] die Rede ist, also davon, daß jemand bei der Besetzung von Ämtern wegen seiner Mitgliedschaft in einer Partei, seiner Betätigung für eine Partei oder wegen seiner geistigen Nähe zu einer Partei bevorzugt wird. Diese Beschränkung ist jedoch durch unser Thema gefordert.

In der Bundesrepublik hat die parteipolitische Ämterpatronage im Laufe der Jahre an Intensität gewonnen. Wurde sie lange Zeit eher versteckt betrieben, so tritt sie seit geraumer Zeit immer offener hervor. Auch quantitativ hat sie zugenommen. Alle Parteien beteiligen sich nach Kräften daran. Diese Feststellungen können sowohl für die Herrschafts- als auch für die Versorgungspatronage[74] getroffen werden. Geht es bei jener darum, die eigene Machtausübung der Parteien im Wege des Einflusses auf Entscheidungen in dem betreffenden Sozialkörper zu verstärken, so dient diese dem Zweck, Parteiangehörige zu belohnen und dadurch indirekt neue Mitglieder anzuziehen. Bei beiden Formen der Ämterpatronage ist die Triebfeder das Bestreben der Parteien, ihre politische Macht möglichst weit auszudehnen. Man kann deshalb davon sprechen, daß Ämterpatronage der den politischen Parteien immanenten Dynamik entspricht, also gleichsam für sie natürlich ist. Wer Macht hat, will mehr Macht – das ist sozusagen ein soziales Gesetz. Gefräßigkeit, wenn man so will, kennt keinen Sättigungsgrad. Je kleiner die Partei, desto größer ist ihr Appetit und auch die Chance, möglichst viele der Parteimitglieder in die Patronage einzubeziehen.

Zunächst einmal ist in der Bundesrepublik der Umfang der

Stellen, der legalerweise dem Zugriff der Parteien offensteht, erheblich ausgedehnt worden. Klassische Positionen dieser Art sind die der politischen Beamten und der kommunalen Wahlbeamten. Zu den politischen Beamten, die ein Amt bekleiden, das sie in fortdauernder Übereinstimmung mit den grundsätzlichen politischen Ansichten und Zielen der Regierung führen müssen (so Paragraph 31 Abs. 1 Satz 1 des Beamtenrechtsrahmengesetzes), gehören die Staatssekretäre und Ministerialdirektoren in den Ministerien, aber auch – um eine Auswahl zu treffen – die Pressesprecher,[75] teilweise die persönlichen Referenten, im Auswärtigen Amt der gesamte »auswärtige« Bereich ab Besoldungsgruppe A 16, die Regierungspräsidenten, die Polizeipräsidenten, die Leiter der Verfassungsschutzämter und die obersten Staatsanwälte im Bund und in den meisten Ländern. Weniger aus sachlichen Gründen, als um den Postenhunger zu befriedigen, wurden in der Bundesregierung die Ämter der Staatsminister und der Parlamentarischen Staatssekretäre geschaffen. Die letzteren waren ursprünglich nach englischem Vorbild als »Juniorminister« gedacht, um politischem Nachwuchs die Chance zu geben, sich für das Ministeramt zu qualifizieren. Unter den Parlamentarischen Staatssekretären befinden sich aber so viele Altpolitiker, daß man der Wirklichkeit näher kommt, wenn man meint, die Etablierung dieser Ämter, die den Regierungsapparat beträchtlich aufgebläht hat, habe in erster Linie den Zweck, verdienten Politikern, die bei der Kabinettsbildung leer ausgingen, ein Regierungsamt zu verschaffen und – dies vor allem – dem innerhalb der Parteien bestehenden Länderproporz Rechnung zu tragen. Ein Landes- und Bezirksverband, der bei der Verteilung der Kabinettssitze leer ausgegangen ist, kann auf diese Weise noch berücksichtigt und besänftigt werden.

Widerspruchslos anerkannt ist auch der Parteizugriff auf solche qualifizierten Ämter wie die der Präsidenten der Rechnungshöfe, der Zentralbanken sowie der obersten Landesbehörden. Über die Abteilungsleiterstellen hinaus sind in den Ministerien mehr und mehr auch Positionen der Referentenebene mit Parteiangehörigen besetzt worden. Differenzierter ist die Lage in der Justiz.[76] Beim Bundesverfassungsgericht und bei den Landesverfassungsgerichten werden die Richtersitze faktisch im Verhältnis der Fraktionsstärken aufgeteilt. Der Vorgang findet einiges Interesse in der Öffentlichkeit, besonders wenn die Parteien allzu trickreich vorgehen. Bei den Richtern der anderen Gerichte ist das Berufungsverfahren weniger politisch. Die Landesjustizminister, die über die Ernennung und Beförderung der Richter der ersten und der zweiten Instanz entscheiden, sind zwar Parteipolitiker, unterliegen aber Bindungen, die aus der Beurteilung durch die Gerichtspräsidenten und der Mitwirkung von Richtervertretungen resultieren und über die sich hinwegzusetzen nicht leichtfällt. Die politische Nähe oder Ferne bringt sich bei manchen Berufungen durchaus zur Geltung. Darin liegt ein Unterschied zur Verwaltung, bei der es an institutionellen Hemmungen zumindest für die Personalauswahl von den mittleren Stufen des höheren Dienstes an fehlt.[77] Die Wahl der Richter zu den obersten Bundesgerichten vollzieht sich in einem rein politischen Verfahren durch Richterwahlausschüsse; der parteipolitische Einfluß, der hier zur Geltung kommt, wird wiederum durch den Länderproporz zurückgedrängt. Majorisierungen sind nicht üblich. Bei der Berufung der Präsidenten der obersten Bundesgerichte hat sich allerdings die Parteipolitik durchgesetzt. Nur einer von diesen ist parteilos, und die kleineren Parteien wie F.D.P. und CSU haben sich nicht gescheut, bei Vakanzen Forderungen anzumelden, denen selbst dann entsprochen worden ist, wenn die Kandidaten nicht aus der Richterschaft hervorgegangen waren. Auch unter den Präsidenten der obersten Landesgerichte ist die Zahl der Parteiangehörigen im Lauf der Zeit recht groß geworden, und bei denen, die keiner Partei angehören, wird nicht gerade selten vermutet, daß eine Affinität zu Vorstellungen der jeweils regierenden Partei ihre Berufung mit beeinflußt hat.

Eindeutig dominiert die Parteinähe bei dem leitenden Personal der Rundfunkanstalten. Daß dort – wie jüngst beim WDR – Intendantenposten mit einem Nichtparteimitglied[78] besetzt werden, ist eine absolute, aus einer spezifischen Situation zu erklärende Seltenheit. Die Öffentlichkeit nimmt auch kaum ernsthaft Anstoß daran, daß die Leitung von staatlichen und kommunalen Eigenbetrieben sowie von Gesellschaften, die ganz oder mehrheitlich der öffentlichen Hand gehören, von Berufspolitikern oder verdienten Parteimitgliedern übernommen wird; hier steht meistens der Wunsch im Vordergrund, Frauen und Männern, die ihre Kraft der Politik widmen, eine gut abgesicherte wirtschaftliche Existenz zu verschaffen. Kritik an solcher »Parteibuchwirtschaft« wird laut, wenn die »Verfilzung«,[79] wie bei der Berliner Porzellanmanufaktur (»KPM«), Betriebe in eine wirtschaftliche Krise zu führen droht oder wenn sich – wie zum Beispiel bei der Berufung des Berufspolitikers Heinz Ruhnau zum Chef der Lufthansa – Widerstand unter den Beschäftigten der Anstalten und Betriebe regt.

Da die Parteipatronisierung keineswegs auf das obere und mittlere Management beschränkt ist, sondern weit in die unteren Ränge ausstrahlt (von manchen Rundfunkanstalten wird gesagt, man könne ohne Parteibuch nicht einmal als Techniker oder Pförtner dort tätig sein), ergreift der Unmut über die Ämterpatronage alle Stufen des Dienstes. Die Verfassung der Bundesrepublik schreibt verbindlich vor, daß jeder Deutsche nach seiner Eignung, Befähigung und fachlichen Leistung gleichen Zugang zu jedem öffentlichen Amt hat (Art. 33 Abs. 2 GG); insonderheit darf niemand wegen seiner Welt- oder politischen Anschauung bevorzugt oder benachteiligt werden (Art. 3 Abs. 3, 33 Abs. 3 GG). Die politische Anschauung wie die parteipolitische Richtung eines Beamten gehören also zu den Kriterien, die den »amtlichen Katalog von Unsachlichkeit« (Herbert Krüger) bilden, sie dürfen nach zwingendem Recht nicht berücksichtigt werden. Maßgebend ist vielmehr die Begriffstrias »Eignung, Befähigung und fachliche Leistung«. Das aber heißt: Soviel Imponderabilien auch die Interpretation dieser Kriterien, in denen sich das verfassungsrechtliche Bekenntnis zum Leistungsprinzip ausdrückt, enthalten mag, die politische Anschauung und Parteizugehörigkeit fallen nicht darunter, ihre Berücksichtigung ist ausdrücklich untersagt, und dies auch dann, wenn bei zwei Bewerbern die gleiche Eignung vorliegt. Gegen diesen klaren Grundsatz wird jedoch durch die Ämterpatronage immer wieder verstoßen.

Die Folge ist, daß derjenige, der nicht das richtige Parteibuch besitzt, vom Zugang zu öffentlichen Ämtern praktisch ausgeschlossen sein kann. Was das für den einzelnen Beamten, der zurückgesetzt wird oder sich auch nur zurückgesetzt fühlt, bedeutet, können Berufspolitiker nur schwer nachvollziehen. Wer täglich mit Angehörigen des öffentlichen Dienstes zu tun hat, merkt jedoch alsbald, wie schnell sich daraus Staats- und Parteiverdrossenheit entwickeln und wie stark diese in den letzten Jahren schon geworden sind. Es ist namentlich für junge Männer oder Frauen ein Schock, wenn sie merken, daß sie in dem erwählten Beruf nicht vorankommen können, wenn sie nicht einer Partei beitreten. Der junge Mann hat vielleicht an allen Parteien etwas auszusetzen und will nicht durch seinen Parteibeitritt mit Personen oder Maßnahmen identifiziert werden, von denen er nichts hält. Vielleicht steht er auch auf dem doch wohl keineswegs abwegigen Standpunkt, daß es in der Demokratie auch möglich sein muß, sich vom Parteibetrieb fernzuhalten. Die Enttäuschung, daß mit dieser »Verweigerung« zugleich der Verzicht auf

Positionen verbunden ist, die sie nach Eignung, Befähigung und Leistung erlangen könnten, können viele nicht verwinden. Mittelbar ergibt sich aus dieser Patronagepraxis für den, der weiterkommen will, der Druck, einer Partei beizutreten, auch wenn er sich zu dieser keineswegs hingezogen fühlt. Hier müssen die Parteien sich fragen lassen, ob sich der so zustande gekommene Mitgliedergewinn wirklich auszahlt. Es sind Proforma-Mitgliedschaften, die keinem echten Engagement, sondern blankem Opportunismus entspringen. Lohnt es sich wirklich, um solch zweifelhafter Erwerbungen willen das Odium der verfassungswidrigen Parteibuchwirtschaft auf sich zu nehmen?

Über die Folgen für den einzelnen hinaus hat die parteipolitische Ämterpatronage auch nachteilige Auswirkungen für die Gesellschaft. Mit der Tendenz, parteipolitischen Kriterien mehr oder weniger Gewicht einzuräumen, wird die Leistungsfähigkeit des öffentlichen Dienstes geschwächt. Wenn sich die dienstliche Leistung nicht im Weiterkommen auf der Prämienleiter auszahlt, sinkt bei allen Beschäftigten die Bereitschaft, sich durch Arbeit im Dienst hervorzutun. Der Schwerpunkt der Tätigkeit verschiebt sich vom fachorientierten Dienst zu Aktivitäten außerhalb der dienstlichen Tätigkeit, von denen sie sich mehr versprechen als von der fachbezogenen Arbeit. Auch die Unparteilichkeit der Amtsführung kann darunter leiden. Sicher neigt die populäre Kritik an der Ämterpatronage dazu, diese Gefahr zu überzeichnen. Auf die bewußtseinsverwandelnde Kraft zum Beispiel des Richteramtes, die aus rollenbewußten Berufspolitikern ebenso rollenbewußte Richter machen kann, habe ich selbst oft hingewiesen.[80] Nicht übersehen werden kann aber, daß es oft über das Vermögen aufstiegsorientierter Mitarbeiter gehen kann, sich dort, wo die Interessen seiner Patronatspartei berührt werden, unbefangen zu verhalten oder zu entscheiden. Man kann hier von einer Konfliktsituation sprechen, in die der Gefförderte gestellt ist, zwischen der Amtsloyalität auf der einen und der Loyalität gegenüber der Patronagegruppe auf der anderen Seite. Der Beamte darf jedoch keine doppelte Loyalität empfinden, nicht etwa der Diener zweier Herren sein. Sowohl die Präferenz zugunsten der Interessen der Patronagepartei als auch die sogenannte Überobjektivität, die hyperkritisch und deshalb parteiisch die eigene Sichtverzerrung unterstellt, verfehlen die Unparteilichkeit, die Beamte und Richter dem Gemeinwesen schulden.

Man könnte nachsichtiger über diese Gefährdung urteilen, wenn die Parteien ihre Rolle als »informelle Großagenturen der Stellenvermittlung«[81] so ausfüllten, daß aufgrund ihrer Förderung qualitativ besseres Personal zum Zuge käme, als sie das herkömmliche System der Beamtenlaufbahn hervorbringt. In den Großbürokratien spielt überall das »Gesetz des Mittelmaßes« eine hervorragende Rolle, wonach sich Organisationen am besten durch die Pflege eines mittleren Standards erhalten. Wenn heute die Unauffällig- und Farblosigkeit so vieler Angehöriger des öffentlichen Dienstes auch und gerade in den oberen Rängen kritisiert und Klage darüber geführt wird, daß die sogenannten Sekundärtugenden wie Sorgfalt, Pflichtbewußtsein, Anpassungsbereitschaft im Vordergrund stehen und auf den Nachvollzug des Vorgegebenen größerer Wert gelegt wird als auf Kreativität und schöpferische Auswertung von Situationen, so ist nicht zu verkennen, daß dies das keineswegs zufällige Resultat des Sozialisationsprozesses ist, den der Beamte durchläuft. Nachvollziehende Routine[82] ist ohne Frage ein großer Zeitsparer, dem angemessener Respekt zu zollen ist. Wenn sie das Nachdenken ersetzt, hält sie jedoch den Vorgesetzten von der Suche nach besseren Arbeitsweisen ab und erstickt – um F. Morstein-Marx zu zitieren – den Mut, von dem markierten Pfad der Prozedur abzuweichen, auch wenn erkannt ist, daß die Umstände danach rufen. Der deutsche öffentliche Dienst war dafür berühmt, einen auswechselbaren Durchschnittstyp zu formen, der – wie einst vom Generalstäbler gesagt wurde – keinen Namen hatte. Heute werden im Management von Staat und Gemeinde profiliertere Persönlichkeiten gebraucht, Männer und Frauen, die dem Neuen gegenüber aufgeschlossen sind, initiativ sein können und Dynamik nicht scheuen.

Es ist die Funktion des Außenseiters, frisches Blut in eine steril gewordene Atmosphäre hineinzubringen. Wenn die parteipolitische Ämterpatronage es vermöchte, den Blutkreislauf in den Organisationen der öffentlichen Hand auf diese Weise zu beleben, so wäre das kein geringes Verdienst; es müßte die Kritik verstummen. Von Ausnahmen abgesehen, die avantgardistische Züge tragen, ist die Ämterpatronage jedoch kein Mittel der Suche und Förderung von Talenten, sie bringt kaum Personen in Aufgaben, die sie besser erfüllen als die im bürokratischen Auslesemechanismus Aufgestiegenen, sondern bleibt meistens in eben diesem Rahmen.

Nicht überraschend ist dies, soweit es sich um die Selbstpolitisierung der Beamten – auch der Ober- und Großbeamten – handelt, die diese im Interesse ihres Weiterkommens vornehmen. Aber auch solche Personen, die von außen hineingesetzt werden, sind nur selten Individualitäten, die über dem Typus des von der Organisation selbstgezogenen Verwaltungsmannes oder Richters stehen. Auf den verschlungenen Wegen, die zum politischen Aufstieg führen, entwickelt sich nur selten, was man Kompetenz und Weitsicht nennen kann.

8. Der mediatisierte Dialog

Massenmedien sind weder gut noch schlecht; angesichts der verbreiteten Einstellung, die an den Medien kein gutes Haar lassen will, sei dies vorweg bemerkt. Da die Medien zur Moderne gehören, können sie auch nicht von der Politik ferngehalten werden und die Politiker ebensowenig von den Medien. Nachdem die Professionals der Politik gemerkt haben, wie groß die Entfernung zwischen ihnen und dem Bürger geworden ist, haben sie die Medien zum Instrument erkoren, um auf Umwegen wieder mit dem Bürger in Berührung zu kommen. Die Situation ist einsichtig: Wenn die Gesellschaft nicht zu den Politikern kommt, dann müssen die Politiker eben zur Gesellschaft kommen, per Telefon, per Interview, per Statement, per Diskussionsrunde. Nochmals: Nichts Unrechtes ist dabei zu finden. Und doch sind die Nachteile ebendieser Entwicklung so groß, daß sie in dieser Betrachtung wenigstens gestreift werden müssen.

Wir haben auf den Realitätsverlust der Politik mehrfach hingewiesen. Diese Tendenz aber wird verstärkt, wenn die Kommunikation zwischen Politik und Gesellschaft mehr und mehr über die Medien läuft, insbesondere über das Fernsehen. »Das Medium ist die Botschaft«, dozierte McLuhan, und allzuoft erfährt der im Fernsehen Auftretende, daß der Sitz seiner Krawatte für die Wirkung, die er auf die Zuschauer ausgeübt hat, wichtiger war als alles, was er gesagt hat: Von dem Dialog, von dem doch alle reden, ist kaum eine Spur zu finden. Ausnahmen – wie in dem von klugen Gesprächspartnerinnen und Gesprächspartnern geführten »Sonntagsgespräch« des ZDF – bestätigen auch hier lediglich die Regel. Diese aber geht dahin, daß immer mehr Showauftritte die seriöseren Formen von Information und Darstellung in den Hintergrund rücken. Man kann von einer »Boulevardisierung der Politik« (Gerd Bacher) sprechen.

In wohl jedem Politiker steckt etwas von einem Schauspieler, der nach dem Eindruck fragt, den er macht. Vor der Fernsehkamera aber besteht die Gefahr, daß die Position des Politikers nebensächlich wird, während die Effekte, die er erzielen kann, in den Vordergrund rücken. Politik-Ersatz, mit dem nur noch Wirkung erstrebt wird, rückt an die Stelle der

Politik. Wenn Medienpräsenz alles ist, wird Publizität zum politischen Selbstwert. Daß jemand oft im Fernsehprogramm zu sehen ist, ist wichtig, nicht mehr das, was er sagt.

Gibt es vor den Fernsehkameras überhaupt echte Politik? Die Inhaltlosigkeit so mancher Politikerstatements, aber auch die Diskussionen, in denen Politikerrunden zusammensitzen, lassen das bezweifeln. Die Plattheiten, die dort gesagt werden, kennzeichnen ein Niveau, das leider allzuoft beträchtlich unter dem anderer Diskussionsrunden liegt. An dem Medium allein kann es daher nicht liegen. Offenbar fällt es Akteuren aus anderen Bereichen, die nicht auf Resonanz und Wirkung bei den Zuschauern angewiesen sind, leichter, den Medienbedingungen Kompetenz und Persönlichkeit entgegenzusetzen. Natürlich soll hier kein Pauschalurteil gefällt werden. Man macht auch bei Politikerinterviews, bei denen der Interviewer die Kunst der Gesprächsführung beherrscht, die Erfahrung, daß Politiker, die sich zunächst nur klischeehaft auszudrücken vermochten, im Laufe des Gesprächs zu sich selber finden.

Die Regel ist dies freilich nicht. Es herrscht der Eindruck vor, daß Politiker Rollen vor den Fernsehkameras spielen, die ihnen gerade das nehmen, worauf es eigentlich ankommt. Sie bewegen sich in einer potenzierten Scheinwelt. Die Medien liefern nicht nur das Bühnenbild, sondern geben auch die Stichworte, als ob sie die Regisseure wären. Die Berater stellen sich darauf ein und geben ihren Chefs den entsprechenden Look. »Strauß erlebt man dann plötzlich frisch geföhnt und sanft gurrend, ein liberales Täubchen. Helmut Kohl tritt unversehens in der Rolle des Falken auf. Zwei Tage später kann alles wieder ganz anders sein.« So die Beobachtung eines Bonner Journalisten.[83] Derselbe Journalist schildert die Szenerie wie folgt:[84]

> Sie werden Alfred Dregger in seiner Rede morgen nicht wiedererkennen, hat einmal einer seiner Imagebildner

angekündigt. Tatsächlich, der konservative Dregger erschien wie umgewandelt als klassischer Liberaler, und er war stolz darauf. Solche Wandlungsfähigkeit, die Identitätslosigkeit verrät, wird zum Markenzeichen. Aber die Gesellschaft wird damit eben nur noch als Publikum behandelt, bei dem man Wirkung erzielen will. Vor den Fernsehkameras starke Worte über den politischen Gegner, nach der Sendung der Allparteienkompromiß – wie soll auf Dauer die Gesellschaft draußen diese Spiegelfechterei übersehen?

Heinrich Oberreuter, ein Politikwissenschaftler also, der eher für abgewogene Urteile als für Radikalität bekannt ist, zieht in Zweifel, ob man bei der Hinwendung der Politik zum Fernsehen, dem »getarnten Elefanten« (Noelle-Neumann), überhaupt noch von Kommunikation sprechen kann. Die Fernsehauftritte der Politiker interpretiert er dahingehend, daß substantielle Politik durch Sprachstrategie ersetzt wird, die der Verschleierung von Problemen dient. Wenn man den Partner nicht mehr informieren und aufklären will, wenn einem gar nicht mehr daran gelegen ist, ihn rational zu gewinnen, dann wird die Sprache zur Waffe im politischen Kampf und damit mißbraucht. Wörtlich schreibt er:[85]

> Je substanz-entleerter, handlungsunfähiger und hilfloser Politik sich darbietet, um so perfekter scheint sich oft ihr sprachgestalterisches Genie zu entwickeln. Anscheinend kommt es gar nicht mehr immer darauf an, Antworten auf drängende Fragen zu finden; zum Erfolg reicht es vielmehr, keine Antworten in wohlklingenden Formeln zu verpacken. Substantielle Politik wird auf diese Weise durch Sprachstrategie ersetzt . . .
>
> Alle Lager in der Bundesrepublik suchen heute mindestens ebensosehr nach zündenden Begriffen, wie sie

> nach richtigen Lösungen forschen, wobei nichts gegen zündende Formeln für gute Lösungen, alles aber gegen manipulative und lösungsarme Worthülsen spricht; denn sie benutzen Sprache nicht zur Informationsvermittlung und zur Sinnstiftung, sondern – ganz nüchtern ausgedrückt – zur Informationsverschmutzung und Sinnverwirrung. Das kann kein legitimes Mittel demokratischer Politik sein.

Man kann dem Wissenschaftler beipflichten, wenn man in diesem Zusammenhang von Ansätzen spricht, Politik zur Kommunikationsdramaturgie umzugestalten. Vieles geschieht nur, damit es in den Medien erscheint, insbesondere im Fernsehen, dessen aktive Rolle als Sozialisationsfaktor nicht mehr zu leugnen ist. Das »Temporisieren«, von dem Metternich einst sprach, die Wahl des richtigen Zeitpunktes und die Dosierung des Inhalts von Mitteilungen, gehören zu den Mitteln solcher Kommunikationsdramaturgie. Das termingerechte Inszenieren von Ereignissen genügt freilich noch nicht; wichtig ist auch, daß etwas für das Auge der Fernsehkamera geboten wird, und das Ereignis ist um so publikumswirksamer, je bewußter darauf geachtet wird. Inhaltlich ergeben die meisten der ach so beliebten Auslandsreisen und Politikerbegegnungen nur wenig, und die Gegenüberstellung von Aufwand und Ertrag müßte kostenbewußten Finanzministern und Rechnungshöfen eigentlich die Haare zu Berge treiben. Fernsehdramaturgisch sieht das alles jedoch ganz anders aus, weil solche Ereignisse Nachrichtenqualität haben und Politiker fernsehgerecht ins Bild bringen.

An Sensibilität für diese Problematik fehlt es nicht. Politiker, die seit den fünfziger Jahren im Geschäft sind, bedauern durchweg die Veränderungen, die das Fernsehen in bezug auf den Politikertyp bewirkt hat. Das Monster Fernsehen habe radikal die Welt verändernt, meinte zum Beispiel Helmut

Schmidt, also ein Politiker, der es selbst erstklassig verstand, sich dieses Mediums zu bedienen: »Solange es kein Fernsehen gab, zählten die natürlichen Talente des Politikers. Adenauer brauchte nicht immer ein staatsmännisches Gesicht zu machen.« Heute muß der Politiker, ob er es nun will oder nicht, den Gesetzmäßigkeiten des Fernsehens seine Opfer bringen. Telegenität, die Beherrschung des journalistischen Code, Kontaktvermögen und die Fähigkeit, beim Zuschauer anzukommen, darauf kommt es heute an und nicht so sehr auf politische Aussagen und Konzepte. Nur dann, wenn diese symbolischen Charakter gewinnen (es also auf die Sache nicht mehr ankommt), sind sie mediengerecht und werden akzeptiert.

Natürlich ist das theatralische Moment, das der Politik anhaftet, keine Schöpfung des Fernsehzeitalters. Im liberalen Zeitalter, das auf Vernünftigkeit abstellte, war dies zwar stark zurückgedrängt, aber keineswegs verschwunden. Wie Credenda, so gehören auch Miranda, um den politikwissenschaftlichen Fachausdruck[86] zu gebrauchen, zu jedem Staat, auch zum liberalen, wenngleich dieser mehr auf Nüchternheit angelegt ist als jeder andere Staatstypus. Das Fernsehzeitalter bringt aber Schauspielkomponenten zur Entfaltung, die in vordemokratischen Zeitaltern eher kleingeschrieben wurden, nämlich die der Unterhaltung, der Abwechslung und der Spannung. Das Schauspiel »Politik im Fernsehen« braucht Abwechslung. Nur so kann es unterhaltsam sein. Themen, Szenen, Schauplätze müssen in steter Bewegung sein, immer neue Bildreize müssen geboten werden, damit der Zuschauer nicht abschaltet. Oberreuter nimmt auch hier kein Blatt vor den Mund, wenn er schreibt:[87]

> Wer Erklärungen sucht für den ungeheuren aktuellen Themenverschleiß, die kontinuitätsverschlingende Kurzatmigkeit und die problemverschleiernde Suggestion

rascher Lösungen, welche in die Aufführung, die Darstellung und das Verständnis der Politik Einzug gehalten haben, der findet sie hier. Soll der Spannungsbogen erhalten bleiben, muß geradezu dafür gesorgt werden, daß täglich – wie man sich im Bayerischen auszudrücken pflegt – »eine neue Sau durchs Dorf läuft«.

Otto F. Roegele[88] spricht in diesem Sinne von der »strukturellen Neophilie« der Medien. Die Mediengesellschaft wird beständig durch neue Reize stimuliert. Was heute aktuell ist, versinkt schon morgen in Normalität, macht einem neuen Reiz Platz. Von der Topmeldung ist es nur ein kurzer Weg bis zum Papierkorb. Man kann nicht verkennen, daß zwischen dem Fernseh- und dem Zeitungszeitalter ein durchgreifender Unterschied besteht. Die seriöse Zeitung informiert nicht nur weit umfassender als das Fernsehen; sie lädt zum Mitdenken ein, appelliert an das Urteilsvermögen, an die analytischen wie synthetischen Fähigkeiten des Lesers, stellt ihm Materialien zur eigenen Urteilsbildung zur Verfügung. Das Fernsehen lebt dagegen von Verkürzungen und Vereinfachungen; es braucht affektive und personalisierte Reize, ist auf Stimme und Bild angewiesen. Lassen wir die wenigen Reservate beiseite, die diesen Trend nicht mitmachen, so kann man sagen, daß die Politiker sich dieser extremen Personalisierung anpassen. Sie machen – oft wider besseres Wissen – den Trend zur Oberflächlichkeit in dem Bewußtsein mit, ihm ausgeliefert zu sein. Das Ergebnis ist bekannt, man kann es die »Politik des Als-ob« nennen. Es kommt nicht mehr darauf an, Taten zu tun und Probleme zu lösen. Die Politik kann sich damit begnügen, Mitteilungen herauszugeben, Ankündigungen zu machen und Proteste zu äußern, die allesamt so tun, als ob.

Die spielerische Optik, die »strukturbedingte Neophilie« der Massenmedien verbinden sich mit der ebenfalls strukturbedingten Hochschätzung des Ungewöhnlichen, von der

Norm Abweichenden. Für den Nachrichtenwert gilt im Prinzip noch immer die alte Geschichte, daß »Hund beißt Mann« keine Nachricht ist, wohl aber das umgekehrte Faktum »Mann beißt Hund«. Nur ausnahmsweise ist der politische Alltag mit seinem Geflecht aus Kooperation und Routine berichtenswert,[89] stets jedoch der Konflikt. Da das Normale, Alltägliche keine Chancen hat, den Zugang zu den Medien zu gewinnen, unterliegen auf Medienpräsenz angewiesene Politiker der Versuchung, sich mit ungewöhnlichen Vorschlägen hervorzutun, mindestens aber durch Übertreibungen für Polarisierung zu sorgen. Insbesondere Newcomer oder Hinterbänkler sehen darin oft die einzige Möglichkeit, in die Medien zu kommen. Diese bestimmen auch, was auf die politische Tagesordnung gesetzt wird. Die *agenda-setting-function*[90] der Journalisten kann sich dabei sowohl negativ als auch positiv für die Information auswirken. Da erwiesenermaßen die Journalisten, die die Tore zur Medienöffentlichkeit hüten, Menschen aus Fleisch und Blut sind, die ihre eigenen Präferenzen und Vorstellungen haben, öffnen sie die Zugangsbarrieren vor allem für solche Themen und Meinungen, die ihnen selbst als wichtig erscheinen, während andere Meinungen es schwerer haben, das Ohr der Öffentlichkeit zu finden. Diese Situation bringt manchen Politiker dazu, sich den Stichworten anzupassen, die von den Medien kommen, statt umgekehrt den Medien solche Positionen anzubieten, die für den Bürger belangvoll sind.

So ergibt sich auch hier ein bedrückendes Bild. Nach der ursprünglichen Konzeption sollten die Medien Stimme des Volkes sein, Journalisten eine Vermittlungsfunktion zwischen Politik und Gesellschaft ausüben. Tatsächlich stricken sie mehr oder weniger intensiv, gewollt oder (meist) ungewollt, an dem Entfremdungsprozeß mit, der Gegenstand unserer Sorge ist. Man kann dagegen nicht einwenden, daß das Fernsehen sehr viel für die Popularisierung der Politik tut. Daran ist richtig, daß ein bemerkenswert hoher Anteil am Fernsehprogramm auf politische Sendungen entfällt. Es soll auch nicht bestritten werden, daß das Fernsehen in der Bevölkerung das Interesse am Politischen verstärkt hat. Von einer echten Politisierung der Zuschauer durch das Fernsehen – was auf Bildung eines aufgeklärten politischen Bewußtseins hinausliefe – kann jedoch nicht die Rede sein. Das Fernsehen bewirkt lediglich eine *An*politisierung,[91] und dies in einer die Passivität des Zuschauers begünstigenden Weise. Der kommunikative Brückenschlag vom Politiker zum Wähler verläuft nicht über die Merkmale Rationalität und Kompetenz, er macht Politik nicht, was das Ziel sein müßte, wirklich durchschaubar. Politik im Fernsehen tendiert vielmehr zur Unterhaltung, macht Politiker tendenziell zu Entertainern im weitverzweigten Showbusineß. Indem sie zum bloßen Zuschauen verleitet, statt Denken und Handeln zu stimulieren, vollendet sie die Deformation der Parteiendemokratie zur Zuschauerdemokratie.

Einsichtige Mediengewaltige sehen das übrigens kaum anders als hier dargestellt. Es sei nur auf die Ausführungen hingewiesen, mit denen Gerd Bacher, der Generalintendant des Österreichischen Rundfunks, im Oktober 1985 im Wiener Rathaus der Konferenz der Landtagspräsidenten aus der Bundesrepublik und aus Österreich ins Gewissen zu reden versuchte. Politiker und Journalisten sitzen heute, so sagte der ORF-Intendant, mehr und mehr in einem Boot. Und er fuhr fort:[91a]

> Politiker und Journalisten fliegen im gleichen Flugzeug, sie besuchen die gleichen Veranstaltungen, sie sprechen dieselbe Sprache, sie haben ähnliche Interessen, die sie vom restlichen Bevölkerungsteil abheben, sie wissen dasselbe und sie wissen dasselbe nicht . . .
>
> Zwischen Politikern und Journalisten hat sich eine

Symbiose besonderer Art entwickelt. Journalisten beteiligen sich am politischen Verfahrensspiel, indem sie das für wichtig halten, was die Politiker für wichtig halten und sogar ihren Schreibstil darauf auslegen, daß die Politiker und nicht die Leser und Hörer verstehen, was gemeint ist. Sie machen Information für die Informierenden.

Korruption durch materielle Bestechung ist sicherlich der seltene Ausnahmefall. Aber es blüht die Mentalkorruption durch das Buhlen um gute Beziehungen und die Angst vor dem Huldentzug – und zwar in beiden Richtungen.

Auch die Medien selbst schonte Bacher nicht:

Wer in der freien Gesellschaftsordnung die Unterstützung der Medien für seine Zwecke gewinnen will, der muß – wenn ihm nicht wirtschaftlicher Druck zur Verfügung steht – zunächst die Sympathie der Medien gewinnen. Und zwar wie? Am besten, indem er ihnen nach dem Mund redet. Die Liebedienerei gegenüber den Medien dort, wo Macht und Druck nicht ausreichen, ist zum beliebtesten Spielzeug im politischen Monopoli unserer Tage geworden.

Wir sehen heute Tag für Tag die Politik und Politiker in Handlungsunfähigkeit zusammensinken, aus Angst, Maßnahmen könnten das Mißfallen der Medien verursachen und damit Stimmen kosten. Das hat ganz besonders viel mit unserem Generalthema Parlament und Medien zu tun, denn gerade die Öffentlichkeit der Parlamente führt ja dazu, daß durch Wahrnehmung der oppositionellen Minderheitenrechte so gut wie alles der öffentlichen Erörterung unterliegt; und daß die Parteien eben wegen dieser öffentlichen Erörterung ihre Politik nach dem

Prinzip betreiben, den nassen Finger auszustrecken und ihre für die Öffentlichkeit bestimmten Haltungen nach dem politischen Wind auszurichten.

Nicht nur Protestbewegungen und Bürgerinitiativen, auch nicht mit noch so massiver Medienunterstützung, sondern noch mehr die Verwechslung von Öffentlichkeitsarbeit mit Arbeit hat die Politik an den Rand des »rien ne va plus« gebracht . . .

Es beginnt damit, daß die Information weitgehend nicht mehr der Orientierung, sondern der Massenunterhaltung dient. Sie wird erzeugt wie irgendeine Ware, die vorwiegend aus gutverkäuflichen Emotionen besteht. Die Journalisten haben sich, wie übrigens auch die Politiker, zu einer eigenen Kaste entwickelt. Mit einer eigenen Erfolgsideologie, mit einer Selbstbeauftragung und Problemsicht, die dem Fühlen, Denken und den Bedürfnissen der Völker oft diametral gegenüberstehen . . .

Der Konflikt wird nicht als notwendiges Übel ausgetragen, sondern als eine Tugend gefeiert, man provoziert die Zustände, über die sich das Publikum dann entrüsten kann.

Viel Einsicht auf beiden Seiten, das kann man also feststellen. Wird sich indessen etwas ändern? Oder bleibt es dabei, daß ein Satz wie dieser ins Schwarze trifft: Unsere Gesellschaft ist imstande, Mißstände zu erkennen und zu benennen, aber nicht fähig, sie zu beseitigen?

9. Bürgerinitiativen und Protestbewegungen

Die Parteien werden indessen nicht nur durch diese seit langem bekannten Probleme bedrängt, sondern auch durch die neue Sichtweise, die unter dem Stichwort der Alternativität aufgetreten ist. Sie hat zunächst in Gestalt der Bürgerinitiativen ihren weithin sichtbaren Ausdruck gefunden, organisiert sich bewußt nicht in Parteien, sondern in »Bewegungen« und begreift den permanenten Protest als politisches Kampfmittel. Die Gleichzeitigkeit des Auftretens der neuen sozialen und politischen Bewegungen mit dem historischen Themenwechsel der siebziger Jahre ist nicht zufällig; es handelt sich um dessen Übersetzung ins Politische, die daraus resultiert, daß Parlament und Parteien nicht imstande gewesen sind, auf die »alternativen« Interessen einzugehen, sozusagen die Seismographen auch für diese Veränderung zu sein. Hätten die etablierten Parteien ihre Aufgaben so erfüllt, wie es sich gehört, säßen die Grünen nicht im Bundestag. Jene Abgeordnete der Grünen, die das in der Haushaltsdebatte des Bundestages im September 1984 feststellte, hat ohne Frage den Nagel auf den Kopf getroffen. Die Hunderttausende, die demonstrierend auf die Straße gehen, Bürgerinitiativen einleiten oder die Grünen unterstützen, sind der verkörperte Protest gegen den bürgerfernen Parteienstaat, der der ihm zugewiesenen Aufgabe, Sprachrohr der aktiven Bürger zu sein, nicht mehr gewachsen ist.

Die Sichtweite ist nicht nur inhaltlich, sondern auch formal radikaldemokratisch; sie verwirft das Repräsentationsprinzip zugunsten von unmittelbarer Demokratie. Die Inhalte dieser Bewegungen mögen wechseln (am dauerhaftesten haben sich das Ökologie- und das Friedensthema erwiesen, am durchschlagendsten das des Schutzes der Intimsphäre in der Abwehr der Volkszählung). Was allen gemeinsam ist, ist der Wunsch nach Ausweitung der sozialen und politischen Beteiligung über den engen Rahmen hinaus, in den das System der parteienstaatlichen Demokratie sie einbindet. Man mag bezweifeln, ob es richtig ist, schon jetzt von einer »partizipatorischen Revolution«[92] zu sprechen. Die hohe Zahl der Bürger unterschiedlicher Interessen und sozialer Schichten indiziert jedenfalls, daß das in der Gesellschaft vorhandene Partizipationsbedürfnis größer ist als die derzeitigen institutionellen Möglichkeiten zu seiner Befriedigung.

Unverkennbar und durchschlagend ist der Übergang von den klassischen Partizipationskanälen wie den Wahlen zur sogenannten unkonventionellen Beteiligung oder direkten Aktion, beispielsweise zu Unterschriftensammlungen, Arbeitsniederlegungen, Boykottierungen, Fabriken- oder Ämterbelagerungen und -besetzungen, Straßenblockaden, wilden Streiks und Abgabenverweigerung. Wenngleich diese Formen des Protestes und des zivilen Ungehorsams wegen ihrer Aggressivität und der Beeinträchtigung der Rechte unbeteiligter Dritter von der Mehrheit der Bevölkerung abgelehnt werden, besteht in weiten Kreisen jedenfalls dann ein beträchtliches Verständnis, wenn sie maßvoll sind. Toleranz und Zustimmung sind dabei um so ausgeprägter, je jünger die befragte Bevölkerung ist.

Im Establishment der Bundesrepublik überwiegt begreiflicherweise die Hoffnung, daß die Bewegungen an Schwung verlieren und sich allmählich totlaufen könnten. Dem steht jedoch die Erkenntnis entgegen, daß der Weg der Bundesrepublik immer wieder von außerparlamentarischen Protestbewegungen begleitet worden ist, die den Parteien zu schaffen machten. Schon in den fünfziger Jahren, als sich die Bundesrepublik zu entwickeln begann, hat die Politikwissenschaft auf die Bedeutung des vor- oder außerparlamentarischen Raumes aufmerksam gemacht. Wenn für die wissenschaftliche Erörterung zunächst die Interessenverbände[93] und später die Medien im Vordergrund standen, so hat sich in der neueren Diskussion das Interesse namentlich den Bürgerinitiativen[94] im Spannungsfeld zwischen Bürger und Verwaltung und den vielfältigen Formen der Partizipation im kommunalen Bereich[95] zugewandt. Stets war man sich jedoch einig, daß Kritik und Protest nicht perhorresziert werden dürfen, sondern legitime Kinder

der Demokratie sind. Protestaktionen haben denn auch die Entwicklung der Bundesrepublik begleitet.

Ebensowenig ist der Zusammenhang der Aktionen mit den Problemen von Sicherheit, Frieden und Aufrüstung ein Novum. In der kurzen Geschichte der Bundesrepublik sind es immer wieder die Angst vor einem Krieg und die Sorge, Opfer atomarer Auseinandersetzungen zu werden, gewesen, die die Menschen auf die Straße getrieben und zu Demonstrationen motiviert haben. Friedensbewegungen gehörten deshalb nahezu von Anfang an zur politischen Szenerie der Bundesrepublik.

Die Zerstörung Deutschlands durch Hitlers verbrecherischen Krieg bedeutete für die Überlebenden eine scharfe Zäsur und weckte die Erinnerung an den Pazifismus, der sich in Deutschland Ende des 19. Jahrhunderts organisiert hatte (Bertha von Suttner und Alfred Fried gründeten 1891/92 die ersten Friedensgesellschaften in Österreich und Deutschland), im Ersten Weltkrieg mit Karl Liebknecht als Symbolfigur in der SPD wirksam gewesen war und in der Weimarer Republik Publizisten wie Carl von Ossietzky, den Herausgeber der *Weltbühne,* zu Sprechern gewonnen hatte. Die von Konrad Adenauer betriebene Wiederbewaffnung der Bundesrepublik stieß 1950 auf den Widerspruch breiter Bevölkerungsschichten und nicht zuletzt von Christen. Gustav Heinemann trat damals als Bundesinnenminister zurück. Die KPD rief zum nationalen Widerstand auf, um den nationalen Notstand zu beseitigen, den sie in der Eingliederung der Bundesrepublik in das westliche Militärpaktsystem und der dadurch bedingten Friedensbedrohung erblickte.

Gegen die atomare Bewaffnung der Bundeswehr richtete sich 1957 die Aktion »Kampf dem Atomtod«, die sich aus einem Protest von achtzehn Göttinger Atomphysikern (unter ihnen Carl Friedrich von Weizsäcker, Otto Hahn, Werner Heisenberg) entwickelte und vom DGB unterstützt wurde.

Auch eine Raketenbasis wurde damals schon belagert: in Dortmund-Aplerbeck, wo versucht wurde, die Zufahrtswege zu einem Raketenstützpunkt zu sperren. Bis 1970 fanden alljährlich Ostermärsche statt (1980 wurde die Tradition von der neuen Friedensbewegung wiederaufgenommen). Die Anti-Atom-Kampagne, die auch mit internationalen Friedensbestrebungen in Verbindung stand, verlor 1959/60 die Unterstützung von SPD und DGB, als sich diese für die Notwendigkeit der NATO und einen eigenen Verteidigungsbeitrag der Bundesrepublik aussprachen.

In den sechziger Jahren gab die Notstandsgesetzgebung das Thema ab, an dem sich der Protest entzündete. Die Linke sah darin die Aushöhlung wesentlicher Schranken, die im Grundgesetz 1949 gegen Machtmißbrauch eingebaut waren, und bekämpfte die Notstandsverfassung insbesondere publizistisch, durch Demonstrationen und durch Aktivierung der Gewerkschaften. Ihr Ende fand diese Anti-Notstands-Bewegung 1967, als ihr die SPD ihre Unterstützung entzog, weil es ihr in der Großen Koalition mit der CDU/CSU gelungen war, bei der Verabschiedung der Notstandsgesetze ihre Wünsche durchzusetzen.

Im selben Jahr formierte sich eine Studentenbewegung als außerparlamentarische Opposition (APO). Deren aus den Vereinigten Staaten importierte Kampfmethoden (zum Beispiel Teach-in, Sit-in, Vorlesungsstörungen, Professoren-Verspottungen, Institutsbesetzungen) fanden viel Zustimmung in der öffentlichen Meinung, die darin ein farbiges Spektakel sah, soweit sie nicht überhaupt mit den Zielen der Studenten sympathisierte. Gewalttätige Auseinandersetzungen gab es auf den Straßen, Krawalle auch in den Gerichtssälen. Selbst das Anzünden eines Frankfurter Kaufhauses wurde in jenen Jahren als symbolischer Akt verstanden und moralisch (wenn auch nicht juristisch) entschuldigt. Theoretiker erklärten die begrenzte Regelverletzung zur legitimen Protestform. Die

APO hielt Gewalt gegen Sachen für erlaubt, nicht aber Gewalt gegen Personen. Von der Justiz und den Sicherheitsorganen wurde diese Unterscheidung allerdings nicht übernommen.

Nach dem Ende der APO trat die erwartete Beruhigung nicht ein. Das innenpolitische Bild wurde vielmehr von gewalttätigen Demonstrationen bestimmt, die sich an wirklichen und vermeintlichen Mißständen entzündeten. Ein kleiner Teil des Protestpotentials glitt in den Terrorismus ab, ein anderer nahm nach dem Schock, den die Ölkrise von 1973 – auch bei führenden Politikern! – auslöste, den Kampf gegen die Errichtung von Kernkraftwerken auf, wobei von der Protestbewegung besetzte Baustellen wie Whyl, Gorleben und Brokdorf zu Symbolen des ökologischen Widerstands gemacht wurden. Mit Hartnäckigkeit und Ausdauer wurde der Bau der Startbahn West des Frankfurter Flughafens durch spektakuläre Aktionen hinausgezögert. Mindestens ebenso spektakulär verlief die Besetzung leerstehender Häuser, die in Berlin bis Mitte der 80er Jahre andauerte.

Die Sicherheitspolitik im engeren Sinne spielte in diesen Jahren des »grünen« Protestes keine Rolle. Erst mit der Nachrüstungsinitiative der Regierung Schmidt/Genscher und dem sogenannten NATO-Doppelbeschluß vom 12. Dezember 1979 betrat sie wieder die politische Szene, nun allerdings mit Vehemenz. War es zunächst die Sorge, daß sich die Großmächte in Genf nicht über die Abrüstung würden verständigen können, die die Agitation bestimmte, so änderte sich vom Herbst 1982 an das Bild. Von den Genfer Verhandlungen wurde nichts mehr erhofft. Statt dessen machten sich antiamerikanische Tendenzen bemerkbar, die mit der Friedensbewegung verschmolzen und dem Protest die Richtung gaben, um jeden Preis die Stationierung von Pershing-II-Raketen in der Bundesrepublik zu verhindern – gleichviel, ob die Genfer Verhandlungen am mangelnden Eifer der Vereinigten Staaten oder am fehlenden Entgegenkommen der Sowjetunion scheitern würden.

Man wendet sich seit langem auch nicht nur bloß an das alternative Protestpotential und die Wählerschaft der Grünen, sondern an alle Schichten der Bevölkerung. Über die weite Resonanz der Friedensbewegung ließ der Evangelische Kirchentag im Juni 1983 in Hannover keinen Zweifel; die dort von Bundesverfassungsrichter Helmut Simon[96] erhobene Forderung, die Friedensbewegung als legitimes Kind unserer demokratischen Kultur anzuerkennen, hat auch solche Politiker aufhorchen lassen, die bisher geglaubt hatten, die Bewegung ignorieren zu können. Im Gegenzug zu Meldungen, wonach drei Viertel der Bevölkerung in der Bundesrepublik gegen die Stationierung von Raketen im Bundesgebiet seien, wenn die Genfer Verhandlungen scheitern sollten, sah sich keine andere als Elisabeth Noelle-Neumann[97] veranlaßt, Mitte September 1983 auf die Fragwürdigkeit von Umfragen hinzuweisen und zu beschreiben, wie sich zum Raketenthema mit verschiedenen Formulierungen widersprüchliche Ergebnisse erzielen ließen; die Wirklichkeit, so die Allensbacher Demoskopin, sehe differenzierter aus.

Auch unter den Juristen ist dafür geworben worden, sich als Widerständler zu betätigen. Am 4. Juni 1983 trafen sich an die 400 Richter in Bonn zum Forum »Richter und Staatsanwälte für den Frieden«.[98] Unterschriftenaktionen und Zeitungsanzeigen folgten. Noch stärker machte sich der Widerstand in den kommunalen Vertretungskörperschaften bemerkbar. Zahlreiche Städte und Gemeinden haben sich trotz rechtlicher Unzuständigkeit zu atomwaffenfreien Zonen erklärt.[99] Bedenkt man, wie viele Großstädte dazu zählen, so ist die Auffassung, daß hier ein »kommunaler Flächenbrand« entstanden ist, nicht abwegig. Widerstand also, wohin man blickt.

Politische Grundstimmung dieses pazifistischen Fundamentalismus, der großen Zulauf hat und ganze Kirchentage zu beherrschen vermag, war und ist ein angstvoller Pessimismus, in den der Fortschrittsglaube der fünfziger und sechziger Jahre umgeschlagen ist. Das Bewußtsein für die mit der modernen Technologie verbundenen Gefahren ist gewachsen und hat insbesondere die Jugend erfaßt. Angst wird infolgedessen nicht mehr versteckt, sondern bekannt und gelebt, wobei die technisch verursachte Großkatastrophe das Endzeitergebnis ist, das mit Schrecken erfüllt, ob als Reaktorexplosion oder lebensvernichtender Atomkrieg. Wie leicht es ist, die angsterfüllten, von negativen Zukunftsvisionen heimgesuchten Menschen zu mobilisieren, hat das Zwischenspiel um die geplante Volkszählung gezeigt, das von Februar bis April 1983 inszeniert wurde. Unter Federführung des linksliberalen früheren Bundesinnenministers Gerhart Baum entworfen, von allen Parteien beschlossen, hatte das Volkszählungsgesetz selbst das Placet der gestrengen Datenschutzbeauftragten erhalten. Binnen weniger Wochen gelang es dennoch, die Furcht der Menschen vor einer Durchleuchtung ihrer persönlichen Sphäre durch die mit der Zählung verbundene Datenerfassung so zu aktualisieren, daß eine Verweigerungswelle durch das Land ging. Vor der Kraftprobe, bei der sie vermutlich den kürzeren gezogen hätten, rettete dann Städte und Kommunen nur das Bundesverfassungsgericht durch die Aussetzung der angesetzten Volkszählung.[100]

Mit ihren Vorgängern teilt die heutige Protestbewegung die Ablehnung der Legalität, soweit sie ihrem Protest entgegensteht. Von der Studentenbewegung unterscheidet sie der Absolutheitsanspruch, mit dem sie die eigene Auffassung vertritt, aber auch die größere Entschiedenheit in der verbalen Artikulation wie im Verhalten. Das Erlebnis der Ohnmacht gegenüber dem politischen Betrieb wird nicht mehr – wie bei dem Studentenprotest von 1968 – durch die Hoffnung kompensiert, einen »Marsch durch die Institutionen« antreten zu können. Die Furcht, wie die Studenten in eine »Integrationsfalle« zu geraten, das heißt, von den etablierten Parteien in die überkommenen Willensbildungsstrukturen und -mechanismen eingepaßt zu werden, führt zu einer Absonderung, die auf die Überzeugungskraft der direkten Aktion setzt. Man kann das an der Wortwahl ablesen, die das Handlungspotential aktivieren soll: An die Stelle des »Protestes« von ehedem ist die Formel vom »Widerstand« getreten.

Die Bewegungen ziehen insbesondere die zwischen Langeweile, Resignation und Verzweiflung schwankende Jugend an und bieten ihr Identifikationsmöglichkeiten, Gemeinschaftserlebnisse und jenen Gefühlsaufschwung, den ihr die etablierten Organisationen und Gruppen schuldig bleiben. Der Einsatzwille und die Opferbereitschaft sind beträchtlich. Gegenüber den militanten Formen, die das Vorgehen der Anti-Kernkraft-Aktionen kennzeichneten, herrscht größere Flexibilität. Es wird auch sorgfältiger geplant. Bei den Aktionen soll Phantasie ins Spiel gebracht, Gewalt vermieden werden. Selbst die Erfahrung, daß der vehemente Druck die parlamentarische Mehrheit im Bundestag nicht daran zu hindern vermochte, der Stationierung zuzustimmen, ließ den Protest nur zeitweise abschlaffen. Die Bewegungen suchen und finden ihre Themen. Da die Unzufriedenheit mit der Form und den Inhalten der bundesrepublikanischen Politik unverändert anhält, ist es nur eine Frage der Zeit, wann ein Funke das Pulverfaß neu entzündet.

Versuchen wir, diese Herausforderung nicht nur zu beschreiben, sondern daraus auch ein Resümee zu ziehen, so erscheint die Feststellung unabweisbar, daß sich der politische Konflikt aus den parlamentarischen Institutionen wie aus den Meinungsformen, in denen er der Verfassung nach auszutragen ist, zunehmend auf die Straße verlagert. Dieser Zustand muß jeden beunruhigen, der das verfassungsstaatliche Repräsentativsystem, das wir parlamentarische Demokratie nennen, trotz seiner Fehler und Schwächen für ein so hohes Gut hält, daß er es auch künftig nicht missen möchte. Man macht es sich zu leicht, wenn man meint, Protestdemonstrationen als bloßes Ordnungsproblem definieren zu können, dessen Beantwortung Polizei und Justiz überlassen werden kann. Abgesehen davon, daß zumindest die Polizei imstande ist, sich der Rolle des politischen Nothelfers dadurch zu entziehen, daß sie den Schwarzen Peter mit Hilfe des Verhältnismäßigkeitsprinzips der Politik zurückgibt, ist zu bedenken, daß es nicht nur dem Geist der freiheitlichen Verfassung zuwiderläuft, sondern auf die Dauer in einer freiheitlich-demokratischen Ordnung auch keinen Erfolg verspricht, wenn man politische Probleme mittels Repression lösen will.

Zudem sollte man sich vor Augen führen, wie groß das unaufgearbeitete Potential latenter politischer Unzufriedenheit ist, das als Staats- und Parteienverdrossenheit registriert wird. Dieses Potential vor allem ist es, aus dem die Bewegungen hervorgehen, die soviel Verdruß bereiten.

Eine wenig reflektierte Ideologie, die wirtschaftliches Wachstum als Heilmittel für alles ansah und schließlich mit dem gesellschaftlichen Fortschritt selbst gleichsetzte, hat für viele den Ernst der Lage lange Zeit verschleiert. Nachdem sie sich als illusionär erwiesen und es sich auch gezeigt hat, daß bloßes Krisenmanagement den Problemen nicht wirksam beikommen kann, zeichnet sich am Horizont die Gefahr eines perspektivenlosen »Zirkels von Resignation, irrationaler Gewalt und repressiver Gegengewalt« (Richard Bäumlin) ab. Will man diesem Kreislauf entgehen, so muß der Weg zu einer lebendigen Demokratie beschritten werden, die die Teilnahme des einzelnen an der Gestaltung seiner gesellschaftlichen Umwelt fördert.

So, wie die parlamentarische Parteiendemokratie sich heute präsentiert, läßt sie sich kaum anders als ein bürgerfernes Management charakterisieren, das den Wähler zum bloßen

Bezugspunkt für parteipolitische Machtstrategien denaturiert hat. Es ist ein kardinaler Widerspruch unserer Ordnung, daß sie auf der einen Seite dem Bürger *außerhalb der Politik* die immer weitergehende Entfaltung seiner Persönlichkeit ermöglicht, auf der anderen Seite aber *in der Politik* ebendenselben Bürger als politisch unmündig behandelt. Man kann nicht erwarten, daß sich aufgeklärte Bürger in der Demokratie mit diesem Widerspruch auf die Dauer abfinden. Wie ein Fluß sein Bett verläßt, wenn man ihm verwehrt, in der vorgesehenen Richtung zu fließen, so sucht sich auch der Bürger, der in der etablierten Parteiendemokratie keinen Platz findet, außerhalb des Systems Möglichkeiten zur Artikulation seiner Bedürfnisse und Interessen.

IV. Von der Zuschauer- zur Teilnehmerdemokratie

Politische Herausforderungen verlangen politische Antworten. Wie stets, wenn Rechtsverletzungen sich häufen, muß sich die Politik die Frage vorlegen, ob es nicht an der Zeit ist, auf die hinter den Rechtsbrüchen stehenden sozialen und politischen Konflikte regulierend und problemlösend einzugehen. Dabei ist zwischen systemimmanenten und systemtranszendierenden – also die parlamentarische Demokratie sprengenden – Konzepten zu unterscheiden. Der Nachweis, daß die letzteren – wie zum Beispiel das rätedemokratische Konzept[1] – bessere Chancen zur Freiheit und politischen Betätigung des Bürgers bieten, ist bisher nicht überzeugend erbracht worden. Skepsis ist daher angezeigt. Die Erfahrungen mit dem real existierenden Sozialismus sind jedenfalls alles andere als ermutigend. Es fragt sich jedoch, ob nicht eine systemimmanente Erneuerung nötig ist, die die Funktions- und Integrationschancen unserer politischen Ordnung verbessert. Die demokratischen Schlüsselwörter *Teilhabe* und *Kontrolle* bleiben inhaltsleer, wenn es nicht gelingt, die Wege dafür zu bahnen, daß der Bürger die Macht im Staat gewinnt.

1. Die Öffnung der Oligarchien

Wenn hier an die Spitze der Betrachtung der Mittel, mit denen die Überlebenschancen der Demokratie verbessert werden können, das Problem der Oligarchisierung der politischen Parteien gestellt wird, so deshalb, weil mir scheint, daß eine politische Ordnung, die sich als demokratisch bezeichnet, sich nicht mit dem abfinden kann, was Robert Michels als »ehernes Gesetz der Oligarchie«[2] bezeichnet hat. Das Heilmittel kann freilich nicht die Wiederbelebung von Vorstellungen aus dem 18. Jahrhundert sein.

Der Demokratiebegriff ist heute anzuwenden auf eine ungegliederte – um nicht zu sagen: weitgehend amorphe – Gesellschaft, die sich im Zustand zunehmender Individualisierung und Bürokratisierung befindet.

Unter diesen Verhältnissen bedarf es, wenn Bürger den Staat beleben und kontrollieren sollen, der Vermittlung durch intermediäre Gruppen. Es wäre irreal, sich eine Gesellschaft vorzustellen, in der die Macht auf Millionen Menschen gleich verteilt ist. In seiner Gesamtheit wäre das Volk keineswegs in der Lage, einen politischen Willen dauerhaft und für die Fülle der anstehenden Entscheidungen zu bilden. Politische Parteien sind daher nach wie vor unersetzlich als Instrument der Synthese; hätten wir sie nicht, so müßten wir sie erfinden. Die Frage ist jedoch, ob nicht gerade die, die zutiefst von der Notwendigkeit politischer Parteien und von ihrer Bedeutung für die demokratische politische Ordnung überzeugt sind, gut daran tun, über Remeduren nachzusinnen, die offenkundige Übel zum Wohl der Parteien selbst, des Staates und der Gesellschaft beseitigen helfen. Wer die Protest- und Widerstandsdemokratie nicht will, muß der nicht die Erneuerung der parlamentarischen Parteiendemokratie wollen, eine aktive, lebendige Demokratie, in der der Bürger nicht bloß alle paar Jahre zur Parlamentswahl wie zum Wett-Totalisator gerufen, sondern vom Zuschauer zum Teilnehmer am politischen Geschehen wird?

Wir haben auf die Erstarrung des politischen Lebens in den modernen Demokratien hingewiesen, also darauf, daß sich die politischen Parteien mehr und mehr als Oligarchien präsentieren, in denen sich eine politische Klasse von den Bürgern absondert. Wer die Notwendigkeit der intermediären Parteien bejaht, erkennt auch die Existenz führender Minderheiten an. Eine aktive Demokratie kann sich aber nur dann entwickeln, wenn jene Minderheiten, die aufgrund ihrer Funktion einen führenden Platz in der Parteiendemokratie einnehmen, daran gehindert werden, abgesonderte Kasten zu bilden. Die Demokratie muß deshalb die Tendenz dieser Gruppen, Oligarchien zu bilden, immer wieder durchkreuzen und die Führungsgremien weitgehend offenhalten, insbesondere die Funktionsträger mit dem zur Zuschauerrolle verurteilten Rest des Volkes in Kontakt bringen und auf diese Weise die Zahl der aktiven Staatsbürger vermehren.

Eine Patentlösung gibt es nicht. Die möglichen Remeduren ergeben sich vielmehr aus der Analyse der Mißstände. Zu wenig – darauf haben wir aufmerksam gemacht – hat man bedacht, daß als Beruf ausgeübte politische Repräsentation immer mit lebensweltlicher Entfremdung verbunden ist. Die in allen Parteien anzutreffenden Tendenzen zur Überanpassung, zur Übergeneralisierung (mit den damit verbundenen Orientierungs- und Identifikationsschwächen) und zur Überforderung ergänzen diesen Prozeß. Die Rekrutierungs- und Elitenbildungsfunktion der Parteien – auch darauf wurde hingewiesen[3] – leidet ebenfalls unter der Tendenz der Entfremdung vom wirklichen Leben des Volkes. So besteht ein dringendes staatspolitisches und gesamtgesellschaftliches Interesse daran, dieser Entwicklung Einhalt zu gebieten, ja sie rückgängig zu machen und die Führungsgruppen der Parteien wieder stärker mit den Bürgern zu verbinden. Das könnte dadurch geschehen, daß das parteieigene *Auswahlverfahren für Funktions- und Mandatsträger* geändert wird und in größerer Anzahl als bisher solche Bürger zum Zuge kommen, die nicht auf die Politikerkarriere fixiert sind. Es wäre ein wesentlicher Fortschritt, wenn der Politiker die Wirklichkeit, die er gestaltet, nicht bloß vom Schreibtisch der Parteiarbeit kennen würde, sondern aus persönlicher Erfahrung, also ungefiltert. Allerdings wird es nicht möglich sein, auf Parteikarrieristen zur Gänze zu verzichten. Wenn wieder mehr Funktionäre und Mandatsträger die gesellschaftliche Realität aus eigener beruflicher Arbeit kennen, wäre jedoch ein wichtiger Schritt getan, um die Entfremdung des politischen Führungspersonals von der Realität zu vermindern.

Zudem müssen »Quereinsteiger« – attraktive Köpfe mit Sachverstand, Persönlichkeiten, die etwas zu sagen haben – die Chance für ein Mandat bekommen und die ausschließlich auf parteiinterne Machtpositionen gerichteten »Mauscheleien« aufhören. Den Karrieremauschlern fehlt es an Phantasie für die politische Zukunft. Eher »Radargeräte des Zeitgeistes« (Basilius Streithofen) als glaubwürdige und überzeugende Persönlichkeiten, betrachten sie die Partei vornehmlich als Plattform für die eigene Karriere. Anzustreben ist deshalb eine Besetzung der Führungsgremien nach Qualitätskriterien, die diesen der Demokratie abträglichen Zustand beseitigen und Persönlichkeiten zugute kommen, die Kompetenz besitzen und Vertrauen vermitteln können.

Zu den oft diskutierten Überlegungen, wie man die Oligarchien öffnen und den Bürger stärker an der Willensbildung innerhalb der Parteien beteiligen kann, gehört auch der Vorschlag, den Bürgern die Chance der Mitwirkung an der Aufstellung der Kandidaten für die Parlamentswahl zu geben. Derzeit gehören allenfalls fünf Prozent der Wahlberechtigten politischen Parteien an. Die Kandidatenaufstellung wiederum besorgt nur ein Bruchteil der Parteimitglieder, die Delegierten. Die »Enquete-Kommission Verfassungsreform des Deutschen Bundestages«[4] hat die Zahl der wahlberechtigten Mitglieder einer Partei im Wahlkreis, die an den Kandidatenaufstellungen in den Parteiversammlungen teilnehmen, auf zehn bis zwanzig Prozent beziffert. Diese Zahl ist eher zu hoch als zu niedrig gegriffen. Richtig ist jedoch die Feststellung der Enquete-Kommission, daß dieser Anteil aus technischen, organisatorischen und räumlichen Gründen kaum nennenswert erhöht werden kann.

Der Kandidat braucht also, um gewählt zu werden, nicht die Zustimmung der Parteimitglieder, sondern nur die der von Versammlungen gewählten Delegierten, deren Zusammensetzung oft ein anderes Bild bietet als die der Mitgliedschaft. Sollte man da nicht wenigstens allen Parteimitgliedern – also auch den Mitgliedern, die nicht in der Versammlung anwesend sein können – in Gestalt der *Briefwahl* die Möglichkeit geben, auf die Kandidatenaufstellung Einfluß zu nehmen?

Bemerkenswerterweise hat die Enquete-Kommission, die nahezu allen Reformvorschlägen skeptisch gegenübersteht, sich positiv für diesen Vorschlag ausgesprochen. Sie sieht in der Briefwahl ein Mittel zur Versachlichung der Meinungsbildung und qualifiziert sie als »technisches Instrument einerseits zur stärkeren Rückkoppelung zwischen Partei und Bewerber und andererseits zur Mobilisierung der schweigenden Mehrheit«.[5] Durch die Briefwahl würden »zusätzliche Balancierungsinstrumente zwischen Partei und Wähler innerhalb der Partei eingebaut«, die »einzelnen Parteimitgliedern oder kleineren Gruppen die Möglichkeit zur Alleinentscheidung nehmen« und Fehlentwicklungen berichtigen könnten. Das ist richtig gesehen und gesagt. Manche Kungelei, mancher Handstreich seitens aggressiver Minderheiten würden auf diese Weise um den Erfolg gebracht, manches fein eingefädelte Spiel würde durchkreuzt werden können. Die Bewerber würden lernen, sich wieder mehr um die Parteimitglieder – und nicht nur um den Zusammenhalt ihrer Seilschaft – zu kümmern. Als Einwand gegen die Briefwahl wird vornehmlich geltend gemacht, daß innerparteiliche Auseinandersetzungen obligatorisch in der breiteren Parteiöffentlichkeit ausgetragen werden müßten. Staatspolitisch wäre darin freilich kein Nachteil, sondern ein Vorteil zu sehen. Nicht nur der Kandidatenaufstellung, sondern dem gesamten Parteileben mangelt es an Transparenz. Allzuviel spielt sich in kleinen Zirkeln ab, die nur das nach draußen dringen lassen, was ihnen paßt. Bewerbungen, die die Probe auf Publizität nicht aushalten, sind überdies fehl am Platze; sie schaden allen: der Partei, der Gesellschaft und nicht zuletzt dem Bewerber.

Über die Parteigrenzen hinaus weist der Vorschlag, die Kandidaten für die Parlamente in offenen *Vorwahlen* zu bestimmen, wofür die Primaries in den Vereinigten Staaten das Vorbild liefern. Zu Recht wird jedoch dagegen eingewandt, daß die großen Unterschiede in der Struktur des Parteiensystems es verbieten, die Methode der Vorwahlen auch nur in modifizierter Form auf die Bundesrepublik zu übertragen.[6] In den Vereinigten Staaten wurden die Vorwahlen eingeführt im Zusammenhang mit Mißständen, die sich aus dem dort herrschenden Beuteprinzip bei der Ämtervergabe in der staatlichen und kommunalen Verwaltung ergaben. Voraussetzung für die öffentliche Aufstellung der Kandidaten ist das System der Wählerregistrierung, das auf Parteien ohne formalisierte und organisierte Mitgliedschaft zugeschnitten ist. Die deutschen Parteien sind dagegen fest organisierte Mitgliederparteien mit einem klar abgegrenzten Mitgliederbestand. Diese Parteienstruktur ist in der Bundesrepublik eine gegebene Größe. Selbst geschlossene Vorwahlen, an denen nur Parteimitglieder teilnehmen könnten, wären damit nicht zu vereinbaren.

2. Weniger wäre mehr: Selbstbeschränkung der Parteiendemokratie

Wir haben darauf aufmerksam gemacht, daß die allzu starke Machtstellung der Parteien und der allzu ausgedehnte Einfluß, den sie ausüben, zu einer Gefahr für die Demokratie geworden ist. Wie kann man dieser Gefahr begegnen, ohne die Funktionen der Parteien zu schwächen, die für die Demokratie nützlich sind?

Nutzen brächte mit Sicherheit die Zurückführung der in der Zeit wirtschaftlichen Wachstums angeschwollenen *politischen Apparatur* auf das angemessene Maß. Abgesehen davon, daß diese auf die Dauer nicht von den allgemeinen Sparmaßnahmen ausgenommen werden kann, die nun schon seit langem dem Staatsapparat als Ganzes auferlegt werden, kann gar nicht übersehen werden, daß dem großen finanziellen Aufwand, den die politische Apparatur und deren Bedienung verursachen, kein Äquivalent in Gestalt des politischen Ertrages gegenübersteht. Davon, daß mehr finanzieller Aufwand auch mehr echte Demokratie oder effizientere Steuerung bedeutet, kann nicht entfernt die Rede sein. Eher stimmt die umgekehrte Gleichung: Mehr Geld bedeutet im Zweifel weniger Demokratie und weniger Effizienz; dafür aber führt der großzügige Geldsegen zum Anschwellen von Bürokratie und zu überflüssiger Betriebsamkeit.

Man sollte auch nicht davor zurückschrecken, die *materielle Ausstattung des Politikerberufs* unter dem Gesichtspunkt der politischen Kosten-Nutzen-Rechnung zu überprüfen. Da sich der Schritt zum Vollzeitparlamentarier mit großzügiger finanzieller Ausstattung unter den Gesichtspunkten von Demokratie und Bürgernähe ungünstig ausgewirkt hat, kann man die damit bewirkte »Verstaatlichung« des Abgeordneten nicht als ein Tabu betrachten, an dem nicht mehr gerüttelt werden darf. Wenigstens teilweise sollte vielmehr die verhängnisvolle

Entwicklung rückgängig gemacht werden. Ich habe noch keinen Landtagsabgeordneten getroffen, der nicht im vertraulichen Gespräch eingeräumt hat, daß hier mehr getan worden ist, als der Sache nach notwendig gewesen wäre. Die Landtage sollten deshalb mit gutem Beispiel vorangehen und den Vollzeit-Landtagsabgeordneten wieder abschaffen.

Eine andere Frage geht dahin, ob der politische Betrieb in der kleinen Bundesrepublik nicht überhaupt viel zu aufgebläht ist. Das gilt auch für das Bundesparlament. Im Deutschen Bundestag – 10. Wahlperiode – sitzen 520 Abgeordnete. Könnten wir nicht mit weniger Abgeordneten auskommen, zunächst einmal im Bundestag, aber auch in den Landtagen, in den kommunalen Vertretungskörperschaften und im Europäischen Parlament? Je mehr Menschen es gibt, die von der Politik leben, um so mehr Überflüssiges geschieht schon deshalb, weil die Berufspolitiker sich betätigen wollen. Mehr Menschen bedeuten keineswegs stets mehr Effizienz und ebensowenig mehr Bürgernähe. Oft genug ist das Gegenteil der Fall, weil jeder größere Apparat schwerfällig wird und dahin tendiert, sich zu einem erheblichen Teil mit sich selbst zu beschäftigen. Das Resultat: Gremienarbeit grassiert, Bürgernähe schwindet. Die Politik, die auf diese Weise entsteht und aus Bonn auf den Bürger zukommt, ist detailbesessen, kurzatmig und bürokratisch, »mehr Seifen- und Sprechblasen als Entscheidungen« (Jürgen Leinemann).

Auch bei der Parteienfinanzierung genügt es nicht, deren Ausmaß und schädliche Auswirkungen zu beklagen. Eine Beschränkung der direkten staatlichen Subventionierung ist geboten, und ebenso müßte die jetzige Begünstigung von Großspendern abgeschafft werden. Zwei Vorteile mindestens brächte eine solche Sparpolitik mit an Sicherheit grenzender Wahrscheinlichkeit: Einmal müßten die Parteien ihren hauptamtlichen Apparat verkleinern, wieder näher an den Bürger heranrücken und ehrenamtliche Mitarbeit wieder schätzenlernen, zum anderen aber auch ihre Aufgaben beschränken und Einflußsphären freigeben, in denen sie jetzt – illegalerweise – ihre Macht ausüben.

Mit der Forderung nach der Reduzierung des Einflußbereiches der politischen Parteien ist allerdings ein Problem angesprochen, das sich nicht mit seinen finanziellen Aspekten erschöpft, sondern allgemeinen Charakter hat. Erinnern wir uns an das oben zur Überforderung der Parteien Gesagte: Die Parteien sind Großagenturen informeller Stellenvermittlung und personalpolitischer Kontrolle geworden. Auch sachlich fühlen sie sich allzuständig. Von der Wirtschaftskonjunktur über die Korrektur von Prüfungshausarbeiten bis zum Werteverfall gibt es kaum etwas, wofür die Parteien nicht Zuständigkeit beanspruchen. Nur das Wetter liegt noch außerhalb ihrer Zuständigkeit (um den Hamburger Politologen J. Raschke[7] zu zitieren). Notwendig ist daher eine Reduzierung sowohl des personellen als auch des sachlichen Einflußbereichs. Was den Zugriff auf die Positionen in Verwaltung und Justiz sowie im sonstigen öffentlichen und im gesellschaftlichen Bereich angeht, so ist es vordringlich, fähigen Personen, die keiner der Parteien angehören, das Gefühl zu nehmen, sie hätten keine oder nur geringe Chancen zum Aufstieg in höhere oder Spitzenpositionen.

Selbstverständlich dürfen Parteiangehörige nicht wieder – wie in früherer Zeit – bei der Ämtervergabe benachteiligt werden. Verschwinden muß jedoch der Eindruck, daß die Parteien danach streben, ihren Einfluß mittels der Ämterpatronage in Bereiche hineinzutragen, die nach der Verfassung und von Rechts wegen ihrem direkten Einfluß nicht zugänglich sind, oder daß sie gar, den drohenden Machtwechsel vor Augen, Machtverluste im engeren politischen Bereich durch Ämterpatronage außerhalb dieses Bereichs zu kompensieren suchen.[8]

Dabei geht es allerdings nicht allein um Chancengleichheit

für parteilose Bewerber und um die Gefahren, die dem Leistungsvermögen der Institutionen durch die Bevorzugung weniger qualifizierter Bewerber im Wege der Versorgungspatronage drohen, sondern auch um die strukturellen Effekte der Personalpatronage, wenn diese nur der eigenen Machtbehauptung und nicht der Lösung politischer Probleme im allgemeinen Interesse dient. Nicht zuletzt ist zu bedenken, daß die Personalpolitik der Parteien die Machtbalance des politischen Systems unterminieren kann,[9] etwa durch die Beeinträchtigung der Kontrollfunktionen von Justiz und Massenmedien. Auch wenn man – wie der Verfasser – politische Gesichtspunkte bei der Besetzung bestimmter Positionen außerhalb des engeren politischen Bereichs keineswegs stets für illegitim und zum Beispiel die Richterwahl durch parteipolitisch beeinflußte Richterwahlausschüsse, die ja in der Bundesrepublik für das Bundesverfassungsgericht und für die obersten Bundesgerichte geltendes Recht ist, durchaus für angemessen hält, kann man nicht übersehen, daß Politik und Parteienpolitik oft zwei verschiedene Schuhe sind.[10] So ist es ohne Zweifel legitim und notwendig, daß – um beim Richteramt zu bleiben – wichtige Positionen in der Justiz mit Personen besetzt werden, die sich der politischen Funktion der Rechtsprechung bewußt sind und deren politische Einstellung unanfechtbar demokratisch im Sinne der grundgesetzlichen Demokratie ist. Eine solche Einstellung kann man aber ebensogut außerhalb wie innerhalb einer politischen Partei gewinnen; die Parteien haben kein Monopol für politische Bewußtseinsbildung. Deshalb sollten die Parteien bei der Besetzung solcher Positionen mehr auf die Qualität, den geistigen Rang und die allgemeinpolitische Haltung der Persönlichkeit des Kandidaten achten als auf seine Parteizugehörigkeit.

Die Forderung, daß sich die Parteien bei ihrer Personalpolitik mehr Zurückhaltung auferlegen, ja zu einer Umkehr bereit finden müssen, ist überall dort berechtigt, wo sich der

Parteieinfluß illegitimerweise bemerkbar macht, so zum Beispiel bei der Proporzdiktatur über Fernsehen und Rundfunk, die bereits 1972 dazu geführt hat, daß die Inhaber von Führungspositionen im Fernsehen und Rundfunk zu fünfzig Prozent Mitglieder einer Partei waren. Wo steht geschrieben, daß Intendanten, Chefredakteure, Programmdirektoren, Redakteure und auch niedere Chargen Parteimitglieder oder mindestens Sympathisanten einer politischen Partei sein müssen? Erfordert die Kontrollfunktion der Medien nicht vielmehr gerade die Freiheit von denen, die sie als scharfäugige Wächter kontrollieren sollen? Nach 1945, als die Rundfunkanstalten errichtet wurden, spielte der Wunsch nach Staats*un*abhängigkeit zu Recht eine bestimmte Rolle. Daß die Rundfunkanstalten staats*ab*hängig geworden seien, kann man bis heute nicht behaupten. Wohl aber wird – gerade auch von Insidern – das Verdikt gefällt, daß anstelle der Staatsunabhängigkeit, die man sich vom Halse schaffen konnte, die Abhängigkeit von den Parteien getreten ist und die Rundfunkanstalten zum Tummelplatz parteipolitisch beeinflußter Personalpolitik geworden sind.[11]

Zu betonen ist allerdings, daß das vielberedete Beispiel der Rundfunkanstalten hier nur als Pars pro toto steht. Das Krebsübel der Ämterpatronage muß überall bekämpft werden, wo es auftaucht, in den Wirtschaftsunternehmen, an denen die öffentliche Hand beteiligt ist, ebenso wie in der Verwaltung und in der Justiz, im Bildungsbereich wie in den vielfältigen Einrichtungen der Sozialpolitik und Sozialarbeit.

In sachlicher Hinsicht ist die Überforderung der Parteien nicht weniger bestürzend, wobei sich zur Selbstüberforderung die Fremdüberforderung als deren Kehrseite gesellt. Wer plakatiert, daß er beispielsweise geistige Erneuerung oder Vollbeschäftigung bringen wird (um nur diese Beispiele zu nennen), erweckt überzogene Erwartungen und braucht sich dann nicht zu wundern, daß er Unzufriedenheit erntet, weil er die Erwartungen nicht erfüllen kann. Eher merkwürdig nimmt es sich aus, wenn dieselben Personen und Parteien, die die Erwartungen erst angeheizt haben, später über Anspruchsdenken klagen. Parteien sind keine Alleskönner. Statt die Felder, auf denen sie sich zu Worte melden, immer weiter auszudehnen, sollten sie sich auf die Gebiete beschränken, für die sie kompetent sind.

Ein parteipolitischer *self-restraint* läge nicht zuletzt im Interesse der Parteien selbst. Wer die Geschichte kennt, weiß, wie leicht Organisationen – Staat wie Wirtschaftsunternehmen, Verbände wie gesellschaftliche Institutionen – daran zugrunde gehen können, daß sie es nicht verstehen, maßzuhalten. Schlichte Vernunft müßte diese daher zur Zurückhaltung mahnen. Die Erfahrung lehrt freilich auch, wie schwer es Großorganisationen, ist ihr Appetit einmal geweckt, fällt, diät zu leben. Die Tendenz geht gerade umgekehrt dahin, den Einfluß zu mehren. Wenn eine gewisse Hybridität erreicht ist, besagen auch fallende Mitgliederzahlen nichts mehr.

Dennoch sollte kein Zweifel bestehen, daß eine Reduzierung des parteipolitischen Einflußbereichs angebracht ist, sozusagen eine »Verschlankung«. Des Guten ist zuviel getan.

Weniger wäre mehr. Eine Beschränkung des Funktionsbereichs würde dazu beitragen, Erwartungshorizont und Bewältigungskapazität wieder in Übereinstimmung zu bringen und zugleich den Freiraum dafür zu schaffen, daß sich politisches Handeln des Bürgers auch außerhalb der Parteienstruktur entfalten kann, ohne dem Vorwurf der Illegitimität ausgesetzt zu sein, mit dem man heute leicht zur Hand ist. Man kann das auch so ausdrücken: Es ist eine Vorbedingung für den Erfolg der Demokratie, daß die Macht der Parteien nicht zu weit ausgedehnt wird.

3. Freies Mandat und Ethos der Repräsentation

Neben der Öffnung der Oligarchien und der Selbstbeschränkung der Parteien ist das dritte konkrete Kernproblem die Rückbesinnung auf den Wert des freien Mandats für das Repräsentativsystem. Wenn Hildegard Hamm-Brücher[12] und Werner Maihofer[13] auf die Gefahr aufmerksam machen, daß sich Abgeordnete heute weithin nicht mehr als »Vertreter des ganzen Volkes«, wie der Gedanke der Repräsentation verlangt, sondern als Beauftragte der eigenen Partei fühlen, legen sie den Finger in eine offene Wunde des Systems. Wird die Volksvertretung durch übermächtiges Karriereinteresse mehr und mehr zur Farce einer Parteiveranstaltung denaturiert? Die zunehmende Aushöhlung dessen, was man mit Maihofer[14] das Ethos der Repräsentation nennen kann, stellt den Sinn des Parlamentarismus in Frage, denn dieses beruht darauf, daß die Regierung beständig durch Repräsentanten des demokratischen Souveräns im Parlament legitimiert und kontrolliert wird, die sich nicht als Beauftragte einer Partei, sondern als Vertreter des ganzen Volkes betrachten. Persönliche Unabhängigkeit und sachliche Unbefangenheit sind die Essentialien, die dieses Bewußtsein stützen, das ebendarin besteht, daß Loyalität nicht bloß dem Parteiapparat oder der heimischen Parteibasis oder Klientel geschuldet wird, sondern auch und vor allem dem ganzen Volk.

Diese Identifikation bedarf der Probe der Publizität und sozialen Akzeptanz – nicht anders als der Richterspruch, der ja auch im Namen des Volkes und im Blick auf Gemeinwohl und gesellschaftliches Gesamtinteresse zu fällen ist und nicht zum Nutzen von Gruppen. So wird die Rekonstituierung des in der Verfassung etablierten repräsentativen Mandats und dessen Befestigung in der parlamentarischen Realität zum Schlüsselproblem für die Erneuerung des parlamentarischen Systems, das sich nur unter dieser Voraussetzung auf Dauer gegenüber den Strömungen zu behaupten vermag, die auf direkte Basisdemokratie zielen.

Mit dem Hinweis auf Art. 38 GG, mit der Stärkung der Individualität des Abgeordneten und mit dem Appell, sich nicht mit den Interessen seiner Fraktion, Basis oder Klientel zu identifizieren, sondern »mit dem wirklichen Interesse und tatsächlichen Willen der im Staat lebenden Menschen« (Maihofer),[15] ist es freilich nicht getan. Die Selbstremedur der Parteien muß weiter greifen, wenn Vertrauen gewonnen und die Entfernung vom Bürger überwunden werden soll.

Oben wurde auf die Verdienste hingewiesen, die sich Hildegard Hamm-Brücher um die Behebung des repräsentativen Defizits im modernen Parlamentarismus erworben hat. Skepsis ist allerdings angezeigt, soweit sie auf das persönliche Gewissen des einzelnen Parlamentariers abstellt und dessen Aktivierung – »Gewissenhaftigkeit als Verfassungsauftrag« – als Ausweg aus dem Dilemma des Abgeordneten zwischen Freiheit und Bindung empfiehlt.[16] Natürlich ist es richtig, daß für den Christen das Gewissen die Mitte des Menschseins ist und erst dieses ihm personale Selbständigkeit und innere Freiheit vor weltlichen Zwängen und Zumutungen ermöglicht. Ich stimme ihr auch darin zu, daß das Gewissen das persönliche Barometer unserer menschlichen Bewährung ist. Es genügt wohl, an den Widerstand gegen Hitler zu erinnern, um deutlich zu machen, was Gewißheit und Gewissensnot in konkreter Situation bedeuten können und damals auch bedeutet haben. Wo das Gewissen spricht, hat die Sozietät zu schweigen. Es ist die höchstpersönliche – theonome oder autonome – letzte Instanz, als solche jedoch wesensgemäß individuell und konkret. In diesem Sinne hat auch Adolf Arndt[17] das Gewissen charakterisiert, als personale, unteilbare Instanz, die zu einem bestimmten Menschen als einem Ganzen in der Einmaligkeit seines Daseins und seiner besonderen Lage spricht, mit der Folge, daß er böse handelt und seine Würde einbüßt, sich verliert, falls er nicht auf sein Gewissen hört. Für den Gläubigen wird in seinem Gewissen der persönliche Ruf Gottes laut, für den skeptischen Humanisten die spontane Weisung aus dem »Sittengesetz in mir«. Die Stimme des Gewissens spricht notwendig im *hic et nunc;* sie ist zugleich sowohl norm- als auch situationsgebunden. Eine »partielle« Gewissensentscheidung kann es daher nicht geben, weil das Gewissensgebot den gesamten Menschen ergreift.

Stellt man solchen Anruf dem inflationären Gebrauch gegenüber, der in der Gegenwart mit diesem Begriff getrieben wird, so kann einem vor dessen weiterer Säkularisierung nur bange werden. Was wird nicht alles zur Gewissensfrage hinaufstilisiert, wofür hat der Gewissensbegriff nicht schon herhalten müssen! Es scheint, als ob er sich überall dort einstellt, wo rationale Argumente fehlen oder es schwierig ist, diese plausibel zu machen. Dieser Entwicklung, die das Gewissen zur kleinen Münze im politischen Geschäft macht, sollte Einhalt geboten werden. Hinzu kommt die ernüchternde Beobachtung, daß viele der Gewissenskonflikte, die in aller Munde sind, nicht aus sich heraus entstanden sind, sondern erzeugt und gesteuert wurden. Nicht die Ausdehnung der Gewissensentscheidungen im politischen Raum, sondern deren Eingrenzung auf die Fälle echter Gewissensnot ist daher angezeigt. Das aber sind solche Fälle, in denen dem einzelnen Menschen die Pein erspart werden soll, die darin liegt, daß er in einem Konfliktfall anders handeln soll, als es ihm sein Gewissen befiehlt.

Mir scheint, daß damit ein wichtiges Thema berührt wird, das unser gesamtes politisches Leben betrifft. Dieses enthält eher zuviel als zuwenig Irrationalität. Wir müssen daher lernen, politische Entscheidungen mehr als bisher an der Rationalität zu messen. Das aber heißt, das Für und Wider der Argumente abzuwägen und Verantwortung für die Rationalität der Entscheidung und deren voraussehbare Folgen persönlich zu übernehmen, anstatt diese auf ein Kollektiv oder das Über-Ich abzuwälzen. Gerade in der parlamentarischen Parteiendemokratie, in der die Machtorientierung oft genug rationale Argumente überformt oder beiseite schiebt, kann auf das Kriterium der Rationalität nicht verzichtet werden. Parlamentarische Demokratie heißt nach wie vor Diskussion. Überall dort, wo sich der politische Streit auf Glaubensbekenntnisse an ein »Unbestimmbares« zurückzieht, wird der Parlamentarismus nicht gestärkt, sondern geschwächt. Eine Fraktion, die bei wichtigen Entscheidungen nicht mehr rational diskutiert, sondern Mehrheiten nach echten oder vermeintlichen – es gibt ja auch irrende Gewissen – Gewissensentscheidungen bildet, führt ihren politischen Auftrag ad absurdum. Auch der Politiker darf sich nur in echter Gewissensnot auf sein Gewisen berufen.

Für unser Problem der Neubestimmung der Balance zwischen repräsentativem Mandat und Fraktionsloyalität bedeutet dies, daß auch bei Entscheidungen des Abgeordneten, die nicht das Gewissen als letzte personale Instanz (»Hier stehe ich, ich kann nicht anders«), wohl aber sein Verantwortungsgefühl gegenüber dem Volk, das er vertritt, berühren, die Fraktionszügel gelockert werden müssen. Darüber hinaus muß der einzelne Abgeordnete, wenn er darauf besteht, Gelegenheit erhalten, den Dissens auch im Plenum darzulegen, ohne deswegen Sanktionen befürchten zu müssen, wobei nicht bloß an formale, sondern auch an informale, den Abgeordneten stigmatisierende Sanktionen zu denken ist.

Mir scheint, daß nur auf diese Weise die Vokabeln vom hohen Rang und von der hohen Verantwortung des Parlamentariers eingelöst werden, die nicht nur Bundestagspräsidenten bei bestimmten Anlässen leicht über die Lippen gehen, sondern die auch bestimmend für seine Besoldung sind. Das repräsentative Mandat wird verfehlt, wenn man dem dissentierenden Abgeordneten lediglich die Möglichkeit gibt, sich schweigend zurückzuziehen. Es verlangt nach Persönlichkeiten, die frei urteilen, nichts verbergen und vor dem Volk Rechenschaft ablegen, weshalb sie so und nicht anders votiert haben.

Allerdings kann der Verfassungssatz des Art. 38 GG dem einzelnen Abgeordneten nur Rückhalt geben und ihm das Rückgrat stärken, mehr nicht. Wenn der Verfassungsartikel erzwingbare Aufträge und Weisungen auch verneint, schließt er doch politische, moralische und soziale Bindungen keineswegs aus. Alles kommt daher darauf an, wie der Abgeordnete sein Mandat und seine Rolle versteht: Er sollte einmal erkennen, daß Art. 21 und Art. 38 GG nicht, wie von Leibholz[18] behauptet, in einem unauflöslichen Gegensatz zueinander stehen, sondern sich im Rahmen der Verfassungsordnung ergänzen. Zum anderen ist für ihn die Einsicht unerläßlich, daß die Parteien nicht »das Volk« sind, sondern immer nur Teile der Gesellschaft darstellen, aus denen sie hervorgehen. Stets haben sie sich in einer gewissen Weise von ihrem Mutterboden, ihren »Wurzeln«, entfernt. Dies bedeutet, daß sie zwar aus der Gesellschaft hervorgehende, aber keineswegs mit dieser identische Organisationen sind. Aus diesem Grunde darf der Abgeordnete die innerparteiliche Willensbildung nicht absolut setzen.[19] Er kann sie mit der öffentlichen Meinung und mit der Stimmungslage in der Bevölkerung vergleichen und daraus gegebenenfalls Konsequenzen ziehen. Er kann aber nach seiner persönlichen Einschätzung des Problems handeln. Dazu gibt ihm Art. 38 GG die Freiheit.

4. Kern der Demokratie ist die Teilhabe

So wichtig die Öffnung der Oligarchien, die Selbstbeschränkung der Parteien und die Erneuerung des repräsentativen Mandats auch sind, sie reichen nicht aus, um den kranken

Patienten Demokratie gesunden zu lassen. In dem erneuerten Repräsentativsystem haben wir die erste Säule der politischen Willensbildung in der Demokratie zu erblicken, und sie muß dies auch in Zukunft bleiben. Weitere Stützen müssen jedoch hinzutreten, wenn der Patient nicht an fehlender Blutzufuhr sterben soll.

Kern jeder demokratischen Forderung ist die Teilhabe. Die Demokratie kann nur überleben, wenn sie sich von der passiven Zuschauerdemokratie mit ihrem Partizipationsdefizit zur aktiven Teilnehmerdemokratie wandelt. Die Erarbeitung praktikabler Methoden dafür, wie der Bürger sein Recht auf Beteiligung auf wirksame und erkennbare Weise ausüben kann, ist daher eine unumgängliche Aufgabe, die über die im vorangegangenen Abschnitt behandelte Öffnung der Oligarchien in den Parlamenten und Parteien hinausgeht, jedoch an die Forderung anknüpfen kann, Freiräume für die Bürger zu schaffen, in denen sie sich betätigen können, ohne durch das Nadelöhr des Parteienstaates gehen zu müssen. Erich Fromm hat diese Aufgabe als wesentlich schwieriger als die Erarbeitung der Konzeption der Verfassungen im 18. und 19. Jahrhundert bezeichnet. In der Tat wird es der ausgedehnten und hartnäckigen Anstrengungen vieler bedürfen, um die neuen Konzeptionen zu entwickeln und durchzusetzen.

Die Dringlichkeit solcher Anstrengungen steht außer Frage. Wir stehen vor der Alternative Protest oder Partizipation. Wo immer man Demonstranten fragt, weshalb sie auf die Straße gehen, die Konfrontation suchen und sich über das Recht hinwegsetzen, man erhält in der Regel die Antwort, wo und wie sie denn sonst außerhalb der Parlamentswahlen ihre politische Meinung zum Ausdruck bringen könnten. Wer daher die Eskalation des Straßenprotestes fürchtet, wäre gut beraten, wenn er sich überlegte, welche legalen Kanäle man den Bürgern zur Bildung und Äußerung des politischen Willens eröffnen könnte. Stehen solche Möglichkeiten nicht als

Ventile zur Verfügung, so ist abzusehen, wie die Entwicklung weiter verlaufen wird.

Läßt man Revue passieren, was an institutionellen Arrangements zur Ermöglichung von Partizipation auf dem Meinungsmarkt angeboten wird, so ist es in erster Linie der Gedanke der Ergänzung des Repräsentativsystems durch die Einführung von Plebisziten, der Aufmerksamkeit erregt. Dieses Interesse kann nicht überraschen. Die vollständige Eliminierung der direkten Demokratie aus der Verfassung ist eine Besonderheit der Bundesrepublik. Schon de Gaulle tadelte die Bundesrepublik deshalb; die Deutschen, so meinte der französische Staatschef 1963, hätten keine gute Verfassung, weil sie nicht das Referendum hätten.[20] Heute ist es Werner Maihofer, der das plebiszitäre Defizit als strukturelle Schwäche des Grundgesetzes herausstellt.[21] Erklären läßt sich der Mangel aus den geschichtlichen Entstehungsbedingungen der Verfassung der Bundesrepublik.

Als das Grundgesetz geschaffen wurde, verhinderte vor allem das Trauma »Weimarer Republik« die Etablierung des Referendums in der Bundesverfassung. Die Bundesrepublik sollte gewissermaßen in der Obhut des Parlaments und der Parteien heranwachsen. Mit jedem Jahrzehnt, das seither verstrichen ist, verliert die damalige Argumentation an Gewicht. Da Art. 30 Abs. 2 GG ausdrücklich bestimmt, daß das Volk die Staatsgewalt sowohl in Wahlen als auch in *Abstimmungen* ausübt, bestehen keine verfassungsrechtlichen Bedenken gegen die Einführung des Plebiszits.[22] Es gibt also kein Plebiszitverbot, wie öfter behauptet worden ist, im Grundgesetz. Ebensowenig beruft sich auf eine bloße Einzelvokabel, wer die Einführung des Plebiszits verlangt. Es würde dadurch nur von einer im Grundgesetz vorgesehenen Möglichkeit Gebrauch gemacht, nämlich endlich ein Vollzugsdefizit der Verfassung beseitigt werden. Sollte man da, gerade wenn man an die Beratungen im Parlamentarischen Rat und den damals von Helene Wessel gestellten Antrag der Zentrumsfraktion auf allgemeine Zulassung des Volksentscheids denkt, nicht eher von einer verdrängten Pflicht zur Ausfüllung des grundsätzlichen Demokratieprinzips sprechen? Dennoch werden mit ermüdender Regelmäßigkeit die bekannten Argumente wiederholt, die darauf hinauslaufen, plebiszitäre Elemente schwächten die Integrationskraft der großen demokratischen Parteien (als ob es da noch etwas zu schwächen gäbe), böten Demagogen Aktionsspielraum und überforderten die Verstandeskräfte der Bürger.

Was die vermeintlich negativen Erfahrungen mit Volksbegehren in der Weimarer Republik angeht, so ist längst erwiesen, daß das im Parlamentarischen Rat von Theodor Heuss[23] emotional gefüllte Verdikt (»Cave canem«) seiner Abneigung gegen die direkte Artikulation des Volkswillens entsprang, aber keine zureichenden Tatsachengrundlagen hatte. Volksbegehren hat es in der Weimarer Zeit achtmal gegeben. Drei Begehren wurden, da finanzwirksam, nicht zugelassen, zwei wurden trotz Zulassung nicht weiterverfolgt (eins, weil der Reichstag es sich zu eigen machte). Ein Volksbegehren fand nicht die erforderliche Mehrheit, zwei Volksentscheide scheiterten an dem Beteiligungsquorum des Art. 75 der Weimarer Reichsverfassung. Das ist alles. Brisant waren ohne Zweifel die Initiativen zur Fürstenenteignung (1926) und zum Young-Plan (1929). Auch bei ihnen kann jedoch nicht davon die Rede sein, daß durch sie, wie Heuss meinte, »die ganze politische Erziehungsarbeit, die in der Demokratie geleistet wurde, überrannt worden« sei. Die wenigen Volksentscheide, die in den zwanziger Jahren zustande kamen, trugen, bei Licht betrachtet, zur Zerstörung der Weimarer Demokratie weit weniger bei als die Selbstausschaltung des damaligen Parlamentarismus, der nach dem Sturz des Kabinetts Hermann Müller im Jahre 1930 keine parlamentarisch mehrheits- und handlungsfähigen Regierungen mehr zustande brachte.

Und haben uns die schlechten Erfahrungen mit dem parlamentarischen System während der Weimarer Republik daran gehindert, wieder mit diesem anzufangen? Zu Recht nicht. Ich meine, Christian Pestalozza, dem eine ausgezeichnete Studie darüber zu verdanken ist, verdient Zustimmung, wenn er hinzufügt:[24] »Aber es hat uns angespornt, dieselbe Sache besser zu machen.«

Noch weniger überzeugend ist der Zweifel an der Fähigkeit des Bürgers, sich bei Volksentscheiden vernünftig zu entscheiden. Dieser Zweifel ist ein Einwand gegen die Demokratie als solche; er entspricht haargenau der Position, die früher einmal gegen die demokratischen Wahlrechtsreformen eingenommen wurde, die für uns heute Selbstverständlichkeiten sind. Es ist bekannt, in welcher Weise sich die Bundestagswahlen (»Auf den Kanzler kommt es an«), aber auch die Landtagswahlen zu Personalplebisziten entwickelt haben. Wer angesichts dessen Plebiszite über Sachfragen für eine Überforderung des souveränen Bürgers hält, plädiert für eine Demokratie, in der das einmal gewählte Führungspersonal während der Wahlperiode in den Grenzen der Verfassung machen kann, was es will. Der gegenwärtige Zustand entspricht diesem im Grunde aristokratischen Ideal; wer an ihm festhalten will, verordnet sich Blindheit gegenüber den eingangs erörterten Defiziten der parlamentarisch-parteienstaatlichen Demokratie und deren Ursachen. Er betrachtet den Bürger nicht als souverän, sondern nur als Resonanzboden für die von Funktionseliten in Parteien, Regierungen und Exekutive gefällten Entscheidungen. Zudem hätten die Parteien jede Möglichkeit, bei Plebisziten in die Meinungs- und Willensbildung einzugreifen. Die Gefahr der Demagogie ist daher nicht größer als bei Wahlen zum Parlament und bei der dafür aufgebotenen Parteiagitation und -propaganda.

1958, als die SPD-Fraktion im Bundestag den »Entwurf eines Gesetzes zur Volksbefragung wegen einer atomaren

Aufrüstung der Bundeswehr« einbrachte, kam es zu einer interessanten Bundestagsdebatte[25] über Sinn und Glaubwürdigkeit der Demokratie, an die hier erinnert werden soll. Die *konsultative Volksbefragung,* um die es der SPD damals ging, ist etwas anderes als die Einführung von Volksbegehren und Volksentscheid, für die hier plädiert wird. Der Unterschied betrifft die rechtliche Verbindlichkeit. Eine konsultative Volksbefragung bindet das zuständige Staatsorgan nicht, sondern informiert dieses lediglich. Darüber hinaus bewirkt sie einen Meinungsdruck auf Regierung und Parlament. Man hatte aus diesem Grund die bloß konsultative Volksbefragung, die in Österreich nach Art. 43 des Bundesverfassungsgesetzes auf Verlangen des Nationalrats oder der Mehrheit seiner Mitglieder einzuleiten ist, als imperfektes Referendum oder Zwitter bezeichnet, als eine Einrichtung, die weder Fisch noch Fleisch ist.[26] Noch weiter ging Rainer Barzel, als er es in der Debatte von 1958 als eine »Zumutung für den demokratischen Souverän« bezeichnete, wenn dieser amtlich zu einer unverbindlichen Meinungsäußerung aufgefordert würde: »Wenn sich der Souverän äußert, entscheidet er auch.«[27] Immerhin ist diese konsultative Volksbefragung als »demokratisches Minimum« (Christian Pestalozza)[28] besser als nichts. In Österreich hat es bei dem einzigen Mal, an dem es angewendet wurde, bei der Abstimmung über die gesetzliche Zulassung des Kernkraftwerks Zwentendorf, sogar Parlament und Regierung veranlaßt, von ihren Vorhaben Abstand zu nehmen, also eine indirekte Wirkung ausgeübt.

In der Bundesrepublik wird die Einführung der konsultativen Volksbefragung heute vor allem von solchen Stimmen gefordert, die skeptisch sind gegen die Bereitschaft des Gesetzgebers, mit dem Verfassungsauftrag, der diesem mit der Verwendung des Begriffs »Abstimmungen« in Art. 20 GG erteilt ist, nach so langer Zeit der Abstinenz noch Ernst zu machen, aber dennoch einen Weg finden wollen, dem wachsenden Bedürfnis breiter Bevölkerungsschichten nach mehr Mitwirkung an politischen Entscheidungen von existentieller Bedeutung Rechnung zu tragen, ohne dem System des repräsentativen Parlamentarismus Abstriche zuzumuten. Der hannoversche Staatsrechtslehrer Hans Peter Schneider hat diese »harmonistische« Lösung für ein Problem, das auch die jungen Politiker in den etablierten Parteien meist nur mit äußerster Vorsicht anfassen, auf die Formel gebracht, man müsse Repräsentation und Partizipation des Volkes gemeinsam verbessern und so miteinander kombinieren, daß beide demokratische Legitimationsweisen sich wechselseitig verstärken.[29] Deshalb soll an die Regelung in Art. 64 Abs. 3 der baden-württembergischen Verfassung angeknüpft werden, wonach aus der Mitte des Landtags eine Volksabstimmung über Verfassungsänderungen beantragt werden kann.

Trotz ihrer Unvollkommenheit sind Vorschläge, die auf die Einführung einer konsultativen Volksbefragung zielen, zu begrüßen. Zweckmäßig wäre es allerdings, an die in Art. 43 des österreichischen Bundesverfassungsgesetzes verankerte Regelung anzuschließen. Schneider vermeidet diese Anknüpfung und spricht statt dessen von einem neuartigen Befragungs- oder Untersuchungsrecht des Parlaments, das neben die Mißstandsenquete von Untersuchungsausschüssen gegenüber der Exekutive und neben die Sachstandserforschung von Enquete-Kommissionen treten könnte. Er will es wegen seiner analog konstruierten Voraussetzungen »Volksenquete« nennen, zielt aber in der Sache auf eine dem österreichischen Beispiel nachempfundene Regelung, die sich von dieser vor allem dadurch abhebt, daß dic crforderliche Stimmenzahl für den Antrag auf Volksbefragung nur ein Drittel der Mitglieder des Bundestages betragen soll. Dieses geringe Quorum würde die Einrichtung erklärtermaßen zu einem zusätzlichen Oppositionsinstrument machen, das dafür sorgen könnte, daß eine Regierung nicht auf Dauer gegen die Mehrheit des Volkes entscheidet.

Bedenken gegen den Vorschlag der »Volksenquete« bestehen darüber hinaus insoweit, als dem Volk hier nicht – wie beim Volksentscheid – ein ausformulierter Gesetzentwurf, sondern eine Frage vorgelegt werden soll, was Peter von Kielmannsegg[30] schon vor Jahren mit der Feststellung quittiert hat: »Wer die Frage formuliert, bestimmt auch die Antwort.« Mit Sicherheit wird gegen die »Volksenquete« auch wieder so argumentiert werden, wie es Barzel 1958 tat. Die Aussichten, auf diesem »moderaten« Nebenweg voranzukommen, sind infolgedessen keineswegs besser als auf dem klassischen Hauptweg. Warum aber dann der Nebenweg?

Kehren wir indessen zur Bundestagsdebatte von 1958 zurück. Was dieser Debatte Gewicht verschaffte, war vor allem ein Beitrag Adolf Arndts, der ins Bewußtsein hob, daß und weshalb sich Demokratie nicht im Repräsentativsystem erschöpfen darf:[31]

> Es geht bei der Demokratie um die Selbstbestimmung mündiger Menschen und um die bestmögliche Verwirklichung dieser Selbstbestimmung und dieser Teilhabe an der Selbstbestimmung. Das hört aber nicht etwa in der Weise auf, daß nun der Wähler zwischen den Wahlen in den Ruhestand tritt.
>
> Wenn etwas den innersten Kern des Demokratischen verletzt, dann ist das ein Satz, den Sie, Herr Dr. Barzel, kürzlich, am 20. April, in der *Welt* veröffentlicht haben und auf den im Untergrund die ganzen Reden (der CDU/CSU) gestimmt waren. Dieser Satz heißt: »In unserem Grundgesetz ist ganz klar zum Ausdruck gebracht, daß sich die Willensbildung des Volkes darauf beschränkt, in freien und geheimen Wahlen die Abgeordneten für das Parlament zu wählen.« Nein! sage ich Ihnen. Nein! Die

Willensbildung des Volkes hört nicht einen Tag auf. Die Willensbildung, die Meinungsbildung, ist ein unaufhörlicher Prozeß, durch den das Volk zu sich selber kommt, durch den es seinen Staat integriert. Das vollzieht sich unentwegt und vollzieht sich auch als Bildung der öffentlichen Meinung. Weder der Prozeß der Willensbildung noch der Prozeß der Meinungsbildung können in einer Demokratie auch nur einen Augenblick dergestalt aufhören, daß der Wähler zugunsten der Abgeordneten abdankt.

Folgerungen zog der Bundestag aus diesem Redebeitrag so wenig wie aus den anderen Argumenten, mit denen für die Volksbefragung geworben wurde. Die Einführung der Volksbefragung wurde von der Mehrheit vielmehr strikt abgelehnt. So bedauerlich diese Entscheidung auch war, so begreiflich war sie in der damaligen Situation. Auch heute kann man rückblickend durchaus dafür Verständnis aufbringen, daß man damals, rund zehn Jahre nach der Errichtung der Bundesrepublik, aus latenten oder virulenten Ängsten heraus zögerte, den Schritt in die mündige Demokratie auch nur ansatzweise durch Einfügung eines plebiszitären Elements in die politische Realordnung zu wagen. Unverständlich war und bleibt dagegen zwanzig Jahre später das ablehnende Votum der *Enquete-Kommission zur Verfassungsreform*. Diese stand auch 1976 noch ganz im Bann der Staatsrechtslehren, die von einer nicht aufhebbaren Spannung zwischen repräsentativ-demokratischen und plebiszitär-demokratischen Organisationsformen und Legitimationsverfahren sprachen, und sie lehnte es deshalb ab, den in Art. 20 Abs. 2 GG festgelegten Grundsatz der »Abstimmungen« zur Ausführung zu bringen. In parteiischer Einseitigkeit, in Voreingenommenheit, maß man damals das Plebiszit nicht daran, welchen Nutzen es der Demokratie bringen würde, sondern allein daran, ob es

»geeignet« sei, »das demokratisch-repräsentative System zu festigen und in seiner Legitimationskraft zu verstärken«.[32] Nach den tieferen Gründen wurde nicht gefragt; die bekannten Klischees beherrschten das Feld. Keines der Kommissionsmitglieder erinnerte sich auch nur ansatzweise an Adolf Arndts oben zitierte Ausführungen.

Die Dürftigkeit des Enquete-Berichts in diesem Punkt ist um so befremdlicher, als gerade in jenen Jahren in Baden-Württemberg ein einstimmiger Landtagsbeschluß gefaßt wurde, die Volksgesetzgebung durch Volksbegehren und Volksentscheid in die Landesverfassung aufzunehmen.[33] Es ist schon so, wie Wilfried Heydt,[34] der zu den Grünen gehört, schreibt: »Dieselben Parteien, die im Bund einmütig der Ansicht waren, der Schaden, der durch die Einführung plebiszitärer Elemente entstehen würde, sei größer als der Nutzen, vertraten in Baden-Württemberg mit bewegenden Worten den genau gegenteiligen Standpunkt.«

Der Sprecher der SPD im Landtag von Baden-Württemberg stellte damals in der Landtagsdebatte ausdrücklich fest, die Verhältnisse hätten sich seit 1945 grundlegend geändert. »Deshalb sollten wir keine Angst haben, dem Bürger ein solches Instrument anzuvertrauen, und wir sollten insbesondere keine Angst haben davor, daß er ein solches Recht etwa mißbrauchen oder mit ihm Schindluder treiben würde.«[35] Auch der Sprecher der CDU in Baden-Württemberg ließ keine Zweifel an Notwendigkeit und Nutzen des Plebiszits. Als wichtigsten und entscheidenden Grund dafür, weshalb seine Partei für die Einführung eines Volksbegehrens sei, nannte er:

> . . . das Mißtrauen abzubauen, das es heute noch – leider, müssen wir sagen – gegen die Parteien gibt. Es wird aber meistens darüber vergessen, daß es heute auch ein tiefgehendes Mißtrauen gegen die Verbändeherr-

> schaft in unserem Staat gibt. In der heutigen pluralistischen Gesellschaft hat eine Minderheit, die nicht in diesem Verbändewesen organisiert ist, kaum mehr die Möglichkeit, ihre Interessen durchzusetzen. Hinter diesen Verbänden stehen meistens auch starke finanzielle Möglichkeiten. Gerade in dieser Verbändeherrschaft muß der einzelne Bürger die Chance haben, sich über Bürgeraktionen und Bürgerinitiativen zu artikulieren.[36]

Der Vertreter der F.D.P. schließlich erinnerte daran, daß Baden-Württemberg Bürgerbegehren und Bürgerentscheid kenne und die Erfahrung damit gerade zeige,

> . . . daß unsere Bürger keine blindwütigen Inszenierer von Volksbegehren sind. Die überall im Lande auftretenden meist erfreulichen Bürgerinitiativen bleiben stecken, der gute Wille zur echten Mitarbeit versandet, wenn sie kein Ventil haben, wenn sich das Engagement nicht erweitern kann, und hier könnte ein solches Volksbegehren dieses Ventil sein. Das Volksbegehren kann echte Kontakte zwischen dem Parlament und den Bürgern erstellen, vielleicht manchmal auch unangenehme; aber das Interesse wird durch direkte und aktive Teilnahme am Staat gefördert. Das Gefühl und das Ärgernis der Ohnmacht wird dem Bürger zumindest teilweise genommen, die politischen Entscheidungen werden durchsichtiger. Eine moderne Demokratie braucht die Mitwirkung des Bürgers. Sie darf sich nicht erschöpfen im bloßen Ja- und Neinsagen und im Kreuzchenmachen.[37]

Wenn man liest, wie vor zwölf Jahren im baden-württembergischen Landtag alle drei Fraktionen in dem Plebiszit »ein sehr gutes Mittel der Kontrolle, aber auch der Korrektion« des Parlaments und der Parteien sahen (so der Sprecher der SPD), fragt man sich, wie es möglich gewesen ist, daß in Bonn damals von ebendenselben Parteien diametral entgegengesetzte Argumente vertreten wurden. Kann man es den Grünen verdenken, wenn sie mokant fragen, ob hier über die gleiche Sache im gleichen Staat gesprochen worden ist?

Im übrigen lassen sich alle vorgebrachten Einwände (»Augenblicksstimmungen«, »Prämie auf Demagogie«, »Emotionalisierung«, »Vereinfachung komplizierter Fragestellungen«, »unzureichende Information«) durch konkrete Regelungen über das Volksbegehren und den Volksentscheid ausräumen. Es trifft einfach nicht zu, wenn man – wie dies immer wieder geschieht – unterstellt, die im Gesetzgebungsverfahren zu treffenden Sachentscheidungen seien stets so komplex, daß sie für den Bürger nicht beurteilbar seien. Wie überhaupt im politischen Bereich, so ist auch hier eine Reduktion der Komplexität geboten und möglich. Die Behauptung, daß dies nicht möglich sei, dient der Pflege einer Legende, hinter der sich die Furcht der an der Macht befindlichen Gruppen vor politischen Entscheidungen verbirgt, die sie nicht ausreichend kontrollieren können. Wahrhaft irrational ist nicht das sachorientierte Plebiszit, wenn ihm ausgearbeitete Gesetzentwürfe zugrunde liegen und Zeit für die Diskussion des Für und Wider gelassen wird, sondern der gegenwärtige Zustand, in dem Parteien und Politiker nach emotional aufgeheizten, mit Verdächtigungen und Beschimpfungen gespickten Wahlkämpfen aufgrund von diffusen Erklärungen und Programmen gewählt werden, an deren Verheißungen sie später nur noch ungern erinnert werden wollen. Zudem ist das Plebiszit gegen den Durchgriff von Sonderinteressen weitgehend immun.

Man kann deshalb gar nicht deutlich genug aussprechen, daß sich Parlamentarismus und Referendum nicht ausschließen, sondern sich *ergänzen* können. Daß der Anstoß, die bundesrepublikanische Demokratie in dieser Weise zu stärken und zu vervollständigen, im Bundestag nicht von den staatstragenden Parteien, sondern von den Grünen gekommen ist,[38] kann kein Grund sein, das theoretisch wie praktisch Gebotene zu unterlassen. Muster für die Ausgestaltung von Volksbegehren und Volksentscheid liefern die Regelungen in den Landesverfassungen von Baden-Württemberg, Bayern, Berlin, Bremen, Hessen, Nordrhein-Westfalen, Rheinland-Pfalz und dem Saarland, denen bisher keiner vorgeworfen hat, der Demagogie Tür und Tor geöffnet zu haben. Alle diese Bundesländer kennen plebiszitäre Einrichtungen;[39] nur in Hamburg, Niedersachsen und Schleswig-Holstein fehlen sie in den Landesverfassungen.

Nicht zuletzt wäre die Einführung des Referendums eine Konsequenz aus dem Demokratieverständnis, das durch das *One-man-one-vote*-Modell und das Mehrheitsprinzip bei den politischen Wahlen auf ein Maximum politischer Gleichheit festgelegt ist. Volksbegehren und Volksentscheid würden nicht nur das partizipatorische Interesse der Bürger aufnehmen und der Gesetzgebung nutzbar machen; ihre weitere Institutionalisierung über den gegenwärtigen Zustand hinaus auf der Ebene der Städte und Gemeinden[40] als Bürgerantrag, Bürgerbegehren und Bürgerentscheid würde auch jener oft mit der Aktivität von Bürgerinitiativen verknüpften Tendenz entgegenwirken, die darauf hinausläuft, die Gleichheit der Bürger aufzuheben, indem Minderheiten bestimmen, was die Mehrheit hinzunehmen hat.[41]

Hüten sollte man sich allerdings davor, im Plebiszit auf Bundesebene ein Patentrezept zu sehen. Nicht nur, daß das Verfahren relativ aufwendig ist; die Notwendigkeit, die Stellungnahme auf einen Ja-Nein-Entscheid zu reduzieren, grenzt die Anzahl der plebiszitfähigen Probleme beträchtlich ein. Die Bürger schreiben sich auch nur dann in die Listen für ein Volksbegehren ein und gehen nur dann zur Abstimmung, wenn das vorgelegte Problem ihnen wichtig erscheint. Einen nicht geringen Aufwand bedingt nicht zuletzt die Notwendigkeit, den Bürger über die zu entscheidende Frage sachgerecht zu informieren. Dieses Hindernis ist zwar über die Medien zu überwinden, wenn hinreichend Zeit für die Information zur Verfügung steht. Es wäre aber unrealistisch, die Einsatzmöglichkeit zu überschätzen, so wertvoll auch die richtig ausgestaltete Institution als solche ist.

Weiter gespannt sind die Möglichkeiten, die der große Gedanke der *Dezentralisierung* öffentlicher Aufgaben für Interaktionsmöglichkeiten bietet, die dem Bürger eine konstruktive Einflußnahme gestatten.[42] Die Skala reicht von den Nachbarschaftsgruppen, für die sich auch ein Mann wie Erich Fromm[43] einsetzt, bis zu Selbsthilfegruppen und Stadtteilvertretungen, von der Gemeinwesenarbeit[44] und »Anwaltsplanung«,[45] die die unzureichend artikulierten Interessen sozial Schwacher durch Stellvertretung zu Gehör bringt, bis zu Peter C. Dienels Planungszelle.[46] Nicht zu vergessen sind die vielfältigen Formen der Bürgerkonsultation, die der Steigerung der Bürgerbeteiligung an der kommunalen Willensbildung dienen: Bürgerversammlung, Bürgerbefragung (»Computer-Demokratie«), Bürgerforum (Alternativplanung), Betroffenenbeiräte.[47] Die unterschiedlichen Strukturen und Problemverarbeitungskapazitäten schließen es aus, alle diese Einrichtungen, die die Beteiligungsschwächen der »Establishment-Demokratie« überwinden sollen, über einen Kamm zu scheren. Allgemeines Merkmal ist das Zurücknehmen der Ausdifferenzierung gesellschaftlicher Funktionen zugunsten einer Interaktion in kleineren Einheiten, die dem gesellschaftlichen Wunsch nach der Verwirklichung von Alternativen zum Repräsentativsystem wie zur Bürokratie Rechnung tragen und bürgernahe Problemlösungen erarbeiten soll. Ist die Vernachlässigung von Zukunftsproblemen zugunsten von Gegenwartsfragen eine Strukturschwäche der Parteiendemokratie, in der die Gegenwart das Übergewicht über die Zukunft hat (Richard von Weizsäcker spricht von einer »automatischen

Scheuklappenwirkung« im Hinblick auf den nächsten Wahltermin), so läßt hier die andersgeartete Problemlage erwarten, daß auf diese Weise Problemlösungen gefunden werden, die nicht an dieser Blickverengung leiden.

Vieles an diesen Vorschlägen ist noch nicht hinreichend erprobt, manches noch nicht ausgereift. Dennoch spricht alles dafür, den aufgezeigten Weg zu gehen und aus den Erfahrungen, die dabei gewonnen werden, zu lernen. Denn wir haben im Grunde keine andere Wahl: Nur mittels des Plebiszits und einer auf Bürgerbeteiligung gerichteten Dezentralisierung kann eine Zuschauerdemokratie zur Teilnehmerdemokratie werden.

V. Ausblick: Die Pferde vom Ladogasee

Kehren wir zum Ausgangspunkt unserer Betrachung zurück. Das Fundament der Bundesrepublik, so sagten wir, steht fest, aber die Besorgnisse mehren sich. Im Gebälk des Staates sind Risse sichtbar geworden, die Reparaturen dringlich machen. Besteht Aussicht auf die erforderliche Erneuerung?

Zu allen Zeiten ist es eine undankbare Aufgabe gewesen, einer Gesellschaft den Spiegel vorzuhalten. Man steht heute jedoch nicht allein, wenn man auf die rechtsstaatlichen Voraussetzungen der Freiheit und auf die Zerbrechlichkeit demokratischer Institutionen aufmerksam macht und fragt, ob unsere Gesellschaft die Kraft zur Erneuerung hat. Nur zwei Stimmen aus dem vielstimmigen Konzert sollen hier erwähnt werden, und dies nicht zuletzt deshalb, weil beide bisher kaum bemerkt worden sind.

Paul Frank, unter Walter Scheel Staatssekretär im Auswärtigen Amt und im Bundespräsidialamt, hat 1984 nach dreißig Jahren Tätigkeit im politischen Dienst des Staates die Befindlichkeit der bundesrepublikanischen Gesellschaft untersucht und an die Regierungserklärung erinnert,[1] die im Herbst 1969 der konservative Premierminister Jacques Chaban-Delmas auf der Tribüne der französischen Nationalversammlung abgegeben hat. Chaban-Delmas hielt damals den Zeitpunkt für gekommen, eine neue Gesellschaft zu errichten, von der er sagte, daß sie gesund, jung, großherzig und innerlich frei sein sollte. Er wollte es nicht mehr bei Klagen und Diskussionen bewenden lassen, sondern zur Tat schreiten, und nannte als Grund für das Unbehagen, das Frankreich wie viele andere Länder damals spürte (und heute noch spürt), die »blockierte« Gesellschaft, in der das Land lebe. Der Premierminister erwartete Zustimmung für das Signal zum Aufbruch aus den Verkrustungen, das er gesetzt hatte. Das Echo war jedoch anders als vorgestellt.

Ihm antwortete kein Geringerer als Georges Pompidou, der Präsident der Republik. Chaban-Delmas irre, so meinte Pompidou, wenn er den Moment für gekommen halte, um in Frankreich etwas Neues zu machen. Man mache niemals etwas Neues. Das seien nur Phantasievorstellungen von Jugendlichen und Romantikern in der Sprache von Intellektuellen und jungen Müßiggängern von Saint-Germain-des-Prés. Im Buch der Geschichte gebe es keine weißen Seiten. Man müsse sich damit abfinden, an einem Gobelin zu sticken, der von anderen begonnen worden und dessen Muster bereits vorgegeben sei. Deutlicher als hier Pompidou konnte man den Standpunkt, der alles beim alten lassen will, kaum artikulieren. Paul Frank resümiert:[2]

> Meist sehen wir unsere Freiheit von außen bedroht. Die Gefahren indessen, die der Freiheit von innen heraus erwachsen, übersehen wir geflissentlich. Rein militärische Bedrohungen sind verhältnismäßig einfach zu erkennen. Ungleich schwieriger ist es, komplizierte technologische und soziologische Entwicklungen zu analysieren und in ihrer Wirkung richtig einzuschätzen. Die Gefährdungen der Freiheit, die sich aus der Gesellschaft heraus ergeben, sind nicht weniger groß.

Der zweite sensible Beobachter, der genannt werden soll, ist Paul Noack, ein renommierter Politikwissenschaftler. Als das Wort von der Unregierbarkeit der modernen Demokratien umging, beschäftigte sich Noack mit der *silent revolution,*[3] der unmerklichen Aushöhlung der Demokratie. Zu Recht attackierte er diejenigen, die die westliche Demokratie verachten, weil sie nicht so ist, wie sie ihnen als »Stichwort eigener Träume« erscheint. Noack wandte sich aber auch gegen solche »Verteidiger der Demokratie«, die schon die Frage nach der Funktionstüchtigkeit der Demokratie als unnütze Frage nach ihrem Lebensnerv verwerfen. Die beharrliche Weigerung, sich auf Kritik an der Demokratie einzulassen, sei nichts anderes als die Anerkennung der Tatsache, daß es mit ihr nicht zum besten steht: »Wenn die ›Offenheit‹ der offenen Gesellschaft zur Phrase degeneriert, dann stellt sich das System selbst in Frage. Wenn die ›Zustände‹ zu einem Glaubensbekenntnis werden, tendieren sie zur Diffamierung der Kritik.« Auf die Frage, worin der tiefere Grund für das Elend liege, konstatiert Noack in Anlehnung an eine amerikanische Abhandlung,[4] daß die demokratischen Methoden den ihnen einst innewohnenden »Zauber« verloren haben. Er hält es für notwendig, das Dach der Demokratie neu zu decken, ohne das Gebäude zu beschädigen, und nennt auch die Macht, die dem entgegensteht, beim Namen: Es ist das Ingroup-Denken der Repräsentanten des repräsentativen Systems, das sich darin erschöpft, *politics as usual* zu betreiben.[5]

Solche Zweifel an der Erneuerungsfähigkeit demokratischer Gesellschaft sind weit verbreitet, und niemand kann sie einfach beiseite schieben. Denn es steht außer Frage, daß die Hindernisse, die dem hier skizzierten Weg zur Erneuerung der Demokratie entgegenstehen, beträchtlich sind. Von den *Bürgern* wie vom *System* und seinen verantwortlichen Repräsentanten ist ein Umlernen zu fordern. Ist diese Fähigkeit vorhanden? Zweifel daran sind berechtigt, wenn man sich klarmacht, worum es geht.

Vom *Bürger* ist nicht zu verlangen, daß sein Wille zur politischen Beteiligung durch die zu erwartenden Rückschläge und Niederlagen nicht entmutigt wird. Es darf daran erinnert werden, daß schon Montesquieu der Meinung gewesen ist, die Demokratie stelle an den Menschen höhere Anforderungen als andere Verfassungsformen. Zum Staat der Bürger, so formuliert er,[6] gehöre die Bürgertugend.

Heute spricht man nicht mehr über Tugenden, über Bürgertugend schon gar nicht. Mit dem Begriff darf jedoch nicht auch die Sache abhanden kommen, die er bezeichnet. Erinnern wir uns: Tugend war ein Begriff, der im Mittelpunkt des Denkens der Alten stand. Nicht weniger hoch stand auch der des Bürgers einst im Kurs. Ein *civis Romanus,* ein Bürger Roms, zu sein verlieh Kraft und Wohlgefühl. Theodor Mommsen, der große Historiker, wünschte nichts anderes, als ein Bürger zu sein, wie er in seinem Testament[7] schrieb; und Bürger war für ihn nichts anderes als die Übersetzung von Zoon politikon. Es gehört zu den Schattenseiten unserer Kultur, daß es nicht gelungen ist, den politischen Begriff des Bürgers in Deutschland heimisch zu machen, während in den Vereinigten Staaten der *citizen,* in Frankreich der *citoyen* Karriere machten, beides *politische* Typisierungen im Gegensatz zum *sozialen* Typ, dem Bourgeois.[8]

Es fällt nicht schwer, darin einen Ausdruck der deutschen Misere zu erkennen. Nach der gescheiterten Revolution von 1848 verzichtete das Bürgertum auf die politische Macht, um sich in Wirtschaft, Wissenschaft und unpolitischer Kultur zu entfalten. In solchem Klima konnten die privaten Tugenden trefflich gedeihen, Fleiß, Pflichteifer, Zuverlässigkeit, Ehrlichkeit, Unbestechlichkeit, Disziplin, aber auch die Neigung zum Grundsätzlichen, das Kultivieren der Privatheit. Die öffentlichen Tugenden, die auf ein Miteinander-Auskommen hinauslaufen, auf soziale Verantwortlichkeit und Verantwortungsfreude, auf politische Beteiligung, Kompromißbereitschaft, freien Gesetzesgehorsam – diese politischen Tugenden blieben dagegen unterentwickelt. Die deutschen Machteliten von Wilhelm II. bis Hitler haben den Nutzen daraus gezogen.

Die großen Wandlungen im Wertgefüge, die sich seither vollzogen haben, sind nicht zu verkennen; wir haben in einem früheren Abschnitt darauf hingewiesen. Hier müssen wir nun die Frage stellen, wie es mit den politisch-sozialen Werten steht, die für ein demokratisches Gemeinwesen unentbehrlich sind: Verantwortungsgefühl, Gemeingeist, Solidarität – wie immer man sie nennen will. Montesquieu sprach von Liebe zur Demokratie, zur Gleichheit, zur Genügsamkeit.[9] In der Tat: Wer Anspruch auf Anspruch häuft, überfordert das Gemeinwesen. Zur Genüge kennen wir heute auch die Kehrseite des übersteigerten Anspruchsdenkens: Wer nicht gelernt hat, sich Wünsche zu versagen, gleitet hinab in einen Zustand, in dem der Genuß alles und die Leistung nichts bedeutet.

Vor allem aber kommt es darauf an, den *Gemeinsinn* zu entwickeln, der sich auf die sachbezogene Teilnahme am Leben der Demokratie richtet. Die *res publica* ist nicht die Sache einiger weniger, sondern die Sache aller Bürger. Wenn der apolitische Protest die Scylla ist, an der die Erneuerung scheitern kann, so ist die politische Apathie die Charybdis. Der Bürger darf sich nicht resignierend damit abfinden, zuschauende Restgröße in einem System zu sein, in dessen Machtgruppen er sich nicht wiedererkennen kann. Eine Wiederbelebung der Haltung des »Ohne mich«, auf die nicht wenige politische Strategien des bundesrepublikanischen Establishments und ebenso verbreitete Strömungen unter jungen Menschen zu zielen scheinen, wäre verhängnisvoll für die künftige Entwicklung. Um die Zukunft zu bestehen, brauchen wir eine Jugend, wie sie sich einst Schleiermacher wünschte:

fähig zum Eintreten für das, was sie vorfindet, aber auch tüchtig, sich auf Verbesserungen einzulassen. Werden wir eine solche Jugend bekommen? Oder bleibt es bei der Selbstinszenierung des apolitischen Protestes, der zwischen Widerstandspathos und Larmoyanz pendelt, wo politisches Handeln geboten und auch möglich ist?

Primär wendet sich unser Appell zur erneuernden Rückbesinnung auf den verpflichtenden Gehalt von Verfassung und Recht, auf das Ethos der Repräsentation, auf Demokratie und Partizipation allerdings an die *Eliten,* die dank ihrer Funktionen vor allen anderen für das Schicksal des politischen Systems verantwortlich sind. Wird es der politischen Funktionselite gelingen, dem Ingroup-Denken, das sie gefangenhält, zu entrinnen und ihre Selbstisolierung zu durchbrechen? Oder wird sie sich weiterhin der trügerischen Hoffnung hingeben, es werde schon irgendwie weitergehen, weil es bisher stets irgendwie weitergegangen sei? Paul Frank[10] sieht in dieser Einstellung das Kennzeichen von Senilität: eine geistige Erstarrung, die das eigentliche Krankheitsbild der westlichen Demokratie sei. Der senilen Gesellschaft, der es am rechten Verständnis für die Zeit und ihre Fragen fehlt, stellt er – kaum anders, als das hier geschehen ist – die lebendige erneuerte Republik gegenüber. Beide Einstellungen, die pubertäre des Protests, die sich darin gefällt, das Bestehende zu beschädigen oder zu zerstören, weil sie kein Bild von der Zukunft hat, in dem es seinen Platz finden könnte, und die senile, die in überholten Denk- und Handlungsgewohnheiten verharrt, treffen sich in der Verweigerung. Das Lager der Erneuerung muß daher die Auseinandersetzung gegen beide Verweigerungsformen führen, und Frank hat recht, wenn er darauf hinweist, daß pubertäre Akte in der Gesellschaft überhandnehmen, wenn Senilitiät den Zustand der Gesellschaft bestimmt.

Daß Appelle etwas ändern können, ist freilich alles andere

als ausgemacht. Verlangt man nicht, daß sich die parlamentarische Parteiendemokratie wie Münchhausen am eigenen Schopf aus dem Sumpf zieht? Skepsis herrscht denn auch, wohin man blickt, auch unter den Nachdenklichen, die die Flammenzeichen an der Wand sehen. In der Tat: Es gibt kein Gesetz, wonach aus der Erkenntnis des Notwendigen auch die Bereitschaft folgt, das Erkannte in Taten umzusetzen. Das Fortwursteln hat in der Politik nicht nur Tradition; es gilt für Staatsweisheit, wenn man Probleme aussitzt, Dinge treiben läßt. Niemand sollte sich daher wundern, wenn nichts geschieht. Daß

- das Ethos der Repräsentation sich erneuert,
- die Oligarchien in Parteien und Parlament sich öffnen,
- die Parteien Einflußbereiche freigeben,
- das Volk seinen Willen in Abstimmungen äußern darf,
- den Bürgern mehr politische Beteiligungschancen erschlossen werden,

kurz, daß die parlamentarische Parteiendemokratie auf diese Weise neue Lebenskraft gewinnt, ist nichts als Hoffnung.

Es liegt nahe, jenes edomitische Wächterlied zu zitieren, mit dem Max Weber vor mehr als zwei Menschenaltern seinen berühmten Vortrag über Wissenschaft als inneren Beruf geschlossen hat:[11] »Es kommt ein Ruf aus Seir in Edom: Wächter, wie lang noch die Nacht? Der Wächter spricht: Es kommt der Morgen, aber noch ist es Nacht. Wenn ihr fragen wollt, kommt ein ander Mal wieder.«

Das Volk, dem das gesagt wurde, hat Jahrtausende gelitten, geharrt, gehofft und am Ende doch seinen Staat bekommen. Kann man da in der Sache, um die es hier geht, aufhören zu hoffen? Auf Vernunft, auf Einsicht, auf Tatkraft? Wenn der Mensch nicht zum Objekt erniedrigt werden will, muß er eine

Gesellschaft wollen, in der es reale Chancen gibt, trotz aller menschlichen Unzulänglichkeiten ein Höchstmaß von Selbstbestimmung zu verwirklichen.

Den rechtspolitischen Auffassungen von Alain Peyrefitte, dem früheren französischen Justizminister, stehe ich fern. Dem Autor Peyrefitte,[12] Mitglied der Académie française, verdanke ich jedoch den Hinweis auf eine Schilderung in Curzio Malapartes *Kaputt,* von der nicht nur Malapartes Bewunderer sagten, daß sie eines Hieronymus Bosch würdig sei.

Es handelt sich um die *Eispferde vom Ladogasee.*[13] Im strengen Winter von 1942, an den sich wohl jeder erinnern wird, der ihn durchlitten hat, standen sich in Karelien finnische und russische Truppen gegenüber. Am dritten Tag der Belagerung durchlohte ein riesiger Brand den Urwald von Raikkola in der karelischen Landenge, in dem sich sowjetische Artillerie befand. Rasend vor Angst stürzten sich an die tausend Pferde in den Schmelzofen und versuchten, den Belagerungsring des Feuers zu durchbrechen. Viele kamen in den Flammen um, ein großer Teil erreichte das Ufer des Sees, stürzte in das Wasser, um an das rettende Ufer zu gelangen. Plötzlich, als der Nordwind einbrach, gefror das Wasser. Das Eis überraschte die Pferde und schloß sie ein. Am nächsten Tage bot der See einen gespenstischen Anblick: eine unendliche weiße Marmorplatte, auf die Hunderte und aber Hunderte von Pferdeköpfen gestellt waren – wie durch den scharfen Schnitt einer Henkerklinge abgetrennt.

Malaparte[14] sah in dieser Szene das Bild des alten, sterbenden Europa, das mit dem Krieg zugrunde ging. Man kann sie aber auch anders deuten, als Symbol eines Schicksals, das jede Gesellschaft belauert. Die Pferde hätten, um sowohl dem Inferno der Flammen als auch dem Gefriertod im Eis zu entgehen, einen Weg am Ufer einschlagen müssen. Dazu fehlte ihnen jedoch die Vernunft. Ihrem Instinkt folgend, vertrauten sie auf das Wasser, mit dem Resultat, daß sie ebendort den Tod fanden, wo sie sich vor ihm sicher glaubten.

Müßte diese Geschichte nicht allen zu denken geben, die meinen, sie könnten in der Bewegung der Zeit des Nachdenkens entraten und so weitermachen, wie sie es gewohnt sind – *politics as usual?* Demokratie, die *menschlichste* aller politischen Ordnungen, ist auch die *verwundbarste.* Um bei unserem Bild zu bleiben: Risse im Gebälk zeigen an, daß etwas nicht in Ordnung ist, und sie werden immer länger und immer breiter, wenn nichts unternommen wird, um den Ursachen beizukommen, denen sie ihr Entstehen verdanken, das heißt, wenn die Sekundärprobleme des Tages die Politik in Atem halten, aber die eigentlichen Fragen, die die Zeit stellt, nicht beantwortet werden.

Die Demokratie kann nur überleben, wenn sie sich von der passiven Zuschauerdemokratie mit ihrem Partizipationsdefizit zur aktiven Teilnehmerdemokratie wandelt. Das ist eine mühevolle Aufgabe. Ist sie indessen nicht der Mühe wert?

Wir brauchen Mut zur Verfassungspolitik in dem hier skizzierten Sinn. Daß es nicht so weitergehen kann wie bislang, hat kein Geringerer als Richard von Weizsäcker deutlich gemacht, indem er sagte: »Zwischen der Macht der Parteien im Staat einerseits und ihrer Befähigung zur Lösung der Probleme andererseits hat sich eine breite Kluft aufgetan.

Dieses Problem zu lösen ist unsere verfassungspolitische Aufgabe. Sie entscheidet nicht nur über die Zukunft der Parteien, sondern über das Schicksal unserer Demokratie überhaupt.«

Anmerkungen

I. Die Katastrophe als Chance: Der demokratische Verfassungsstaat als Reaktion auf den nationalsozialistischen Unrechtsstaat

1 Vgl. J. Kocka: »1945: Neubeginn oder Restauration?«, in: C. Stern/H. A. Winckler (Hrsg.): *Wendepunkte deutscher Geschichte,* 1979, S. 143 f.

2 Die hetzerische Absicht war, Rathenau zu schaden; siehe dazu Harry Graf Kessler: *Walther Rathenau, Sein Leben und sein Werk,* 1928, S. 287 f.

3 In seinen Ausführungen im Parlamentarischen Rat am 8. Mai 1949 zum Abschluß der Beratungen und zur Annahme des Grundgesetzes; siehe T. Heuss: *Die großen Reden,* 1967, S. 94 ff., 103. Das Zitat lautet: »Im Grunde genommen bleibt dieser 8. Mai 1945 die tragischste und fragwürdigste Paradoxie der Geschichte für jeden von uns. Warum denn? Weil wir erlöst und vernichtet in einem gewesen sind.«

4 Im »Prolog« des von ihm zusammen mit H. P. Schwarz herausgegebenen Sammelbandes *Die zweite Republik, 25 Jahre Bundesrepublik Deutschland – eine Bilanz,* 1974, S. 11.

5 Dazu statt vieler W. Maihofer: *Menschenwürde im Rechtsstaat,* 1967; E. Benda: »Die Menschenwürde«, in: E. Benda/W. Mai-

hofer/H.-J. Vogel (Hrsg.): *Handbuch des Verfassungsrechts,* 1983, S. 107 ff.; ders.: »Erprobung der Menschenwürde am Beispiel der Humangenetik«, *Aus Politik und Zeitgeschichte,* Beilage zur Wochenzeitung *Das Parlament,* B 3/85 vom 1. 1. 1985, S. 18 ff.; und die Kommentierungen von G. Dürig in: Maunz/Dürig/Herzog/Scholz (M/D/H/Sch): Grundgesetz, Art. 1 Abs. 1; und A. Podlech, in: *Kommentar zum Grundgesetz für die Bundesrepublik Deutschland, Reihe Alternativkommentare* (AK GG), Art. 1 Abs. 1 (1984); siehe jetzt auch W. Graf Vitzthum: »Die Menschenwürde als Verfassungsbegriff«, *Juristenzeitung* 1985, S. 201 ff.

6 K. Stern: *Das Staatsrecht der Bundesrepublik Deutschland,* Bd. II, 1980, S. 892.

7 Vgl. M/D/H/Sch, Art. 92 GG Rz. 2; AK GG Wassermann, Art. 92 Rz. 12.

8 *Spannungen und Kräfte im westdeutschen Verfassungssystem,* o. J. (1951), S. 32.

9 »Gesetzliches Unrecht und übergesetzliches Recht«, *Süddeutsche Juristenzeitung* 1946, S. 108 (= G. Radbruch: *Der Mensch im Recht,* 1957, S. 124).

10 »Rechtsdenken in unserer Zeit«, in: A. Arndt: *Gesammelte juristische Schriften,* hrsg. von E.-W. Böckenförde und W. Lewald, 1976, S. 37 ff., 56.

11 H. Jahrreiß, in: H. Jahrreiß/G. A. Zinn: *Die Rechtspflege im Bonner Grundgesetz, Verhandlungen des 37. Deutschen Juristentages,* 1950, S. 33.

12 In diesem Sinne hat zum Beispiel Jahrreiß, *a. a. O.,* S. 28, vor dem Deutschen Juristentag 1949 Werner Kägis damals sehr bekannte Habilitationsschrift *Die Verfassung als rechtliche Grundordnung des Staates,* Zürich o. J. (1945), mit ihrer Warnung vor dem »latenten Absolutismus des Mehrheitsentscheids« zitiert; siehe auch bei Kägi, S. 182: »Nur wo der Richter über der Verfassung wacht, ist Herrschaft der Verfassung möglich«, und S. 184: »Wo die 51% glauben, kraft dieser 51% alles tun zu dürfen, ist die Demokratie unrettbar im Niedergang.« S.a. F.K. Fromme: *Von der Weimarer Verfassung zum Bonner Grundge-*

setz, 2. Aufl. 1962, S. 121: »Der Parlamentarische Rat wollte mit dem Bonner Grundgesetz das Recht als Regulativ der Macht.«

13 Vgl. etwa K. Hesse: *Grundzüge des Verfassungsrechts der Bundesrepublik Deutschland,* 4., ergänzte Aufl. 1984, S. 15f., 17f.; AK GG Stein, Einleitung II Rz. 77ff.

14 Von Chief Justice Charles Evans Hughes, der 1926 erklärte: »The Constitution is what the Supreme Court says it is.« Zur Rolle des Supreme Court in den Vereinigten Staaten vgl. A. H. Kelly/W. A. Harrison: *The American Constitution – Its Origins and Developments,* New York [3]1963, S. 4; W. Haller: *Supreme Court und Politik in den USA,* Bern 1972, S. 12ff.

15 Vom Supreme Court der USA wurde gesagt, wie ein Boot, das segelt, müsse sich das Gericht nicht nur nach den Sternen, sondern auch nach dem Wind richten (Ch. P. Curtis jr.: *Löwen unter dem Thron,* 1947, S. 247).

16 Vgl. dazu W. Bergsdorf: *Herrschaft und Sprache,* 1983, S. 14f., 26ff.; und vorher M. Greiffenhagen (Hrsg.): *Kampf um Wörter? – Politische Begriffe im Meinungsstreit,* Schriftenreihe der Bundeszentrale für politische Bildung, Bd. 163, 1980; und E. Noelle-Neumann: *Die Schweigespirale,* 1980, S. 24f., 214ff., 219ff., 225f.

17 Ich benutze den von W. Bagehot: *The English Constitution,* (1867) 1952, S. 4, geprägten Ausdruck (in freier Verwendung).

18 Vgl. R. Dahrendorf: *Gesellschaft und Demokratie in Deutschland,* 1965, S. 130ff.

19 Urteil vom 15. Dezember 1983 (»Volkszählungsurteil«), *Entscheidungen des Bundesverfassungsgerichts (BVerfGE),* Bd. 65, S. 1ff.

20 Vielfach ist dieses im amerikanischen Recht anerkannte Recht (vgl. W. Kamlah: *Right of Privacy. Das allgemeine Persönlichkeitsrecht in amerikanischer Sicht unter Berücksichtigung neuer technologischer Entwicklungen,* 1969) gemeint, wenn vom Datenschutz die Rede ist.

21 H. P. Westermann: »Verabschiedung oder Überarbeitung des BGB?«, *Zeitschrift für Rechtspolitik* (ZRP), 1983, S. 249, 257

22 Herzog, in: M/D/H/Sch, GG Art. 97 Rz. 20.

23 H. Sendler: *Zur Makulaturproduktion des Gesetzgebers,* Festschrift zum 125jährigen Bestehen der Juristischen Gesellschaft zu Berlin, 1984, S. 753, 767.

24 E. Forsthoff: *Veröffentlichungen der Vereinigung der Deutschen Strafrechtslehrer* (VVDStRL), Bd. 14, S. 187 f.

25 W. Hoppe: »Verwaltungsverantwortung und Verwaltungsgerichtsbarkeit«, *Deutsches Verwaltungsblatt* 1975, S. 684.

26 Ipsen in: *Verwaltung und Verwaltungsrechtsprechung,* VVDStRL, Bd. 14, S. 193 f.

27 Vgl. dazu R. Wassermann: »Verwaltung und Bürger«, in: H. P. Bull (Hrsg.): *Verwaltungspolitik,* 1979, S. 89 ff., 111 f.; K. Redeker: »Notwendigkeit und rechtliche Gestaltungsmöglichkeiten von Parlamentsbeauftragten in Deutschland«, *Neue Juristische Wochenschrift* 1976, S. 1297 ff.; siehe auch die Entschließung der Europäischen Gemeinschaft zur Einsetzung eines Ombudsmannes, EG-Drucksache 8/1927 vom 1. 6. 1978.

28 Siehe die Warnung von H.-J. Vogel: »Zur Diskussion über die Normenflut«, *Juristenzeitung* 1979, S. 321 ff.

29 Der letzte Fall dieser Art war das Gesetz gegen die sogenannte Auschwitzlüge; vgl. R. Wassermann: »Der zerrechtete Staat«, *Deutsches Allgemeines Sonntagsblatt* Nr. 4 vom 27. 1. 1985, S. 5. Immerhin gelang es gerade in diesem Fall, Öffentlichkeit und Bundestag zu Nachdenklichkeit und besserer Einsicht zu bewegen.

30 Es hat schon als eine kleine Sensation gewirkt, daß der niedersächsische Staatsgerichtshof in dem Rotationsstreit zwischen Abgeordneten der Grünen und dem Präsidenten des niedersächsischen Landtags die Vereinbarkeit des Rotationsprinzips mit der Ordnung des parlamentarischen Regierungssystems verneinte (vgl. das Urteil vom 5. 6. 1985, abgedruckt bei G. Frank/R. Stober (Hrsg.): *Rotation im Verfassungsstreit,* 1985, S. 344, 361), mehr noch, daß der Präsident des Landtages die Rotation nicht widerspruchslos hinnahm. Vom Präsidenten des Bundestags sind Einwendungen gegen die Rotation nicht erhoben worden.

31 Vgl. die von W. Heyde und G. Wöhrmann herausgegebene Dokumentation *Auflösung und Neuwahl des Bundestages 1983 vor dem Bundesverfassungsgericht,* 1984, und die Urteilsbegründung mit den abweichenden Meinungen, *ebenda,* S. 235 ff.

32 So auch der damalige Richter am Bundesverfassungsgericht H. J. Rinck in der vorstehend angeführten Dokumentation S. 292.

33 W. Heyde/G. Wöhrmann: *a. a. O.,* S. 314.

34 H. Kelsen: *Wesen und Wert der Demokratie,* 1920, S. 36 ff.

35 »Die Versuchung des Absoluten. Zur deutschen politischen Kultur im 19. und 20. Jahrhundert«, *Aus Politik und Zeitgeschichte,* Beilage zur Wochenzeitung *Das Parlament,* B 7/84 vom 18. 2. 1984, S. 3 ff., 10.

36 Vgl. Montesquieu: *De l'esprit des lois* (1748), Avertissement et Tome I (S. 6 der hier benutzten, auf der Ausgabe von 1758 basierenden Ausgabe, die bei Ernest Flammarion, Paris, erschienen ist).

37 *Gesammelte juristische Schriften,* 1976, S. 36.

II. Treiben Demokratie und Rechtsstaat auseinander?

1 Siehe statt vieler die gründliche Untersuchung von T. Stammen: *Der Rechtsstaat – Idee und Wirklichkeit in Deutschland,* 5., neu überarbeitete Auflage 1977.

2 Protagonist des Unversöhnlichkeits-Theorems war C. Schmitt; siehe dessen *Verfassungslehre,* ^{5}1954, S. 123 ff., 221 ff.

3 Siehe dazu etwa die damals recht bekannte Habilitationsschrift von W. Kägi: *Die Verfassung als rechtliche Grundordnung des Staates,* 1947, S. 182 ff., die H. Jahrreiß vor dem 1. Deutschen Juristentag 1949 zustimmend zitiert hat *(Verhandlungen des 37. Deutschen Juristentages,* 1950, S. 28).

4 Das wurde damals von der außerparlamentarischen Opposition wie vom linken Flügel der SPD, die in der Notstandsgesetzgebung eine für die Demokratie verhängnisvolle Macht-

steigerung des Staates sahen, gründlich verkannt; siehe jedoch G. Heinemann: *Rechtsstaatliche Demokratie in Notzeiten,* SPD-Bundeskonferenz 1967, Protokoll, C 1 ff.

5 Siehe dazu R. Wassermann: *Vorsorge für Gerechtigkeit, Rechtspolitik in Theorie und Praxis,* 1985, S. 49 f.

6 Siehe vor allem die leichtverständliche und engagierte Darstellung R. Lamprecht/W. Malanowski: *Richter machen Politik. Auftrag und Anspruch des Bundesverfassungsgerichts,* 1978, die auf einer Serie im *Spiegel* beruht.

7 Siehe dazu meinen Beitrag »Justiz und Politik«, in: *Handlexikon zur Politikwissenschaft,* hrsg. von W. W. Mickel in Verbindung mit D. Zitzlaff, 1983, S. 232 ff.

8 Die Frage ist im Hinblick auf das Wiedervereinigungsgebot in der Präambel des Grundgesetzes heftig umstritten. Siehe dazu die umfassende Publikation *Der Grundlagenvertrag vor dem Bundesverfassungsgericht. Dokumentation zum Urteil vom 31. Juli 1973 über die Vereinbarkeit des Grundlagenvertrages mit dem Grundgesetz,* hrsg. vom Presse- und Informationsamt der Bundesregierung in Zusammenarbeit mit dem Bundesverfassungsgericht, 1975.

9 Vgl. die Dokumentation *Der § 218 StGB vor dem Bundesverfassungsgericht. Dokumentation zum Normenkontrollverfahren wegen verfassungsrechtlicher Prüfung des Fünften Strafrechtsreformgesetzes (Fristenregelung),* hrsg. von C. Arndt, B. Erhard und L. Funcke, 1979.

10 *Entscheidungen des Bundesverfassungsgerichts (BVerfGE),* Bd. 24, S. 300 ff.

11 Zur Lehre des *judicial self-restraint* in der amerikanischen Verfassungsrechtsprechung vgl. W. Haller: *Supreme Court und Politik in den USA,* 1972, S. 161 ff. Berühmt ist die Formulierung von Justice Stone in seiner *dissenting opinion* im Entscheid United States versus Butler (297 US 1/1936) über die Grenzen richterlicher Verantwortung: *»The only check upon our own exercise of power is our sense of self-restraint«* (*a. a. O.,* S. 78 f.) Nicht übersehen werden darf allerdings, daß die Auffassung darüber, wann der Kongreß seine verfassungsmäßigen Kompe-

tenzen überschritten hat, stark von der Persönlichkeit der entscheidenden Richter bedingt ist. Es gibt *strict constructionists,* die sich eher von Überlegungen des *judicial self-restraint* leiten lassen, und *actionists,* aktivistische Richter, die leichter dazu bereit sind, in rechtsschöpferischer Weise in den politischen Prozeß einzugreifen. Die Grenzen sind fließend, weil komplexe Richterpersönlichkeiten nur schwer in eine der beiden Kategorien einzuordnen sind (siehe dazu das Kapitel »Die Persönlichkeit des Richters«, in: R. Wassermann: *Die richterliche Gewalt – Macht und Verantwortung des Richters in der modernen Gesellschaft,* 1985). Je weniger ein in sich zerstrittenes Parlament in der Lage ist, wichtige Fragen zu entscheiden, um so mehr wächst die Neigung der Verfassungsrichter, die Entscheidungen selbst zu treffen. So hat der aktivistische Warren-Court seine aufsehenerregenden Entscheidungen zur Beseitigung der Rassendiskriminierung erst erlassen, nachdem der durch den Widerstand der Südstaaten-Demokraten in der Rassenfrage gelähmte Kongreß jahrzehntelang in Untätigkeit verharrt hatte. Das beste Mittel gegen Eingriffe der richterlichen Gewalt in die Politik ist eben stets und überall ein funktionierendes Parlament, das die brennenden Fragen der Zeit beherzt anpackt. Zur höchstrichterlichen Rechtsprechung als Triebfeder sozialen Wandels siehe auch A. Heldrich in seinem gleichnamigen Aufsatz; in: *Zur Effektivität des Rechts. Jahrbuch für Rechtssoziologie und Rechtstheorie,* Bd. 3, 1972, S. 305ff. Zu der Entwicklung in den USA, die viele Gruppen dazu veranlaßt hat, auf die Gerichte »als Zufluchtsort für jeden Fleck des sozialen Gewissens der Nation« zu vertrauen, siehe auch E. Keynes: »Aktuelle Entwicklungen im Regierungssystem«, in: *Politik und Wirtschaft in den USA, Strukturen – Probleme – Perspektiven,* 1984 (Schriftenreihe der Bundeszentrale für politische Bildung, Bd. 208), S. 9, 40ff.

12 Vgl. E. Forsthoff: *Rechtsstaatlichkeit und Sozialstaatlichkeit,* 1968, S. 145ff., 165ff. Zur Bedeutung des verfassungsrechtlichen Sozialstaatsprinzips siehe demgegenüber H. P. Bull: *Die Staatsaufgaben nach dem Grundgesetz,* [2]1977, S. 163ff.,172ff.;

E. Benda: *Handbuch des Verfassungsrechts* (Anm. 1), S. 515 ff.; M. Kittner, in: *Kommentar zum Grundgesetz der Bundesrepublik Deutschland,* 1984, Art. 20 Abs. 1–3, IV, Rz. 22 ff.

13 Siehe von den damaligen Untersuchungen insbesondere die *Allensbacher Berichte,* Jg. 1982, Nr. 12, und Infratest: *Politischer Protest in der Bundesrepublik Deutschland,* 1980, S. 73 ff.; F. U. Fack sprach in der *Frankfurter Allgemeinen Zeitung* vom 4. 6. 1982 von dreißig Prozent Gewaltbefürwortern in der Bundesrepublik; siehe indessen auch K. Wasmund: *Jugendliche – Neue Bewußtseinsformen und Verhaltensweisen,* 1982, S. 62 ff.; und H. Rausch: »Politisches Bewußtsein und politische Einstellungen im Wandel«, in: W. Weidenfeld (Hrsg.): *Die Identität der Deutschen,* 1983 (Bd. 200 der Schriftenreihe der Bundeszentrale für politische Bildung), S. 119, 145.

14 *Gerechtigkeit als Beruf,* 1982, S. 198 ff.

15 Vgl. die einflußreiche Schrift von C. Schmitt: *Legalität und Legitimität,* 1932.

16 Siehe dazu K. D. Bracher: *Geschichte und Gewalt,* 1981, S. 67 f. »Legitimitätsverfall der Demokratie und wachsender Einfluß militanter Diktaturbewegungen sind zwei Seiten derselben Erscheinung, die man als ›Weimarer Syndrom‹ bezeichnen kann.«

17 Vgl. T. Geiger: *Vorstudien zu einer Soziologie des Rechts,* 1964, S. 308 ff.

18 Diese Erwägungen treffen sich mit politologischen Überlegungen, die angesichts des schwindenden inhaltlichen Konsenses die Notwendigkeit der Konsensbildung in bezug auf die demokratischen Verfahrensprinzipien und Legitimationsmechanismen betonen. Die Rechtsordnung ist aber mehr als bloße Verfahrensregelung; als politischer Ausdruck von Wertungsprozessen, die sich mit politischen und sozialen Interessen verschränken, kann sie selbst inhaltliche Orientierung stiften und gerade zur Durchsetzung nichtmaterialistischer Werte beitragen, etwa zu Selbstverwirklichung, Toleranz, sozialer Gerechtigkeit und Menschenwürde.

19 Vgl. M. Rehbinder: »Rechtskenntnis, Rechtsbewußtsein und

Rechtsethos als Probleme der Rechtspolitik«, in: *Jahrbuch für Rechtssoziologie und Rechtstheorie,* Bd. 3, 1972, S. 31.

20 H. Ryffel: *Rechtssoziologie,* 1974, S. 289.

21 M. Greiffenhagen in der Einleitung zu dem von ihm herausgegebenen Sammelband *Kampf um Wörter? – Politische Begriffe im Meinungsstreit,* 1980, S. 12.

22 *Ebenda,* S. 17ff.

23 Siehe dazu W. Bergsdorf: *Herrschaft und Sprache,* 1983, S. 14f., 26ff.

24 Angemerkt sei, daß in der sozialwissenschaftlichen Terminologie von Kriminalisierung auch im Sinne von Etikettierung (sogenanntem *labeling approach)* oder Stigmatisierung gesprochen wird. Gemeint ist damit der Vorgang der sogenannten Zuschreibung von Merkmalen, bei dem die Justiz durchaus eine aktive Rolle spielen kann. Die Vergröberung im politischen Sprachgebrauch, der Begriffe als Waffen verwendet, schadet nachhaltig dem ernsthaften und wichtigen Anliegen der kriminologischen Theorienbildung, die zu Recht die Aufmerksamkeit darauf lenkt, daß möglicherweise der Staat selbst durch die Art und Weise, wie er auf abweichendes Verhalten reagiert, kriminelle Karrieren fördert.

25 So zu Recht F. Bauer: »Widerstandsrecht und Widerstandspflicht«, in: *Widerstandsrecht,* hrsg. von Arthur Kaufmann, 1972, S. 482, 484.

26 Es handelt sich um das Rechtsgutachten, das 1839 drei Juristenfakultäten zur Rechtfertigung der Verweigerung unbewilligter Staatssteuern erstatteten, siehe C. F. Dahlmann (Hrsg.): *Gutachten der Juristenfakultäten in Heidelberg, Jena und Tübingen, die Hannoversche Verfassungsfrage betreffend,* 1839. Der »welfische Staatsstreich« hatte zuvor die Proteste der »Göttinger Sieben« und deren Entlassung durch Ernst August ausgelöst.

27 Vgl. Art. 147 der hessischen, Art. 23 Abs. 4 der Berliner und Art. 19 der bremischen Verfassung.

28 Vgl. dazu etwa J. Isensee: *Das legalisierte Widerstandsrecht,* 1969, S. 13ff.; H. Scholler: »Widerstand und Verfassung«, *Der Staat* 1969, S. 19ff.; K. Doehring: »Das Widerstandsrecht des

Grundgesetzes und das überpositive Recht«, *Der Staat* 1969, S. 429 ff.; G. Scheidle: *Das Widerstandsrecht,* 1969; H. Schneider: *Widerstand im Rechtsstaat,* 1969; H. Ridder, in: *Kommentar zum Grundgesetz für die Bundesrepublik Deutschland,* Art. 20 Abs. 4, Rz. 8 ff.

29 Vgl. BVerfGE, Bd. 5, S. 85 ff.

30 Dazu eingehend Isensee: *a. a. O.,* S. 32 ff.; zum Ultima-ratio-Charakter des Widerstandsrechts siehe auch BVerfGE, Bd. 5, S. 85 ff.

31 Unter anderen insbesondere R. Dreier: *Widerstandsrecht im Rechtsstaat,* Festschrift für H. U. Scupin, 1983, S. 574 ff., und dessen Beiträge in: P. Glotz (Hrsg.): *Ziviler Ungehorsam im Rechtsstaat,* 1983, S. 54 ff., und in der Festschrift für R. Wassermann, 1985, S. 299 ff. Kritisch dazu auch W. Hassemer: *Ziviler Ungehorsam – ein Rechtfertigungsgrund?,* Festschrift für R. Wassermann, 1985, S. 325 ff. Siehe auch die von der Landeszentrale für politische Bildung in Hamburg und der Hamburger Katholischen Akademie herausgegebene Publikation *Widerstand in der Demokratie,* 1983, mit Beiträgen von C. Arndt, H. Juros, W. A. Kewenig, I. v. Münch, und – zeitlich vorgehend – meinen Beitrag »Gibt es ein Recht auf zivilen Ungehorsam?«, *Zeitschrift für Politik* 1983, S. 343 ff.; ferner U. Kaupen: »Ziviler Ungehorsam im demokratischen Rechtsstaat«, R. Wassermann: »Zur Rechtsordnung des politischen Kampfes in der verfassungsstaatlichen Demokratie«, G. Frankenberg: »Ziviler Ungehorsam und Rechtsstaatliche Demokratie«, sämtlich *Juristenzeitung* 1984, S. 249 ff., 273 ff., 266 ff. Eine eingehende Auseinandersetzung verdient die tiefschürfende Studie von U. K. Preuß: *Politische Verantwortung und Bürgerloyalität. Von den Grenzen der Verfassung und des Gehorsams in der Demokratie,* 1984.

32 *Entscheidungen des Bundesgerichtshofs in Strafsachen (BGHSt),* Bd. 20, S. 342; siehe dazu G. Scheidle: *a. a. O.,* S. 98 ff.

33 Vgl. J. Habermas: »Ziviler Ungehorsam – Testfall für den demokratischen Rechtsstaat. Wider den autoritären Legalismus

in der Bundesrepublik«, in: Glotz (Hrsg.): *a. a. O.*, S. 29ff. Ähnlich spricht T. Ebert – mit Ossip K. Flechtheim einer der frühesten Vorkämpfer für den gewaltfreien Widerstand in der Bundesrepublik – von dem zivilen Ungehorsam als einer »sozialen Erfindung der Demokratie«; in seinem in den *Tutzinger Materialien* Nr. 6/1983, S. 1ff., veröffentlichten Vortrag fordert er, Gesetzgeber und Justiz müßten »für den Umgang mit zivilem Ungehorsam einen Weg finden zwischen Laissez-faire und abschreckender Unterdrückung« (S. 21).

34 Vgl. R. Dahrendorf: *Gesellschaft und Freiheit,* 1961, S. 197f.

35 G. Heinemann: *Plädoyer für den Rechtsstaat,* 1969, S. 23.

36 Grundlegend BVerfGE 7, 198ff.; siehe auch BVerfGE 5, 85ff. (154f., 205), 12, 113 (125), 20, 56 (97).

37 Zum Art. 5 GG als politisches Aktionsrecht siehe auch Scheidle: *a. a. O.,* S. 95, 101.

38 Auch der Fall Pätsch (siehe Anm. 32) betraf eine Meinungsäußerung.

39 Siehe die Bemerkung von R. Aron: *Erkenntnis und Verantwortung, Lebenserinnerungen,* 1985, S. 487.

40 Vgl. *De l'esprit des lois,* I, II, III (S. 27 der Ausgabe E. Flammarion).

41 K. D. Bracher: *a. a. O.,* S. 27.

42 I. Kant: *Werke VII,* hrsg. von W. Weischedel, 1956, S. 337 (Metaphysik der Sitten, Einleitung in die Rechtslehre, §§ B, C).

43 C. Broda: »Rechtskontinuität und Rechtsreform«, *Recht und Politik* 1984, S. 1.

III. Die Zuschauerdemokratie

1 Vgl. J. Raschke in der Einleitung zu dem von ihm herausgegebenen Sammelband *Bürger und Parteien. Ansichten und Analysen einer schwierigen Beziehung,* 1982 (Band 189 der Schriftenreihe der Bundeszentrale für politische Bildung), S. 19.

2 Statt vieler vgl. G. Leibholz: *Die Auflösung der liberalen*

Demokratie in Deutschland und das autoritäre Staatsbild, 1933, S. 40 ff.

3 Vgl. K. von Beyme: *Parteien in westlichen Demokratien,* 2., überarbeitete Auflage 1984; zur Theorie und Soziologie der politischen Parteien siehe auch die gleichnamige Textsammlung von K. Lenk/F. Neumann, 2 Bände, 1974 *(Soziologische Texte,* Bd. 88/89).

4 Vgl. D. Herzog: *Politische Einflußgruppen,* 1982, S. 71 f.; zur »schmalen Bühne«, auf der sich nach 1945 der Elitenaustausch abspielte, siehe auch H. L. Würmeling: *Die weiße Liste. Umbruch der politischen Kultur in Deutschland,* 1981, S. 249 ff., 267.

5 Vgl. S. R. Wildenmann: »Germany 1930/1970«, in: *Sozialwissenschaftliches Jahrbuch für Politik,* Bd. 2 (1971, S. 13 ff.; D. Herzog: *a. a. O.,* S. 71.

6 *Geschichte und Gewalt,* 1981, S. 76.

7 *Politische Parteien – Die öffentliche Verwaltung,* 1985, S. 593

8 »Parteienstaat oder was sonst?«, *Der Monat* VI/51, S. 563 ff.; zur damaligen Diskussion siehe auch F. R. Allemann: »Das deutsche Parteiensystem«, *Der Monat* IX/52, S. 365 ff., und die Stellungnahme von U. Gerber, *Der Monat* X/55, S. 100.

9 Siehe vor allem G. Leibholz: *Strukturprobleme der modernen Demokratie,* 3., erweiterte Auflage 1967, S. 71 ff., 87 ff., sowie vorher *Verhandlungen des 38. Deutschen Juristentages* (1950), S. C 10. Kritisch dazu insbesondere P. Haungs: *Parteiendemokratie in der Bundesrepublik,* 2. Aufl. 1981, S. 12 ff.

10 Diese Formulierung hat BVerfGE 1, 223 f., übernommen.

11 Zum Beispiel mit Nachdruck, allerdings von einer demokratiefernen Grundposition aus, W. Weber: *Spannungen und Kräfte des westdeutschen Verfassungssystems,* 1951, S. 20.

12 Leibholz: *Strukturprobleme der modernen Demokratie,* S. 117.

13 *Ebenda,* S. 124.

14 Vgl. O. Stammer: *Politische Soziologie und Demokratieforschung,* 1965, S. 113 ff.; ders.: »Politische Soziologie«, in: A. Gehlen/H. Schelsky (Hrsg.): *Soziologie,* 1955, S. 304 f.

15 Siehe R. Michels: *Zur Soziologie des Parteiwesens in der moder-*

nen Demokratie. Untersuchungen über die oligarchischen Tendenzen des Gruppenlebens, Neudruck der 2. Aufl. von 1925, 1957, S. 342 ff.

16 *Ebenda* S. 200 ff.

17 Gesetz vom 24. 7. 1967, zuletzt geändert durch Gesetz vom 12. 12. 1979 (BGB1. I, S. 2358); siehe dazu D. T. Tsatsos/M. Morlok: *Parteienrecht,* 1982.

18 Vgl. D. Herzog: *a. a. O.,* S. 88, Haungs: *a. a. O.,* S. 37.

19 Es handelt sich um die Regierungserklärung Willy Brandts vom 18. 10. 1969; vgl. *Die großen Regierungserklärungen der deutschen Bundeskanzler von Adenauer bis Schmidt,* eingeleitet und kommentiert von K. v. Beyme, 1979, S. 252. Wie wenig der Begriff Demokratisierung damals eine Selbstverständlichkeit war und wie kritisch diese selbst von Exponenten der traditionsreichsten demokratischen Partei in Deutschland beurteilt wurde, zeigt, daß Brandt von einem »Wagnis« spricht.

20 Vgl. J. A. Schumpeter: *Kapitalismus, Sozialismus und Demokratie,* [5]1980, S. 427 ff.; zu Schumpeters Entwicklung siehe E. März: *Joseph Alois Schumpeter – Forscher, Lehrer und Politiker,* Wien 1983.

21 Zur Wettbewerbskonzeption der Demokratie siehe außer Schumpeter, *a. a. O.,* auch G. Lehmbruch: *Parteienwertbewerb im Bundesstaat,* 1976, und H. H. von Arnim: *a. a. O.,* S. 494 ff.

22 H. H. v. Arnim: *a. a. O.,* S. 595 f.

23 Vgl. *ebenda,* S. 596.

24 BVerfGE 1, 20, 249 ff.; 6, 84, 92 f.; 24, 300, 341.

25 Vgl. K. Hesse: *Grundzüge des Verfassungsrechts der Bundesrepublik Deutschland,* 14., ergänzte Auflage 1984, S. 61.

26 S. D. Grimm: »Politische Parteien«, in: E. Benda/W. Maihofer/H.-J. Vogel (Hrsg.): *Handbuch des Verfassungsrechts der Bundesrepublik Deutschland,* 1983, S. 345.

27 Vgl. H. Fenske: *Strukturprobleme der deutschen Parteiengeschichte,* 1974, S. 198.

28 Vgl. etwa D. Grimm: *a. a. O.,* der für eine Änderung der Rechtsprechung des Bundesverfassungsgerichts plädiert. V. K. Preuß spricht in der Kommentierung von Art. 21 GG im

Alternativkommentar zum Grundgesetz von einem Parteienoligopol; er meint, der Gesichtspunkt, daß die Parteien für die Demokratie konstitutive Medien für die Austragung von Konflikten sind, gehe in einer Parteienkonzeption verloren, in der »einseitig und unter Zugrundelegung fragwürdiger empirischer Annahmen die Stabilität des parlamentarischen Systems zum Selbstzweck zu werden droht« (Art. 21, Rn. 48).

29 BVerfGE 7, 99, 109; st. Rspr.

30 Siehe dazu H. H. v. Arnim: *Der strenge und der formale Gleichheitssatz – Die öffentliche Verwaltung,* 1984, S. 85 ff.; ders.: »Verfassungsrechtliche Aspekte der Neuregelung der Parteifinanzierung 1984«, *Aus Politik und Zeitgeschichte,* Beilage zur Wochenzeitung *Das Parlament,* B 84 vom 25. 2. 1984, S. 13 ff.

31 Art. 21. Abs. 1 Satz 4 GG.

32 BVerfGE 20, 56 ff.

33 Vgl. H. H. v. Arnim, *a. a. O.,* (Anm. 7), S. 600.

33a Über die den Parteikassen im Jahre 1984 zugeflossenen Geldspenden berichtete die *Frankfurter Rundschau* Nr. 244 vom 21. 10. 1985, S. 1/2, das Folgende:

Insgesamt sind die Einnahmen der Parteien – eine Ausnahme machen die Grünen – im Vergleich zu 1983 zurückgegangen. Die CDU wies 1984 Einnahmen von 218 Millionen Mark (davon 83,3 Millionen Mitgliederbeiträge) aus, die SPD kassierte 210 Millionen Mark (davon fast die Hälfte, nämlich 98 Millionen Mark aus Beiträgen). Die CSU nahm 43,4 Millionen Mark ein, etwas mehr als ein Drittel davon (rund 15 Millionen Mark) brachten die Beiträge, und die FDP verbuchte 30 Millionen Mark, wovon etwas mehr als ein Viertel (rund 7,5 Millionen Mark) von den Mitgliedern stammte. Erstmals hatten die Grünen im Jahr 1984 höhere Einnahmen als die FDP. Sie näherten sich mit einem Posten von 43,3 Millionen Mark (nur 3,7 Millionen Mark davon kamen von den Mitgliedern) sogar der CSU. Bei den Spendeneinnahmen ist das Bild uneinheitlich. Während CDU, CSU und FDP weniger Spenden bekamen, sammelten SPD und Grüne weit mehr als im Vorjahr. (Die Spenden für die

Grünen – 1984 waren es 5,5 Millionen Mark – sind allerdings mit denen der anderen Parteien nicht vergleichbar, weil sie nicht von außen kommen, sondern vorwiegend von Mandatsträgern für einen »Öko-Fonds« eingezahlt werden).
Mit 24 Millionen Mark bekam die CDU die meisten Spenden. Die CSU erhielt 12,4 Millionen, die FDP 8,7 Millionen, die SPD 16,2 Millionen Mark. Im Vergleich zum Bundestagswahljahr 1983 fällt auf, daß die Spenden für die CDU fast um die Hälfte zurückgegangen sind, die für die CSU etwa um ein Viertel und die für die FDP fast um ein Drittel. Die SPD dagegen hatte 1983 Spenden in Höhe von 11,7 Millionen Mark angegeben, im vorigen Jahr mit 16,2 Millionen Mark bedeutend mehr . . .
Unter den Großspendern (mehr als 20 000 Mark), die namentlich genannt werden müssen, ist besonders die Bauwirtschaft stark vertreten. Baufirmen ließen der CDU 1984 rund eine Viertelmillion Mark zukommen, der CSU 47 600 Mark, der FDP und der SPD jeweils fast 100 000 Mark. Zu diesen Summen kommen möglicherweise weitere Spenden, die unter 20 000 Mark liegen, aber nicht gesondert ausgewiesen sind. Überhaupt ist die Herkunft der Mehrzahl der Spenden nach wie vor verschleiert und nicht überprüfbar . . .
Die SPD ist die Partei mit dem größten Vermögen: 147 Millionen DM; es folgen CDU 106 Millionen DM, Grüne 27,5 Millionen DM, CSU 19,4 Millionen DM, FDP 1 Million DM.

34 Vgl. K. H. Naßmacher: »Parteienfinanzierung im internationalen Vergleich«, *Aus Politik und Zeitgeschichte,* Beilage zur Wochenzeitung *Das Parlament,* B 8/84 vom 25. 2. 1984, S. 30, unter Hinweis auf ausländische Untersuchungen.

35 Vgl. *Bericht zur Neuordnung der Parteienfinanzierung. Vorschläge der vom Bundespräsidenten berufenen Sachverständigenkommission,* 1983, S. 217, 236; dazu H. H v. Arnim: »Verfassungsrechtliche Aspekte . . .«, *a. a. O.* (Anm. 30), S. 24 f.

36 H. Schueler und G. Hofmann in der *Zeit* vom 4. 11. 1983.

37 Vgl. K. v. Beyme: »Krise des Parteienstaats – ein internatio-

nales Phänomen«, in: J. Raschke (Hrsg.): *a. a. O.* (Anm. 1). S. 87f.

38 Vgl. K.-H. Flach/W. Maihofer/W. Scheel: *Die Freiburger Thesen der Liberalen,* 1972.

39 Das Grundsatzprogramm der CDU, beschlossen vom 26. Bundesparteitag Ludwigshafen, 23. bis 25. 10. 1978, ist abgedruckt bei H. Kaack/R. Roth (Hrsg.): *Handbuch des Deutschen Parteiensystems,* Bd. 2, 1980, S. 83ff.

40 Vgl. P. Gutjahr-Löser/T. Waigel (Hrsg.): *Die Grundsatzdiskussion in der CSU,* I/II–III, 1977/1981; und F. J. Strauß: »Das Verhältnis von Programm und Pragmatismus in der politischen Praxis«, in: *ebenda* (I, S. 9ff.).

41 Vgl. P. v. Oertzen/H. Ehmke/H. Ehrenberg (Hrsg.): *Orientierungsrahmen '85,* 1976.

42 Zum *piecemeal engineering«* Karl Poppers als Philosophie reformistischer Politik vgl. H. Schmidt: *Kontinuität und Konzentration,* 1975, S. 278ff., und G. Lührs/T. Sarrazin/F. Spreer/M. Tietzel (Hrsg.): *Theorie und Politik aus kritisch-rationaler Sicht,* 1978.

43 K. Lederer/P. Knoepfel: »Menschliche Bedürfnisse und Parteipolitik«, in: J. Raschke (Hrsg.): *a. a. O.* (Anm. 1), S. 69, 75.

44 *Ebenda.*

45 *Ebenda,* S. 79f.

46 Vgl. dazu und zum folgenden *ebenda,* S. 76f.

47 W. Lippmann: *Public Opinion,* 1922, deutsch: *Die öffentliche Meinung,* 1964, S. 61ff.

48 E. Noelle-Neumann: *Die Schweigespirale,* 1980.

49 *Gesammelte politische Schriften,* hrsg. von J. F. Winckelmann, 3., erneut vermehrte Auflage 1971, S. 355.

50 Vgl. dazu Max Webers Vortrag *Politik als Beruf,* [2] 1926, S. 14ff.

51 Urteil vom 5. 11. 1975 (BVerfGE 40, 296, 310ff.). Vorbereitet durch die These, daß in der egalitär-parteienstaatlichen Demokratie die Abgeordnetenentschädigung zunehmend zu einem Gehalt oder einer Besoldung geworden sei (BVerfGE 32, 157, 164f.), wurde den Abgeordnetendiäten der Charakter einer »Alimentation des Abgeordneten und seiner Familie« beige-

messen, und zwar als »Entgelt für die Inanspruchnahme des Abgeordneten durch sein zur Hauptbeschäftigung gewordenes Mandat« (BVerfGE 40, 296 Leitsatz 1). Kritisch dazu namentlich H. P. Schneider in der Kommentierung zur Art. 38 im Alternativkommentar zum Grundgesetz.

52 Bei der Festsetzung des Mandatsgehalts im Bundestag wurden Vergleiche mit dem Ministerialdirektor einer obersten Bundesbehörde, mit dem Oberbürgermeister einer Großstadt, dem Landrat eines Landkreises mit zirka 250 000 Einwohnern und mit dem Vorstand einer Aktiengesellschaft mit etwa fünf Millionen Mark Jahresumsatz angestellt.

53 Vgl. BVerfGE 40, 296, 316, wo gesagt ist, daß die Abgeordnetenentschädigung nicht einer Mitfinanzierung der politischen Parteien dienen darf.

54 G. Hofmann: »Politik als Beruf. Bonner Beobachtungen«, in: J. Raschke (Hrsg.): *a. a. O.* (Anm. 1), S. 63.

55 *Ebenda,* S. 65 f.

56 Zitiert werden hier M. Mester-Grüner: *Beruf: Abgeordneter. Das einfache Mandat aus sozialwissenschaftlicher Sicht,* hektographiertes Manuskript, Bonn, April 1979, und J. Leinemann, »Ich bin doch nur das Echo«, Spiegel-Serie über den politischen Alltag eines Bonner Hinterbänklers, Der Spiegel, 37. Jg. (1983) Nr. 22–24.

57 So wörtlich T. Dehler in der Sitzung des Parlamentarischen Rates, Ausschuß für Organisationsfragen, am 16. 9. 1948.

58 Zunächst 1977 im Kindler Verlag, München. 1982 erschien eine Taschenbuchausgabe im Fischer Taschenbuch Verlag, aus der hier zitiert wird.

59 H. Hamm-Brücher: *Der Politiker und sein Gewissen,* 1983

60 *Ebenda,* S. 45

61 D. Lattmann: *a. a. O.,* S. 15

62 M. Mester-Grüner: *a. a. O.,* S. 23

63 H. Hamm-Brücher: *a. a. O.,* S. 69

64 *Ebenda,* S. 47

65 D. Lattmann: *a. a. O.,* S. 114, 118

66 Ausgabe vom 2. 8. 1984. S. 21

67 Vgl. *Das Parlament* Nr. 41 vom 13. 10 1984 (»Der Bundestag ringt um mehr Einfluß und Ansehen/45 Redner in sechsstündiger Debatte/Reformkommission erarbeitet Vorschläge«).

68 H. Oberreuter: »Parlamentarisches System der Bundesrepublik Deutschland – Stärken und Schwächen«, *Aus Politik und Zeitgeschichte,* Beilage zur Wochenzeitung *Das Parlament,* B 44/80 vom 1. 11. 1980, S. 44; zu den kommunikativen Schwächen der parlamentarischen Parteiendemokratie siehe auch ders.: *Kann der Parlamentarismus überleben?,* ²1978, S. 67 ff.

69 So ders.: *Parteien zwischen Nestwärme und Funktionskälte,* 1983, S. 105.

70 Zu den Spannungen zwischen den Abgeordneten des Bundestages und den Beamten der Ministerialbürokratie siehe D. Lattmann: *a. a. O.,* S. 56 ff.

71 Die Entlastung des Parlaments von Detailarbeit wurde schon Ende der sechziger Jahre lebhaft diskutiert. Neben H. Gscheidle hat sich damals auch H. Ehmke dafür ausgesprochen; siehe H. Ehmke: *Politik der praktischen Vernunft,* 1969, S. 205.

72 Vgl. R. Wassermann: *Der politische Richter,* 1972, S. 111 ff.; ders.: *Ist Bonn doch Weimar? – Zur Entwicklung der Justiz nach 1945,* 1983, S. 8 ff.; ders.: *Die richterliche Gewalt, Macht und Verantwortung des Richters in der modernen Gesellschaft,* 1985, S. 17 f., 53 f., 95 ff.; zu den Interpretations- und Ermessensräumen des Richters siehe in der zuletzt genannten Veröffentlichung auch S. 127 ff. (»Die Persönlichkeit des Richters und die Rechtsfindung«).

73 Aus der Literatur sind hervorzuheben H. H. v. Arnim: *Ämterpatronage durch politische Parteien,* 1980; ders.: *Staatslehre der Bundesrepublik Deutschland,* 1984, S. 363 ff.; D. Merten: »Parlamentarischer Immobilismus«, und M. Kloepfer: »Zur Veränderung von Verfassungsinstitutionen durch politische Parteien«, beide in: *Das parlamentarische Regierungssystem der Bundesrepublik Deutschland auf dem Prüfstand,* Seminar zum 70. Geburtstag von K. A. Bettermann, 1984, S. 27 f., 63 ff.; T. Eschenburg: *Ämterpatronage,* 1961.

74 Zu dieser Unterscheidung siehe Eschenburg: *a. a. O.,* S. 11 ff.

75 Die CDU/F.D.P./CSU-Koalition hat 1985 das Amt des Sprechers der Bundesregierung derart »parteipartikularisiert«, daß jede der drei Koalitionsparteien einen Sprecher stellt. Die dadurch bedingte Aufblähung der Spitze des Bundespresseamts, das nunmehr aus einem Leiter und zwei Stellvertretern besteht, führte immerhin zu gelegentlicher Kritik in der Presse, die insbesondere F. J. Strauß ankreidete, daß er für die CSU den dritten Sprecher forderte und erhielt.

76 Siehe dazu die Beiträge von F. K. Fromme in der *Frankfurter Allgemeinen Zeitung* (zum Beispiel Nr. 207 vom 8. 9. 1981, S. 11: »Politische Berufung und Pflicht zur Sachlichkeit«); M. Kloepfer: *a. a. O.*, S. 64 (der allerdings fälschlich einen Zusammenhang zwischen dem Bewußtmachen des politischen Moments in der Rechtsprechung und den Studentenunruhen Ende der sechziger Jahre herstellt); R. Wassermann: *Die richterliche Gewalt,* S. 17 f., 53 f.; ders.: *Ist Bonn doch Weimbar?,* S. 42 ff. Mein Hinweis aus den sechziger Jahren, daß bei Stellenbesetzungen durch Patronage die verwandelnde Kraft des Richteramts nicht unterschätzt werden dürfe, ist inzwischen nahezu überall anerkannt worden. Das Problem der Ämterpatronage ist weniger die parteipolitische Beeinflussung der Rechtsprechung als die Benachteiligung von Stellenbewerbern, die anderen Parteien oder keiner Partei angehören.

77 In bezug auf Verfassungsschutzamt und Bundesnachrichtendienst äußerte der Bundestagsabgeordnete Burkhard Hirsch laut *Frankfurter Allgemeiner Zeitung* Nr. 217 vom 19. 9. 1985: »Es erfüllt uns mit zunehmender Besorgnis, daß die Beamten dieser Dienste bis in nachgeordnete Funktionen hinein in Diskussionen danach gegliedert werden, zu welcher Partei sie gehören und ob sie in irgendeinen Proporz passen.«

78 Friedrich Nowottny

79 Zur Rolle, die der Vorwurf der »Filzokratie« bei der Ablösung der regierenden SPD in Berlin durch die CDU spielte, siehe K. H. Gehm: *Der Machtzerfall der sozialliberalen Koalition in Berlin,* 1984. Dort heißt es: »Die SPD als jahrzehntelange Regierungspartei, als ›Partei des öffentlichen Dienstes‹, wurde

mit den tatsächlichen oder vermeintlichen Fehlentwicklungen in Verwaltung und Eigenbetrieben voll identifiziert« (S. 107). Der Autor dieser »Innenansicht einer Stadtpolitik« ist Insider; er war von 1977 bis 1981 Persönlicher Referent bzw. Leiter des Persönlichen Büros des Regierenden Bürgermeisters.

80 Siehe Anm. 76, a. E.

81 Ausdruck von J. Raschke: *a. a. O.* (Anm. 1), S. 16.

82 Zur Routine in der Verwaltung siehe F. Morstein-Marx: *Das Dilemma des Verwaltungsmannes,* 1965, S. 26 ff., 143 ff., 153 ff. Diese Studie ist nach wie vor eine gelungene Einführung in das Milieu der Verwaltung.

83 G. Hofmann: *a. a. O.* (Anm. 54), S. 66

84 *Ebenda*

85 H. Oberreuter: *Übermacht der Medien. Erstickt die demokratische Kommunikation?,* 1982, S. 46 ff.

86 C. E. Marriam: *Political Power,* 1934, Kap. 4. Die Ausführungen über Miranda und Credenda der Macht sind ins Deutsche übersetzt bei C. J. Friedrich: *Die politische Wissenschaft,* 1961, S. 416 ff., 425 ff.

87 H. Oberreuter: *a. a. O.* (Anm. 85), S. 60 f.

88 »Massenmedien und Regierbarkeit«, in: W. Hennis/U. Matz/ P. Graf Kielmannsegg (Hrsg.): *Regierbarkeit. Studien zu ihrer Problematisierung,* Bd. 2, 1979, S. 177 ff.

89 Siehe über diesen Zustand die Klage von D. Lattmann, *a. a. O.,* S. 12.

90 Dazu die Studie von M. E. McCombs/D. L. Shaw: »The Agenda-Setting-Function of Mass Media«, *Public Opinion Quarterly,* Vol. 36, S. 176 ff.; und E. Noelle-Neumann: *a. a. O.,* S. 218 ff.

91 So zutreffend H. Oberreuter: *a. a. O.* (Anm. 85), S. 65.

91a Der Vortrag ist in vollem Wortlaut abgedruckt in: *Salzburger Nachrichten* vom 10. 10. 1985, S. 3.

92 Siehe etwa M. Kaase: »Partizipatorische Revolution – Ende der Parteien?«, in: J. Raschke (Hrsg.): *a. a. O.* (Anm. 1), S. 173 ff.

93 Den vielbeachteten Anfang machten T. Eschenburg: *Herrschaft*

der Verbände?, 1955, und R. Breitling: *Die Verbände in der Bundesrepublik*, 1955. Für die Wissenschaft stellten die Verbände eine »aufdringliche Realität« dar; so J. H. Kaiser: *Die Repräsentation organisierter Interessen*, 1956. Siehe auch O. Stammer (Hrsg.): *Verbände und Gesetzgebung*, 1965. Für den heutigen Forschungsstand siehe K. v. Beyme: *Interessengruppen in der Demokratie*, 5., überarbeitete Auflage 1980; W. Dettling (Hrsg.): *Macht der Verbände – Ohnmacht der Demokratie?*, 1976.

94 Vgl. P. C. Mayer-Tasch: *Die Bürgerinitiativbewegung*, 1976; *Bürgerbeteiligung und Bürgerinitiativen*, Wissenschaftliche Redaktion: O. Rammstedt, 1977; B. Guggenberger/U. Kempf (Hrsg.): *Bürgerinitiativen und repräsentatives System*, 1978 (ebenda auch der »empirische Befund« von U. Kempf, S. 358 ff.); M. Müller: »Bürgerinitiativen in der politischen Willensbildung«, *Aus Politik und Zeitgeschichte*, Beilage zur Wochenzeitung *Das Parlament*, B 11/83 vom 19. 3. 1983, S. 11 ff.

95 Siehe U. Thaysen: *Bürger-, Staats- und Verwaltungsinitiativen*, 1982, S. 57 ff.

96 Siehe die Dokumentation seines Referats in der Arbeitsgruppe des Kirchentages »Frieden stiften« in der *Frankfurter Rundschau* Nr. 139 vom 20. 6. 1983, S. 14.

97 E. Noelle-Neumann: »Drei Viertel gegen Raketenstationierung?«, *Frankfurter Allgemeine Zeitung* Nr. 215 vom 16. 9. 1983, S. 11.

98 Siehe den Wortlaut des Appells der Initiative »Richter und Staatsanwälte für den Frieden« in der *Frankfurter Rundschau* Nr. 267 vom 17. 11. 1983, S. 21. Der Appell wurde auch von zahlreichen Universitätsprofessoren unterschrieben.

99 Zur damaligen Auseinandersetzung vgl. W. Däubler: »›Atomwaffenfreie Zonen‹ in der Bundesrepublik?«, *Zeitschrift für Rechtspolitik* 1983, S. 113 ff., und W. Graf Vitzthum: »›Atomwaffenfreie Zonen‹ auf Gemeindeebene«, *Juristische Arbeitsblätter* 1983, S. 557 ff.

100 Einstweilige Anordnung des Bundesverfassungsgerichts vom

10. 4. 1983, *Neue Juristische Wochenschrift* 1983, S. 1307; siehe auch das spätere Urteil vom 15. 12. 1983, *Neue Juristische Wochenschrift* 1984, S. 419 ff.

IV. Von der Zuschauer- zur Teilnehmerdemokratie

1 Siehe dazu U. Bermbach (Hrsg.): *Theorie und Praxis der direkten Demokratie, Texte und Materialien zur Räte-Diskussion,* 1973.

2 Siehe oben, Anm. III 15

3 Siehe oben, Anm. III 2, 5 (»Parteiendemokratie ohne innere Demokratisierung«, »Politik als Beruf: Funktionseliten als politische Klasse«).

4 Siehe »Beratungen und Empfehlungen zur Verfassungsreform, Schlußbericht der Enquete-Kommission Verfassungsreform des Deutschen Bundestages, Teil I: Parlament und Regierung«, in: *Zur Sache, Themen parlamentarischer Beratung,* hrsg. vom Presse- und Informationszentrum des Deutschen Bundestages, Heft 3/76, S. 58.

5 *Ebenda*

6 *Ebenda,* S. 57

7 J. Raschke: *a. a. O.* (Anm. III 1), S. 16

8 Vor Neuwahlen, deren Ergebnis zu Änderungen in der Regierungszusammensetzung führen könnte, streben die Parteien nicht selten danach, politisch profilierte und bislang mit Schlüsselpositionen betraute Mitarbeiter, die sie in Ministerien geholt haben, auf gerade frei werdende unabsetzbare Ämter innerhalb oder außerhalb der Ministerien zu versetzen. Meistens handelt es sich hier um Versorgungs- und weniger um Herrschaftspatronage.

9 Darauf weist insbesondere H. H. v. Arnim: *Politische Parteien – Die öffentliche Verwaltung,* 1985, S. 597 f., hin. S. a. P. Heuings: *a. a. O.,* S. 40.

10 R. Wassermann: *Der politische Richter,* S. 107. Es ist bezeichnend für die Art und Weise, wie in der Bundesrepublik politi-

sche Debatten geführt werden, daß diese Position des Verfassers kaum jemals zur Kenntnis genommen, sondern dem Verfasser nachgesagt wurde, er rede dem Einzug der Parteipolitik in die Rechtsprechung in penetranter Weise das Wort. Die einschlägigen Ausführungen a. a. O. seien daher hier wörtlich wiedergegeben:

> Wenn verlangt wird, daß sich der Richter zu seiner politischen Funktion und Verantwortung bekennen und mit den demokratischen Werten solidarisieren soll, so hat das nichts mit einem parteipolitischen Engagement zu tun. Demokratisches Bewußtsein kann man auch ohne Mitgliedschaft und Betätigung in politischen Parteien erwerben. Es kann daher keine Rede davon sein, daß der Begriff des politischen oder politisch bewußten Richters Parteizugehörigkeit einschließt. Der Richter ist durch sein Amt eine politische Persönlichkeit. Ob er sich darüber hinaus auch noch in Parteien und Verbänden politisch engagiert, ist seine persönliche Entscheidung. Das sollte auseinandergehalten werden.

11 Vgl. H. Oberreuter: *Übermacht der Medien,* S. 81 ff.

12 Siehe Anm. III 59

13 Abschließende Bemerkungen der Herausgeber, in: E. Benda/W. Maihofer/H.-J. Vogel (Hrsg.): *Handbuch des Verfassungsrechts der Bundesrepublik Deutschland,* 1983, S. 1412 ff.

14 *Ebenda,* S. 1414

15 *Ebenda*

16 H. Hamm-Brücher: *a. a. O.,* S. 33 ff.

17 *Gesammelte juristische Schriften,* 1976, S. 173 ff.

18 Siehe oben, Anm. III 9

19 Den zwei Millionen Parteimitgliedern stehen in der Bundesrepublik rund 38 Millionen Wahlberechtigte gegenüber; vgl. D. Grimm: *a. a. O.,* S. 333.

20 Siehe *Konferenzen und Verträge, Vertrags-Ploetz,* Teil II, Bd. 4 B, 1963, S. 648.

21 E. Benda u. a.: *a. a. O.* (Anm. 13), S. 1409 ff.; siehe auch Maihofers Ausführungen auf dem Podiumsgespräch des Juristentages 1984: »Herausforderungen an die parlamentarische Demokratie«, in: *Verhandlungen des 55. Deutschen Juristentages,* Bd. 2 (Sitzungsberichte), Teil P, 10 ff.

22 Vgl. E. Stein im Alternativkommentar zum Grundgesetz, Art. 20 Abs. 1–3, II, Rn. 39.

23 Es handelt sich um zwei Redebeiträge von Heuss, einmal in der 3. Plenarsitzung am 9. 9. 1948, zum anderen auf der 22. Sitzung des Hauptausschusses (siehe das Wortprotokoll Hauptausschuß, 22. Sitzung, S. 264). Siehe dazu und zum folgenden W. Heydt: *Mehr Demokratie durch Volksentscheid,* Manuskript (ungedruckt), S. 8 ff.

24 *Der Popularvorbehalt. Direkte Demokratie in Deutschland,* 1981, S. 29; gegen die übliche negative Bewertung der Erfahrungen mit der direkten Demokratie siehe jetzt auch J. Fijalkowski: »Neuer Konsens durch plebiszitäre Öffnung«, in: A. Randelzhofer/ W. Süß (Hrsg.): *Konsens und Konflikt,* 1985, S. 236 ff., 262 ff.

25 Am 24. und 25. 4. sowie am 13. 6. 1958; siehe dazu die Bundestagsprotokolle, 3. Wahlperiode, 23., 25., 26. und 31. Sitzung.

26 So namentlich W. Heydt: *a. a. O.* (Anm. 23), S. 15.

27 Beratung in erster Lesung, 24. 4. 1958, S. 1246 f.

28 Siehe dessen Beitrag »Volksbefragung – das demokratische Minimum«, *Neue Juristische Wochenschrift* 1981, S. 733 ff.

29 H. P. Schneider: »Eine Reform ist notwendig. Wie kann in der politischen Demokratie größere politische Mitbestimmung der Bürger erreicht werden?«, *Das Parlament* Nr. 24/25 vom 15./22. 6. 1985, S. 1 f.

30 *Nachdenken über die Demokratie,* 1980, S. 57.

31 *a. a. O.* (Anm. 24), S. 1496 f.

32 So das »Ergebnis« der Erörterungen zum Thema Volksbegehren, Volksentscheid, Volksbefragung in den Beratungen und Empfehlungen zur Verfassungsreform (I), *a. a. O.* S. 55.

33 Vgl. Art. 59, 60 der Verfassung des Landes Baden-Württemberg

34 W. Heydt: *a. a. O.,* (Anm. 23), S. 28.

35 *Landtagsdrucksachen,* 6. Wahlperiode, S. 807 f.

36 *Ebenda,* S. 809 f.

37 *Ebenda,* S. 811 f.

38 Vorausgegangen war eine Initiative der »Aktion Volksentscheid«, die Anfang November 1983 einen »Entwurf für die Gesetzgebung auf dem Weg der direkten Demokratie« als Petition dem Deutschen Bundestag vorgelegt hatte.

39 Vgl. für die plebiszitären Einrichtungen in den Verfassungen der Bundesländer Art. 43 Abs. 1, 59 Abs. 1–3, 60 Abs. 1–6, 64 Abs. 3 der Verfassung von Baden-Württemberg; Art. 18 Abs. 3. 71, 72 Abs. 1, 73, 74 Abs. 1, 75 Abs. 1 der Verfassung des Freistaats Bayern; Art. 39 Abs. 3 der Verfassung von Berlin; Art. 70 der Landesverfassung der Freien Hansestadt Bremen; Art. 117, 123, 124 der Verfassung des Landes Hessen; Art. 35 Abs. 2, 68, 69 der Verfassung für das Land Nordrhein-Westfalen; Art. 108, 109, 115, 129 der Verfassung für Rheinland-Pfalz; Art. 99, 100 der Verfassung des Saarlandes.

40 Zur gegenwärtigen Lage siehe die Übersicht über die Formen unmittelbarer Demokratie in den Gemeindeordnungen bei E. Schmidt-Jortzig: *Kommunalrecht,* 1982, S. 208, und U. Thaysen: *Bürger-, Staats- und Verwaltungsinitiativen,* 1982, S. 126 ff.

41 Zu dieser Problematik siehe etwa die scharfe Kritik an den Bürgerinitiativen von D. Haak: »Bürgerinitiativen«, in : *Landtag intern,* Nordrhein-Westfalen, Nr. 27 vom 29. 11. 1976, S. 2. Haak war damals Vorsitzender der SPD-Landtagsfraktion. Zu der Gefahr, daß Sonderinteressen von den Bürgerinitiativen durchgesetzt werden, siehe insbesondere B. Schäfers: *Öffentlichkeits- und Interessenstrukturen in Planungsprozessen,* 1973 (es handelt sich um eine soziologische Fallstudie am Beispiel kommunaler Neugliederung).

42 Vgl. E. Fromm: *Haben oder Sein,* 1976, S. 181: »Die aktive Teilnahme am politischen Leben erfordert maximale Dezentralisierung.«

43 *Ebenda,* S. 180

44 Vgl. B. Hoebel/U. Seinert: *Bürgerinitiativen und Gemeinwesensarbeit,* 1973; K. H. Naßmacher: »Institutionen kom-

munalpolitischer Mitwirkung«, in: R. Frey (Hrsg.): *Kommunalpolitik zwischen Krise und Reform,* 1976, S. 241 ff.

45 S. P. Davidoff: »Anwaltsplanungsprinzip und Pluralismus in der Planung«, in: L. Lauritzen (Hrsg.): *Mehr Demokratie im Städtebau,* 1972, S. 149 ff.; L. R. Peattie: »Überlegungen zur Anwaltsplanung«, *ebenda,* S. 174 ff.

46 P. C. Dienel: *Die Planungszelle. Der Bürger plant seine Umwelt. Eine Alternative zur Establishment-Demokratie,* 1978.

47 Vgl. U. Thaysen: *a. a. O.* (Anm. 40), S. 160 ff.

V. Ausblick: Die Pferde vom Ladogasee

1 P. Frank: *Die senile Demokratie,* 1984, S. 14 ff.

2 *Ebenda,* S. 19.

3 P. Noack: *Ist die Demokratie noch regierbar?,* o. J., S. 8 ff.

4 G. Kateb: »Imperfect Legitimacy«, in: G. Dante/K. v. Beyme: *The Open Society in Theory and Practice,* 1974.

5 P. Noack: *a. a. O.,* S. 234 f., 237, 240

6 Montesquieu: *a. a. O.* (Anmerkung I, 36), S. 6, 26 ff.

7 Das Testament ist 1948 zum erstenmal veröffentlicht worden, und zwar in der Zeitschrift *Die Wandlung,* III. Jahrgang, 1. Heft, S. 69 ff.

8 Siehe dazu D. Sternberger: *»Ich wünschte, ein Bürger zu sein«, Neun Versuche über den Staat,* 1967, S. 12 ff.

9 Montesquieu: *a. a. O.* (Anm. 6)

10 P. Frank: *a. a. O.* (Anm. 1), S. 33

11 »Vom inneren Beruf zur Wissenschaft«, hier zitiert nach der Kröner-Ausgabe: M. Weber: *Soziologie/Weltgeschichtliche Analysen/Politik,* 2., durchgesehene und ergänzte Auflage 1956, S. 339.

12 *Les Chevaux du lac Ladoga,* Paris (Plon), 1981, S. 9 ff.

13 Malaparte: *Kaputt,* zitiert nach der deutschen Ausgabe im Fischer Taschenbuch Verlag, 1982, S. 71 ff.

14 *Ebenda, a. a. O.,* S. 83

Bibliographische Hinweise

Als Vorstudien wurden veröffentlicht:

»8. Mai 1945: Die Katastrophe als Chance zum Neubeginn«, *Aus Politik und Zeitgeschichte,* Beilage zur Wochenzeitung *Das Parlament,* B 16/85 vom 20. 4. 1985, S. 3ff.

»Ist der Rechtsstaat noch zu retten? Zur Krise des Rechtsbewußtseins in unserer Zeit«, *Grundfragen der Demokratie,* Schriftenreihe der Niedersächsischen Landeszentale für politische Bildung, Folge 7, 1985.

Der Bundeszentrale für politische Bildung, Bonn, und der Niedersächsischen Landeszentrale für politische Bildung, Hannover, ist für die Erlaubnis zur Aufnahme dieser Arbeiten in umgearbeiteter und ergänzter Form in die vorliegende Veröffentlichung zu danken.

336 Seiten und 16 Seiten Schwarzweißabbildungen, gebunden

ECON Verlag, Postfach 9229, 4000 Düsseldorf 1

Günther Scholz
Herbert
Wehner
ECON

240 Seiten und 50 Schwarzweißabbildungen,
gebunden

ECON Verlag, Postfach 9229, 4000 Düsseldorf 1

Christiane Collange
Ich,
Deine Mutter
Was Eltern sich nicht zu
sagen trauen -
was Kinder nicht hören wollen
ECON